Inhaltsverzeichnis

Themen/Situationen	Sprechabsichten	Grammatische Strukturen	Seite
Unidad 1A			12
Los amigos de Granadilla escriben Postkarten aus den Ferien	Anrede und Schlussformeln in privaten Briefen Datumsangaben im Brief Von Ferienerlebnissen berichten Vergleiche ziehen Bedingungen und Vorschläge ausdrücken	Superlativ der Adjektive[M1/2] Relativsätze mit *lo que*[M1] Das redundante Personalpronomen Reale Bedingungssätze der Gegenwart Das Indefinido von *querer* und *decir* Reflexiver und nichtreflexiver Gebrauch von Verben W: Das Indefinido der Gruppenverben	

‹**Entremés: ¿Cómo se dice en alemán?** – Vorentlastung: Passiversatz durch Reflexivkonstruktion (*pasiva refleja*)› 16

Themen/Situationen	Sprechabsichten	Grammatische Strukturen	Seite
Unidad 1B			17
¡Vamos a España! Comic: Asterix en Hispania Vor- und Nachteile des Tourismus in Spanien	Über Ursachen, Folgen und Ziele sprechen Genaue und ungefähre Angaben machen Graphiken und Statistiken versprachlichen	Passiversatz durch Reflexivkonstruktion Die Bildung der abgeleiteten Adverbien[M1] Die Grundzahlen ab 1 000 000 Prozentzahlen Voranstellung von Adjektiven ohne Bedeutungsänderung	

‹**Estrategia: Cómo entender mejor textos largos** – Arbeitstechnik: Umgang mit langen und komplexen Texten› 20

‹W: Arbeitstechnik Wortschatzerschließung› 21

Die mit [M1] bzw. [M2] gekennzeichneten Inhalte wurden bereits im – fakultativen – *Módulo* 1 bzw. 2 von *Línea uno* behandelt. Wenn diese Lektionen durchgenommen wurden, sind die genannten Strukturen als Wiederholung zu sehen.
Alle Teile in Spitzklammern sind fakultativ, außer in Bayern «Y de postre» zu Unidad 6.

Themen/Situationen	Sprechabsichten	Grammatische Strukturen	Seite
Unidad 1C			24
¿¡Bienvenidos!? Reaktionen von Bewohnern der spanischen Urlaubs- gebiete; typische Verhaltensweisen von Deutschen in Spanien	Gefallen, Missfallen und Befürchtungen äußern Meinungen vertreten Auf Behauptungen reagie- ren	*Subjuntivo presente*: Formen Gebrauch bei Meinungs- und Gefühlsäußerungen Der neutrale Artikel *lo* Einige Indefinitpronomen und -begleiter W: Objektsätze mit *que*	
‹**Y de postre: De vacaciones en la autopista** – Karikatur von Forges›			29
‹**Estrategia: Tu opinión cuenta I** – Arbeitstechnik: Vorarbeiten für die schriftliche Meinungsäußerung›			
Unidad 2A			30
¡Bienvenidos a Andalucía! Begrüßungsseite Andalusiens im Internet	Die Besonderheiten einer Region vorstellen Eine Entscheidung begrün- den	Die Präposition *por*	
‹**Estrategia: Buscar información** – Arbeitstechnik: Informationen für eine ausführliche Arbeit beschaffen (Referat, Projektarbeit, u. Ä.)›			32
Unidad 2B			33
Cosas de familia Familientreffen anläßlich einer Erstkommunion- feier	Verhalten bei einer Ein- ladung Eine Ankündigung machen Verhaltensanweisungen geben Freude und Überraschung äußern	Konjunktionen mit *sub- juntivo* und Indikativ *Subjuntivo presente* der Verben *ir* und *dar* Infinitivkonstruktionen statt Nebensatz Imperativ der 3. Person Der verneinte Imperativ[M1] Das Relativpronomen *el que* W: Imperativ	
‹**Estrategia: Entender textos mejor II** – Arbeitstechnik: Implizite Informationen in fiktionalen Texten erschließen›			34

Themen/Situationen	Sprechabsichten	Grammatische Strukturen	Seite

Unidad 2C — 37

Sol, tierra, mar...
Die Comunidad Autónoma Andalusien (Geographie, Bevölkerung, Wirtschaft)

Vergleiche ziehen
Wichtiges und Unwichtiges benennen
Eine Region in Bezug auf Grundgegebenheiten der Geographie, Bevölkerung und Wirtschaft beschreiben

Komparativ und Superlativ der Adverbien
Der Komparativ der Gleichheit
Besonderheiten bei Steigerung und Vergleich

‹**Estrategia: Elegir y ordenar información** – Arbeitstechnik: Informationen aus verschiedenen Quellen für die eigenen Bedürfnisse aufarbeiten› — 38

Unidad 2D — 41

Un viaje horrible
Der tragische Versuch eines Marokkaners, illegal nach Spanien einzureisen

Von einem Erlebnis berichten
Eine Situation (in der Vergangenheit) beschreiben
Die Dauer von etwas angeben

Pretérito imperfecto:
Formen
Gebrauch zur Zustandsbeschreibung und zum Ausdruck der Dauer

Unidad 2E — 41

Andalucía en fiesta
Berichte von Festen und Bräuchen in Andalusien

Ein Ereignis beschreiben
Die Äußerungen einer anderen Person wiedergeben
Einwände benennen und darauf reagieren
‹Besonderheiten der andalusischen Variante des Spanischen erkennen›

Die *perífrasis verbales seguir + gerundio* und *volver a* + Infinitiv
Die Konjunktion *aunque*
Das Relativpronomen *quien*
Die indirekte Rede ohne Tempusverschiebung[M2]
Dejar hacer und *hacer hacer algo a alguien*
W: *Pretérito imperfecto*

‹**Y de postre: Konfusión** – moderner Flamenco der Gruppe Ketama› — 49

‹**Estrategia: Sacar información de un texto oral** – Arbeitstechnik: Mündliche Quellen auswerten› — 50

Themen/Situationen	Sprechabsichten	Grammatische Strukturen	Seite
Unidad 3A			51
Jóvenes en el México del siglo XV Der Alltag von jungen Azteken im präkolumbischen Mexiko	Gewohnheiten im Tagesablauf beschreiben Angaben über den Zeitpunkt machen	*Pretérito imperfecto* als Ausdruck sich wiederholender Ereignisse in der Vergangenheit W: Die Präpositionen *a* und *para* zum Ausdruck des Zwecks	
Unidad 3B			55
Rebeldes con causa Jugendliche in Kolumbien: ihre Probleme, Wünsche und Träume	Wünsche und Klagen äußern Forderungen stellen Über Ängste und Probleme sprechen	*Subjuntivo* nach Verben des Wünschens und Befehlens *Uno* als unpersönliches Personalpronomen Wortbildung: die Vorsilben *in-*, *sub-* und *des*	
‹**Estrategia: Presentar información en clase** – Arbeitstechnik: ein Referat halten›			58
Unidad 3C			59
Visiones para un nuevo siglo Jugendliche aus Spanien und Lateinamerika berichten über ihr soziales Engagement	Soziales Engagement beschreiben und Gründe für ein bestimmtes Verhalten angeben Ratschläge geben Zielvorstellungen nennen Jdn. höflich um etw. bitten	*Subjuntivo* im Relativsatz *Condicional simple*: Formen und Gebrauch	
Unidad 3D			63
Las nuevas jóvenes Die Situation junger Frauen in Spanien und Lateinamerika	Zustimmung und Missbilligung ausdrücken Aussagen und Meinungen durch Argumente stützen oder in Frage stellen	Passiv: Formen des Präsens und Gebrauch Possessivpronomen und betonte Possessivbegleiter Adjektive mit unterschiedlicher Bedeutung bei Voran- und Nachstellung	

Themen/Situationen	Sprechabsichten	Grammatische Strukturen	Seite

‹**Y de postre: Biografía** – Gedicht von Gabriel Celaya›   67

‹**Estrategia: Tu opinión cuenta II** – Arbeitstechnik: Eine Gliederung für eine schriftliche Meinungsäußerung erstellen›   68

Unidad 4A   69

En el principio fue el maíz Legende aus Kolumbien zur Entstehung des Mais	Zukünftige Handlungen planen Hypothesen aufstellen Aufforderungen und Befehle aussprechen	*Futuro simple*: Formen und Gebrauch Die Präpositionen *por* und *para* Adjektiv statt Adverb I

Unidad 4B   72

La fiesta ajena Erlebnisse eines jungen Mädchens auf einer Geburtstagsfeier	Personen beschreiben (Äußeres und Verhalten) Gefühle ausdrücken (Ärger, Angst, Besorgnis, Stolz, Zufriedenheit) Das Verhalten anderer beurteilen	*Pretérito pluscuamperfecto*: Formen und Gebrauch Zwei Objektpronomen beim Verb: Singular des indirekten Objekts Adjektiv statt Adverb II ‹Der Voseo›

‹**Estrategia: Escribir textos** – Arbeitstechnik: Einen schriftlichen Text verfassen›   77

Unidad 4C   78

Querido Florian Brief eines jungen Mexikaners an seinen deutschen Brieffreund	Jds. (vergangene) Aussagen wiedergeben und darauf reagieren Einen Brief beantworten Aussagen über seine Familie und seinen Lebensraum machen Pläne schmieden	Indirekte Rede mit Tempusverschiebung im Indikativ Zwei Objektpronomen beim Verb: Plural des indirekten Objekts Unregelmäßige Formen des *pretérito indefinido*: *saber, poder, traer*

‹**Y de postre: En la escuela indígena** – Wollbilder, eine Form der Indígena-Kunst›   83

‹**Estrategia: Comunicarse sin problemas** – Arbeitstechnik: Sich in ungewohnten sprachlichen und kulturellen Situationen angemessen verhalten›   84

Themen/Situationen	Sprechabsichten	Grammatische Strukturen	Seite

Unidad 5A 85

¡Esa no soy yo!
Bericht einer Mexikanerin, wie sie lernte, sich selbst zu akzeptieren

Über Aussehen und Mode sprechen
Verhaltensweisen und Vorlieben in Frage stellen
Zustände und Veränderungen beschreiben

Pretérito imperfecto des *subjuntivo*: Formen; Gebrauch nach Verben des Wünschens, Empfindens und der Meinungsäußerung sowie nach Konjunktionen

‹***Estrategia: Trabajar con el diccionario unilingüe*** – Arbeitstechnik: Arbeit mit dem einsprachigen Wörterbuch› 89

Unidad 5B 90

¡Tierra y libertad!
Die mexikanische Revolution und ihre Auswirkungen auf die Gegenwart

Historische Ereignisse und aktuelle soziale Probleme beschreiben
Beweggründe für Entscheidungen angeben
Erfüllbare Bedingungen nennen

Irreale Bedingungssätze der Gegenwart
Passiv: Vergangenheitsformen
Die 3. Person Plural als Passiversatz
Pretérito perfecto des *subjuntivo*

Unidad 5C 94

Nuestra América*
Die Eroberung Amerikas und ihre Auswirkungen; Malinche

Ein Ereignis aus verschiedenen Blickwinkeln betrachten
Ursachen benennen
Die wirtschaftliche Situation eines Landes beschreiben

Das *participio pasado* zur Verkürzung von Nebensätzen
Das Relativpronomen *cuyo*

‹***Y de postre: El Día de los Muertos en México*** – Bescheibung eines traditionellen mexikanischen Festes› 99

* Die *Unidades* 5C und 6A sind in Bayern, *Unidad* 6B in Baden-Württemberg nicht obligatorisch. Ihr Inhalt wird in den nachfolgenden Lektionen nicht vorausgesetzt. 5C/6A können ggf. auch in anderen Bundesländern übergangen werden, wenn in *Línea uno* das *Módulo* 2 behandelt und die Inhalte vertieft wurden.

Themen/Situationen	Sprechabsichten	Grammatische Strukturen	Seite

Unidad 6A — 100

Encuentro de tres culturas*
Jugendliche aus verschiedenen Kulturen entdecken das spanische Mittelalter und seine drei Kulturen

Vergleiche zwischen Vergangenheit und Gegenwart anstellen
Nicht erfüllbare Bedingungen nennen
Über Konflikte sprechen

Infinitiv und *gerundio* zur Verkürzung von Nebensätzen
Pretérito pluscuamperfecto des *subjuntivo*
Condicional compuesto
Irreale Bedingungssätze der Vergangenheit

‹**Estrategia: Traducir textos del español al alemán** – Arbeitstechnik: Spanische Texte ins Deutsche übersetzen› — 104

Unidad 6B — 105

¡Que llegue la paz!*
Auszug aus einem Spielfilm über den Spanischen Bürgerkrieg; Informationen zu den politischen Strömungen und zur Situation der Bevölkerung

Nicht erfüllbare Bedingungen nennen
Wünsche aussprechen
Gefühle ausdrücken (Begeisterung, Niedergeschlagenheit, Erstaunen)

Pretérito pluscuamperfecto des *subjuntivo*[6A]
Condicional compuesto[6A]
Irreale Bedingungssätze der Vergangenheit[6A]
Hervorhebung von Satzteilen
Unterschiedlicher Gebrauch des bestimmten Artikels

Unidad 6C — 110

La unidad en la diversidad
Auszüge aus einer Rede des spanischen Königs; Informationen über das politische System Spaniens

Das politische System eines Landes beschreiben

Wortbildung: die Suffixe *-able, -dad, -ción, -miento*

‹**Y de postre: Cuando Picasso pintó el «Guernica»** – Über die Entstehung von Picassos berühmtem Gemälde› — 114

Lektionsbegleitendes Vokabular — 115

Diccionario (= Alphabetisches Wörterverzeichnis spanisch-deutsch) — 150

Personajes importantes — 191

Übersicht über die Lern- und Arbeitstechniken in Línea dos

Wortschatzerschließung (W): S. 21
Erschließung von komplexen Texten: S. 20, S. 34
Schriftliche Meinungsäußerung vorbereiten und erstellen: S. 29, S. 68, S. 77
Informationen beschaffen : S. 32
Texte auswerten:
– schriftliche Quellen: S. 38
– mündliche Quellen: S. 50
Texte erstellen: S. 29, S. 77
Ein Referat vorbereiten und halten: S. 32, S. 38, S. 50, S. 58
Arbeiten mit dem einsprachigen Wörterbuch: S. 89
Spanische Texte ins Deutsche übersetzen: S. 104
Sich in ungewohnten Situationen angemessen verhalten: S. 84

Übersicht über wichtige Redemittel

Personen beschreiben: S. 35, S. 140, S. 141
Über Ausbildung und Beruf sprechen: S. 134, S. 135, S. 136
Einen Standpunkt vertreten: S. 67
Ein Bild beschreiben: S. 96
Über Texte sprechen: S. 56, S. 67, S. 83, S. 127, S. 149

Historische Ereignisse beschreiben: S. 99
Das politische System und die Wirtschaft eines Landes beschreiben: S. 28, S. 114, S. 134, S. 138, S. 144, S. 145
Statistiken versprachlichen: S. 22
Verhalten in standardisierten Situationen: S. 49, S. 84, S. 123

Verwendete Abkürzungen

adj	Adjektiv	*mex*	mexikanisches Spanisch	*G*	Grammatisches Beiheft
adv	Adverb			M1, M2	wurde in *Módulo* 1
m	maskulin	*pejor*	abwertend		oder 2 von *Línea uno*
f	feminin	*pl*	Plural		eingeführt
fam	umgangssprachlich	*prep*	Präposition	5C, 6A, 6B	kam bereits in der ge-
fig	im übertragenen Sinn	*pron*	Pronomen		nannten, nicht obliga-
ind	Indikativ	*sg*	Singular		torischen, Lektion vor
inf	Infinitiv	*span*	spanisch	↔	Gegenteil von
conj	Konjunktion	*subj*	Subjuntivo	←	vgl. ein anderes Wort
lat.am.	das Spanische Süd- und Mittelamerikas	*subst*	Substantiv		der gleichen Wort-
		vulg	vulgär		familie

¡Sos bienvenido! ¡Sos bienvenida!

So sagt man in manchen Ländern Lateinamerikas, um jemanden willkommen zu heißen. In *Línea dos* werde ich euch u. a. durch meinen Kontinent begleiten und euch beim Spanischlernen mit Rat und Tat zur Seite stehen. Hier zunächst einige Hinweise, damit ihr euch im Buch leicht zurecht findet. Übrigens: wie ihr ja schon aus *Línea uno* wisst, benutzt man im Spanischen viel häufiger das „tú" als im Deutschen das „du"; deshalb duzen wir euch weiterhin bei Übungsanleitungen, Lerntipps usw., auch wenn in eurer Klassenstufe eigentlich schon das Sie üblich ist.

Manche der Lektionstexte sind nicht eigens für unser Buch geschrieben, sondern wurden schon in Spanien oder Lateinamerika veröffentlicht. Wie man mit solchen **authentischen Texten** umgeht, erfahrt ihr u. a. auf S. 20. Für solche Texte sind jeweils unten auf der Seite schwierige Wörter (die ihr nicht alle lernen müsst!) angegeben. Mit ihrer Hilfe solltet ihr den gesamten Text verstehen, ohne im Wörterverzeichnis nachschlagen zu müssen.

Vor oder nach den Lektionstexten findet ihr häufig Seiten mit **Tipps** rund um's Spanischlernen. Diese Seiten haben die Überschrift „Estrategia". Die Übungen, in denen ihr diese „Strategien" einüben könnt, sind mit einem ⧓ gekennzeichnet.

⌒ Dieses Zeichen besagt, dass der Text oder das Lied auf der **Kassette** und **CD** enthalten ist. Ist es rot, befindet sich der Text auf der **Lehrerkassette**.

G § (+ Zahl) zeigt an, dass ihr im **Grammatischen Beiheft** im Paragraphen mit dieser Nummer genauere Erklärungen zu der jeweiligen grammatischen Struktur findet.

✎ Übungen mit diesem Zeichen macht ihr am besten **schriftlich** in euer Heft.

Die Symbole ♟♟ oder ♟♟♟ geben an, dass eine Übung sich für **Partner-** oder **Gruppenarbeit** eignet. Darunter sind auch wieder sog. Partner- oder Tandembögen, in denen die richtige Antwort mit abgedruckt ist. Wie ihr damit umgeht, wisst ihr ja schon aus *Línea uno* (und auf S. 15 ist es auch noch einmal erklärt).

➠ Bei diesem Zeichen könnt ihr etwas **über euch** oder eure Umgebung erzählen.

🎞 In so gekennzeichneten Übungen dürft ihr eurer Fantasie freien Lauf lassen. Meist sollt ihr – in der Regel in Gruppen – eine kleine Geschichte oder Szene **erfinden**.

◉ Übungen mit diesem Zeichen helfen euch, **Gesetzmäßigkeiten** des Spanischen zu **erkennen**; die dabei gefundenen Regeln könnt ihr im Grammatischen Beiheft überprüfen.

Am Ende jeder Lektion steht wieder ein Kästchen mit Redewendungen, die nach thematischen Gesichtspunkten zusammengefasst sind (**¡Así se dice!**) sowie ein fakultativer „Nachtisch" (**Y de postre**) mit Karikaturen, Gedichten, Liedern oder zusätzlichen interessanten Informationen.

Der Vokabelteil besteht aus dem **lektionsbegleitenden Vokabular**, das den denjenigen Wortschatz der Lektionstexte enthält, den ihr lernen solltet. Im **Diccionario** (alphabetische Wörterverzeichnis) findet ihr alle im Buch enthaltenen unbekannten Wörter.

Und nun weiterhin viel Erfolg beim Spanischlernen … y ¡hasta luego!

A Los amigos de Granadilla escriben

🎧 En las vacaciones, Jesús fue a Granadilla, un pequeño pueblo de Extremadura, donde hizo muchos amigos. En agosto y septiembre algunos le escribieron. Aquí están las postales.

30 de agosto

Jesús, en general no escribo a nadie, pero a ti te prometí una postal y lo que uno promete es deuda. La escribo desde Vilafranca del Penedès, donde estoy en la fiesta más típica de Cataluña, o, si lo prefieres en catalán, "la més típica de Catalunya". Hay un ambiente fenomenal y ha venido muchísima gente. Ahora mismo están haciendo en la plaza una torre más alta todavía que ésta.

Oye, ¿qué tal si aparezco un día de éstos en Salamanca? Te llamo antes.
Recuerdos de tu amigo   Pol

Jesús Nú
C/ Cerv
37007 Sa

Hola, Jesús, ¿qué tal te va?:
A nosotros muy bien. Llegamos anoche en autobús de Badajoz. Todo sin problemas, pero muy tarde, y esta mañana nos hemos levantado a las once. Kim se despidió ayer en la estación, no quiso quedarse y siguió a Huelva, donde va a hacer un curso de español. Aquí hace muchísimo calor: ¡41 grados! En serio, los peores lugares de España en verano son Granadilla y Sevilla.

Rosa y Alex

P.D.: La postal que te mandamos no es muy original: uno de los monumentos más conocidos de Sevilla, pero a mí me gusta muchísimo y es verdad lo que dijo Kim ayer en la estación: «Es la torre más bonita de España».

Jesús
C/ Ce
37007

1-IX-97

Tío, ¿cómo fue todo en Gijón? Imagínate, Alejandro vino la semana pasada y durmió unos días en nuestra casa. Hablamos de lo que pasó con el perro de Granadilla y nos reímos un montón. Después fuimos con él a una capea y Alejandro se divirtió como pocas veces. Se fue el domingo. ¿Por qué no vienes tú también? Si quieres, te vamos a buscar a Toledo y a la vuelta podemos visitar los molinos de viento más conocidos del mundo.
Llama si te apetece.   Montse y Jorge

¿Qué hay, Jesús? A mí no me va mal del todo. En julio me saqué el carnet de moto, lo que no fue fácil (aprobé a la segunda) y la semana pasada estuve jugando en un torneo de voleiplaya. La semana que viene es la final. Si tienes unas pelillas, ¿por qué no te pasas? Es super divertido. Les puedo preguntar a mis padres, a lo mejor puedes quedarte en casa.
Un beso,
Irene

P.D.: Si vienes, vamos a ganar seguro.

Jesús Núñe
C/ Cervante

37007 Sal

tín

3° B

Chico, por fin estoy en Tenerife. Ayer fuimos al Teide. Tío, es increíble: tres mil y pico metros, el pico más alto de España y yo, Sonia Fernández, he estado arriba. El paisaje es impresionante. La playa, sin embargo, es otra cosa: está llena de hoteles y discotecas. En esta parte de la isla están las playas más turísticas, o sea, las menos interesantes. Pero yo no pierdo el tiempo y estoy haciendo un curso de surf. Tu amiga de Granadilla
Sonia

Jesú C/C 37

Cuenca, 12 de septiembre de 1997

Hola Jesús:
Vosotros creéis que Salamanca es la ciudad más bonita que hay, pero mira esta postal. Es de la Ciudad Encantada, una ciudad que ha hecho el viento. ¿Qué, puedes mandarme de Salamanca algo parecido?
Un abrazo de tu amigo
Daniel

P.D.: Si ves a tus primos, dales recuerdos de mi parte.

Jesús Núñez
C/ Cervante
37007 Sal

Ejercicios

 1 Cada oveja con su pareja   (Gleich und gleich gesellt sich gern)

a) Lee lo que los amigos de Jesús le han escrito. ¿Qué foto va con qué texto?

b) ¿Qué significan estas palabras? Busca la traducción con la ayuda de las fotos.

una postal – una torre – un molino de viento – un pico – el voleiplaya

 2 Te escribo desde...

a) Haz una lista de las fórmulas de saludo y otra de las fórmulas de despedida que aparecen en las postales. Si conoces otras, escríbelas también en las listas. (... der Begrüßungs- und Verabschiedungsformeln ...)

b) Escribe una postal a un amigo o a una amiga español/a sobre lo que hiciste en tus vacaciones.

3 ¿Adónde fuiste?

¿De qué hablan los jóvenes en la cinta? Toma nota:

1. ¿Dónde estuvieron Luisa, Beatriz y Juanjo de vacaciones?

2. Elige una de las personas y resume sus experiencias.

3. Dos de los jóvenes estuvieron en Alemania. Según ellos, ¿qué diferencias hay entre la vida alemana y la vida española?

4 La montaña más alta de Alemania   (§ 1)

En las postales hay información sobre monumentos que son únicos en España, en una región española... Haz una lista y busca cosas parecidas en Alemania, en tu región, en tu ciudad... (... die einzigartig sind.)

Ejemplo: El Teide es la montaña más alta de España, la montaña más alta de Alemania es el Zugspitze.

5 Más caro, pero más bonito.   (§ 1)

a) Aquí tienes cosas parecidas. Compáralas como en el ejemplo. Busca diferentes aspectos para la comparación.

Ejemplo:
La tabla de surf de la izquierda es (la) más original y (la) más nueva, pero es también (la) más pequeña y (la) más cara. La tabla a la derecha es (la) menos original, (la) más grande y (la) más vieja, pero es también (la) más barata.

una tabla de surf Surfbrett

Cursos de verano de español
CUENCA

Durante 2 semanas vas a vivir en una familia española. Por la mañana hay clase en pequeños grupos (máx. 5 estudiantes), por la tarde te ofrecemos actividades deportivas, juegos, teatro, ... Excursiones de fin de semana a Madrid y Toledo.
Precio: 102.000 ptas.
Libros: 5.500 ptas.

① **SANTANDER**
Cursos de español

| 4 semanas |

Nueva forma de enseñar: aprende con juegos
6 horas de clase/día
Grupos de 10–15 estudiantes
Excursiones de fin de semana al mar y a las Cuevas de Altamira.
Precio: 170.000 ptas.
Libros: 4.000 ptas.

②

RAPIDEX
4l/100km, modelo de 1998
300.000 ptas.

EXCELENTEX
8l/100km, modelo de 1977
500.000 ptas.

③

④ **Café-bar El paraíso**

Paella valenciana	4000 ptas.
(según una receta tradicional familiar – para dos personas)	
Sopa (especial de la casa)	600 ptas.
Gazpacho	500 ptas.
Plato de mariscos	3200 ptas.
Sándwich de jamón y queso	350 ptas.
Bocadillos:	
de queso	250 ptas.
de jamón	350 ptas.
Y de postre...	
Tarta de mandarinas	400 ptas.
Macedonia	300 ptas.

b) Explica ahora cuál prefieres tú y por qué.

Ejemplo: Yo no tengo mucho dinero y hago poco surf, por eso prefiero la tabla de surf de la derecha, es la más barata.

6 Te voy a contar lo que pasó (§ 2)

En parejas reconstruid el diálogo de dos compañeros de Jesús: A cubre la columna derecha, B la izquierda. A forma la primera frase con los elementos en la casilla blanca y B controla si aquélla es correcta. Después, B forma la frase siguiente y A controla... Utilizad lo que en cada frase. (... A deckt die rechte Spalte ab ...)

¡Fin de semana! Antes de las vacaciones / Jesús / prometernos una fiesta / y / prometer uno / ser deuda.	¡Fin de semana! Antes de las vacaciones Jesús nos prometió una fiesta. Y lo que uno promete es deuda.
Sí, ¿pero no sabes lo que pasó antes del verano?	Sí, pero / no saber (tú) / pasar / antes del verano
¿contarme Pilar / de la separación de sus padres?	¿Lo que me contó / ha contado Pilar de la separación de sus padres?
Sí, su padre vive ahora en Gijón, lo que quiere decir que tiene pocas ganas de fiestas.	Sí, su padre / vivir ahora en Gijón / querer decir (eso) que / tener (él) pocas ganas de fiestas.
Claro. Entiendo / sentir (él), / mis padres también / estar separados. Entonces, sin fiesta... / ¿qué / hacer (tú) este fin de semana?	Claro. Entiendo lo que siente, mis padres también están separados. Entonces, sin fiesta... ¿qué vas a hacer este fin de semana?
Pues, todavía no sé lo que voy a hacer. ¿Y tú?	Pues, todavía / no saber (yo) / hacer. ¿Y tú?
¿Por qué / no ir a ver (nosotros) a Jesús / preguntarle / querer hacer (él)? / A lo mejor / querer hacer (él) la fiesta?	¿Por qué no vamos a ver a Jesús y le preguntamos lo que quiere hacer él? A lo mejor quiere hacer la fiesta.
¡Vale! Así me cuenta lo que pasó con el perro de Granadilla. ¡Vamos!	¡Vale! Así / contarme / pasar con el perro de Granadilla. ¡Vamos!

sentir (-ie-) fühlen – **contar** (-ue-) erzählen

7 Si vamos a España... (§ 4)

Imagínate que la clase va a hacer un viaje a España. Pueden pasar muchas cosas y hay muchas posibilidades... y cada una tiene sus consecuencias. Escribe por lo menos diez frases diferentes y utiliza si *en cada una. (... mindestens 10 verschiedene Sätze ...) Aquí tienes algunas ideas.*

Piensa por ejemplo en: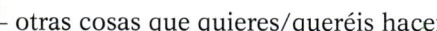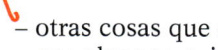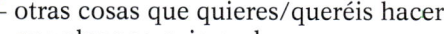

– el medio de transporte que vais a utilizar
– dónde vais a dormir
– dónde podéis informaros
– el tiempo que puede hacer (sol, lluvia, calor, frío)
– lo que vais a visitar

– otras cosas que quieres/queréis hacer
– que algunos quieren hacer una cosa y los otros no
– que has olvidado algo importante
– cómo hacer amigos

Ejemplo:
Si vamos en autobús, el viaje no va a ser muy caro. Si olvido... ▶ *¡Continúa!*

 **A ▶ B**

Entremés: ¿Cómo se dice en alemán?

SE VENDEN dos apartamentos en la playa de Gandía. Totalmente reformados, vistas directas al mar. Precio muy interesante. ☎ 96/3676114

SE ALQUILA
FOR RENT
TEL 82 26 03

SE VENDE
FOR SALE
Tel. 82 26 03

1. Suche aus den Aufschriften des Lastwagens im Cartoon die spanische Formulierung heraus: An welche Verbkonstruktion erinnert sie dich? Wie wird sie hier ins Deutsche übersetzt?

2. Suche die gleiche Konstruktion in den übrigen Abbildungen und übersetze auch sie. Ist die Übersetzung, wie sie im Cartoon verwendet wird, immer möglich/gut? Welche anderen Übersetzungen gibt es?

3. Warum stehen wohl manche der Verben im Plural?

 G § 7

Se buscan
PROGRAMADORES Y ANALISTAS
para Multinacional líder en su sector.
Se ofrece:
- integración en empresa joven y dinámica
- buenas condiciones económicas
- contrato indefinido
- formación ■ trabajo atractivo y variado
Se requiere:
- formación universitaria
- experiencia mínima de 2 años
- inglés técnico
Se garantiza absoluta confidencialidad.
Necesitamos tu curriculum vitae detallado con teléfono de contacto, fotografía reciente y

B ¡Vamos a España!

 ### Asterix en Hispania

Para ayudar a un chico español, Asterix y Obelix van a Hispania (es el nombre de la Península Ibérica en esa época). Están cerca de la frontera entre Francia e Hispania, cuando…

Los tres viajeros continúan su viaje y pasan la noche en las montañas. A la mañana siguiente ven que no están solos, que hay muchas casas rodantes cerca de ellos.

la cola Schlange (*beim Anstehen*) – **una rueda** Rad – **permitido** erlaubt **el cambio** *aquí:* Wechselkurs – **el sestercio** dinero romano – **ventajoso** bueno – **aumentar** zunehmen, steigen – **rodante** rollend – **un / una compatriota** persona que vive en el mismo país – **el extranjero** los otros países – **un jabalí** Wildschwein

Problemas del turismo

El turismo incontrolable ha destruido más del 40% de las costas mediterráneas españolas. Por eso hay que buscar nuevas fórmulas turísticas ambiental y económicamente viables.

5 El turismo es probablemente la primera 'industria' del mundo. Se estima que 450 millones de personas viajan cada año al extranjero. Y la región mediterrá-10 nea es el destino turístico más importante del mundo. A España vienen cada año más de 60 millones de visitantes extranjeros y dejan 15 unos 3 billones de pesetas. En el sector turístico existen aproximadamente 1,5 millones de empleos.

20 Sin embargo, aparecen motivos de reflexión. Primero el éxito turístico se debe, en parte, a unas circunstancias felices: un clima 25 ideal, gran longitud de costas, una peseta barata.

Además debe valorarse adecuadamente la capacidad del turismo de crear 30 empleo, pues gran parte de éste es de carácter precario (contratos breves o de formación, etcétera).

1 destruir zerstören – **4 viable** möglich, gangbar – **7 estimar** schätzen – **11 un destino** (Reise-)Ziel
18 aproximadamente cerca de; unos /unas – **22 un éxito** Erfolg – **23 deberse a** ser resultado de, tener por causa – **25 la longitud** Länge – **27 deber** tener que – **valorar** einschätzen – **28 la capacidad** Fähigkeit – **29 crear** schaffen – **30 pues** denn – **31 precario** *aquí:* nicht von Dauer – **32 breve** kurz

Finalmente, el turismo crea muchos problemas ambientales: playas llenísimas, grandes edificios de apartamentos y hoteles feos, ruido, agua del grifo que no sirve ni para lavarse los dientes, aguas del mar contaminadas, playas con latas de bebida, plásticos y otra basura. El deterioro de algunos destinos turísticos que dependen exclusiva, o casi exclusivamente, del turismo preocupa especialmente a la Administración. A largo plazo las regiones de vacaciones no pueden mantener esta actividad con éxito si no tienen agua, playas limpias y un paisaje bien conservado.

Están cambiando muchas cosas y los cambios se

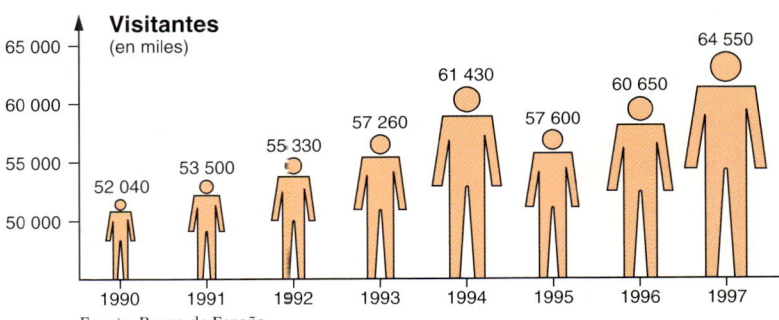

Visitantes (en miles)

52 040 · 53 500 · 55 330 · 57 260 · 61 430 · 57 600 · 60 650 · 64 550

1990 1991 1992 1993 1994 1995 1996 1997

Fuente: Banco de España

notan: existen iniciativas que demuestran lo que puede conseguirse cuando se trabaja juntos por un medio ambiente mejor. Por ejemplo en el agua: en Baleares actualmente se depura el 90–95% del agua (pero sólo un 30% en otras ciudades de la costa). Y en casi todos los hoteles se intenta reducir la frecuencia de cambio de toallas en las habitaciones.

Pero no depende sólo de la administración y de los hoteles, sino también de los turistas. Cuando los europeos del norte van de vacaciones, irónicamente, quieren muchas veces los productos y servicios que tienen en su país. Noel Josephides, ex presidente de una asociación de operadores turísticos, dice: «los operadores tienen que promover el respeto al país visitado y a sus costumbres» y, además, «se gana más dinero con menos turistas y precios más altos». Y, verdaderamente, los turistas quieren algo más que sol y playa.

Se ve claramente cómo el turismo puede ser un buen aliado del medio ambiente, pero cómo también puede destruir su propio futuro.

Javier Montalvo, «Turismo sostenible», *Ecosistemas* 9/10, 1994 (texto adaptado)

Ingresos (en miles de millones de pesetas)

1 870 · 2 000 · 2 270 · 2 540 · 2 880 · 3 120 · 3 500 · 3 920

1990 1991 1992 1993 1994 1995 1996 1997

Fuente: Frontur. Instituto de Estudios Turísticos

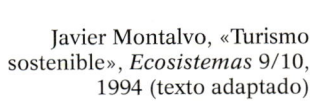

34 **finalmente** schließlich – 40 **feo** ↔ bonito, guapo – **el ruido** Lärm – 41 **un grifo** Wasserhahn – 43 **un diente** Zahn – 47 **el deterioro** Verschlechterung – 49 **depender de** abhängen von – 51 **preocupar** beunruhigen – 53 **a largo plazo** auf lange Sicht – 55 **mantener una actividad** (-tengo) continuar con ella – 62 **demostrar** (-ue-) zeigen, beweisen – 68 **depurar** limpiar (agua sucia) – 72 **intentar algo** querer hacer algo y hacer lo que es necesario para conseguirlo – 73 **una toalla** Handtuch – 85 **un operador (turístico)** Reiseveranstalter – 88 **promover** (-ue-) fördern – 89 **una costumbre** lo que uno hace siempre, ← acostumbrarse – 98 **un aliado** Verbündeter – 100 **propio** eigen

Estrategia: Cómo entender mejor textos largos

Der Text «Problemas del turismo», der auf den vorausgehenden Seiten steht, hat dir vielleicht einen Schrecken eingejagt, weil er so lang ist und ziemlich schwierig aussieht. Aber nur keine Panik, so schlimm ist er bei näherem Hinsehen nämlich auch nicht! Wenn du **Schritt für Schritt** vorgehst, kann dir kein spanischer Text etwas anhaben.

¿Schwierige Texte? Gibt es nicht! Alles eine Frage der richtigen Strategie!

1. Der erste Eindruck
Sieh dir zunächst nur die **Form** des Textes an, ohne ihn zu lesen. Worum handelt es sich wohl: um einen Romanauszug, ein Rezept, eine Gebrauchsanweisung, einen Zeitschriftenartikel …? Dies hilft dir später beim Verständnis weiter, denn in einem Roman wird höchstwahrscheinlich eine Geschichte erzählt, in einem Rezept oder einer Gebrauchsanweisung findest du Anleitungen oder Beschreibungen, ein Zeitungsartikel erklärt einen Sachverhalt oder gibt Informationen usw.

2. Abbildungen und Überschrift
Lies nun die Überschrift und schau dir die Abbildung(en) an. Der Titel nennt normalerweise das **Thema**, das im Folgenden behandelt wird. Auch die Abbildungen verweisen auf das Thema und manchmal auch schon auf die Art und Weise, wie das Thema behandelt wird, z. B. ob der Text lustig, ernst, kritisch … ist. Wenn der Text, wie im Fall von «Problemas del turismo», einen Vorspann hat, lies auch diesen. Er umreißt – etwas ausführlicher als die Überschrift – das Thema des Textes und nennt manchmal auch schon **einzelne Aspekte**. Eine ähnliche Aufgabe haben eventuell vorhandene Zwischenüberschriften. Nun bist du schon gut vorbereitet für

3. die erste Lektüre
Lies nun einen Abschnitt des Textes nach dem anderen. Konzentriere dich auf **alles, was du verstehst** und halte dich nicht mit Wörtern und Ausdrücken auf, die du nicht kennst. Halte für jeden Abschnitt kurz (in Stichpunkten, maximal 1 bis 2 Sätze) fest, was du verstanden hast. Überprüfe diese Notizen bei den folgenden Arbeitsschritten immer wieder und korrigiere sie, wenn nötig. Nun weißt du schon eine Menge über den Text. Und je mehr du weißt, desto mehr wirst du auch verstehen. Deshalb solltest du den Text nun

4. zum zweiten Mal lesen
Versuche bei der zweiten Lektüre auch einige **unbekannte Wörter** zu verstehen. Einige Tricks dazu hast du bereits gelernt. Bei langen oder komplizierten Texten kann es auch notwendig sein, den Text oder einzelne Abschnitte noch ein drittes oder viertes Mal zu lesen. Wenn man nur ungefähr wissen will, worum es in einem Text geht, kann man manchmal hier schon aufhören. Wir aber wollen über die «Problemas del turismo» möglichst viel erfahren, deshalb folgt nun das

5. Nachschlagen unbekannter Wörter
In *Línea dos* stehen **unter vielen Texten die Erklärungen** von Wörtern und Ausdrücken, die du nicht gelernt hast und auch nicht erschließen oder erraten kannst. Sie sind in der Reihenfolge angegeben, in der sie im Text vorkommen (die Zahl davor gibt an, in welcher Zeile).
Bei Texten ohne Vokabelerklärungen (z. B. aus echten spanischen Zeitungen) müsstest du diese Wörter im **Wörterbuch** nachschlagen. Dies kannst du auch dann tun, wenn du ein Wort vergessen hast, das du eigentlich schon kennen solltest.

So, nun sollten die Geheimnisse des Textes gelüftet sein. Und damit hast du zum ersten Mal einen Text bearbeitet, der fast genauso in einer spanischen Zeitschrift erschienen ist.

Herzlichen Glückwunsch!

Ejercicios

¿Te ccuerdas?

1 Conocidas palabras desconocidas

Entiendes muchas palabras que todavía no has aprendido.
¿Te acuerdas de cómo lo haces?
– La palabra es parecida al alemán, al inglés o a otro idioma
  que hablas.
– Conoces una palabra de la misma familia en español.
– El contexto te ayuda.

a) Aquí tienes algunas palabras que seguro vas a entender sin mirar en el diccionario.
Intenta traducirlas al principio con la ayuda entre paréntesis, luego tú solo. Escribe la
palabra y la traducción en tu cuaderno.

la industria (l. 6) (alemán) – viajar (l. 9) (otra palabra española) – el clima (l. 24) (alemán)
– un contrato (l. 32) (inglés) – una lata de bebida (l. 45) (contexto) – el cambio (l. 60)
(otra palabra española) – la frecuencia (l. 72) (alemán o inglés)

extranjero, -a (l. 15) – un visitante (l. 15) – contaminado, -a (l. 44) – el plástico (l. 46) – la
administración (l. 52) – reducir (l. 72) – una asociación (l. 85) – ingresos (ilustración 2)

b) Busca otras 10 palabras de este tipo en el texto «Problemas del turismo» y
tradúcelas. Apunta también por qué las entiendes. (… Notiere auch, …)

2 El turismo en España

Responde a las preguntas según el texto «Problemas del
turismo»:

1. ¿Por qué quieren ir a España tantos turistas?
2. ¿Cuáles son los aspectos positivos para los españoles?
3. ¿Qué problemas ha creado el turismo en España?
4. ¿Qué hacen los responsables para reducir estos
   problemas? (… die Verantwortlichen …)
5. ¿Cómo se comportan muchos turistas? ¿Qué deben
   hacer de otra forma? (… verhalten sich…)

3 «¡Están locos los turistas!»

a) Lee otra vez el texto sobre Asterix en Hispania. ¿Por qué
van a Hispania los compatriotas de Asterix? ¿Qué (no)
les gusta de Hispania? Toma nota.

TOC! TOC!
TOC!

b) Compara los resultados de la parte a) con las respuestas
a las preguntas 1 y 5 del ejercicio 2: ¿aparecen los mismos
motivos, gustos e intereses? Marca en tus notas lo que es
parecido con un color y lo que es diferente con otro.

c) ¿Qué piensas?: ¿por qué son parecidos el comportamiento de las personas en el
fragmento de Asterix y el de los turistas de hoy? (… das Verhalten …)

4 Algo más que sol y playa

El pueblo turístico de Masadorm quiere ser más atractivo para los turistas. Primero quieren saber los gustos de los turistas y por eso han publicado una carta en periódicos extranjeros.

a) En grupos, reunid vuestras ideas sobre unas vacaciones interesantes. Después escribid una carta a Masadorm y explicadlas.

b) A Masadorm han llegado muchas cartas. Los habitantes discuten las respuestas y sus consecuencias. Imaginaos que sois los habitantes de Masadorm y organizad una discusión en grupos o en clase. Antes de empezar, pensad también en otros argumentos e ideas que no habéis utilizado en vuestra carta.

5 Probablemente funciona así   (G § 10)

En el texto «Problemas del turismo» aparecen formas derivadas de los adjetivos siguientes que ya conoces o entiendes: (… abgeleitet von …)

probable (l. 5)	adecuado (l. 28)	exclusivo (l. 49)	especial (l. 51)
actual (l. 67)	irónico (l. 80)	verdadero (l. 93)	claro (l. 96)

a) Busca estas formas y escríbelas en tu cuaderno. ¿Qué función (gramatical) tienen?
b) ¿Cómo se forman? Escribe la regla. (Puedes hacerlo en alemán.)
c) En el texto hay más de estas formas. Búscalas y controla (con el diccionario) si también se derivan de un adjetivo. Apunta las formas encontradas y los adjetivos.
d) Escribe la forma correspondiente de los siguientes adjetivos; después haz una frase con cada una de ellas.

típico   fácil   normal   necesario   seguro   natural   concreto   suficiente

6 Un tercio de los turistas...   (G § 9)

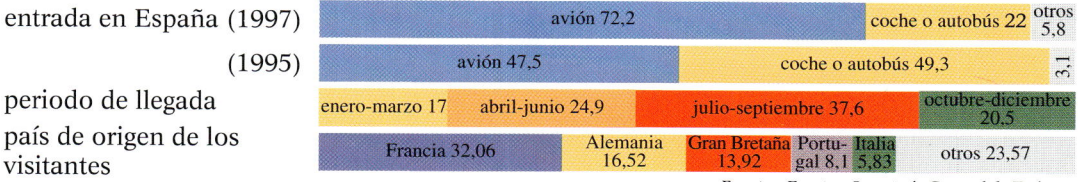

entrada en España (1997) — avión 72,2 — coche o autobús 22 — otros 5,8
(1995) — avión 47,5 — coche o autobús 49,3 — 3,1
periodo de llegada — enero-marzo 17 — abril-junio 24,9 — julio-septiembre 37,6 — octubre-diciembre 20,5
país de origen de los visitantes — Francia 32,06 — Alemania 16,52 — Gran Bretaña 13,92 — Portugal 8,1 — Italia 5,83 — otros 23,57

Fuentes: Frontur, Secretaría General de Turismo

Forma frases con la información de la estadística.
Ejemplo: En 1997, el 72 coma 2 por ciento / Más de dos tercios de los turistas llegaron a España en avión. En 1995, sin embargo, … ▶ **Continúa.** *Utiliza estas expresiones:*

para dar porcentajes exactos:	el (*número*) coma (*número*) por ciento		
para dar cantidades aproximadas:	casi	la mitad (1/2)	
	más de	un tercio (1/3)	
	aproximadamente	un cuarto (1/4)	
para hablar de un cambio:	el número de visitantes ha	bajado	un XX,XX%
	las entradas han	subido	un tercio, etc.
		aumentado	al/a un XX%

7 Se comparan dos hoteles   (G § 7)

Para conocer el comportamiento ecológico de los hoteles de Masadorm, todos los meses tienen que rellenar estos formularios. Aquí tienes dos muy diferentes. Compáralos según el ejemplo.

Ejemplo: En el hotel Bella Vista se tiran diariamente 15 000 kg de basura, (sin embargo,) en el hotel Azur sólo se tiran 1 000 kg.

tirar wegwerfen

hoteles y medio ambiente en Masadorm	iniciativa
Nombre del hotel *Bella Vista*	Mes *agosto 98*
¿Cuántos kilos de basura tiran al día?	*15 000 kg*
¿Cuántas veces cambian las toallas?	*diariamente*
¿Cuántas toallas lavan al día?	*1 500*
¿Devuelven las botellas para el reciclaje?	*no*
¿Utilizan agua de lluvia?	*150 l*
¿Venden bebidas en latas o botellas de plástico?	*sí*
¿Cuántas?	*2 500*
¿Proponen a los clientes actividades para conocer la región? ¿Cuáles?	*visitas en jeep de la región*
3 sept. 98 (fecha)	(firma)

...mbiente	iniciativa
AZUR	Mes *agosto 98*
...sura tiran al día?	*1 000 kg*
...bian las toallas?	*según los clientes*
...n al día?	*aprox. 200*
...las para el reciclaje?	*sí*
...via?	*4 500 l*
...atas o botellas de plástico?	*sí*
	300
...tes actividades para conocer	*excursiones a pie o en autobús*
1 sept. 98 (fecha)	(firma)

8 Si te vas de vacaciones...

Lee el fragmento del folleto. Después escribe otros consejos para personas que van a otros países. Aquí tienes algunas ideas (puedes añadir otras).

In heißen Regionen kann das Baden in Flüssen gefährlich sein.
Wenn du nach der Reise unbekannte Symptome (*un síntoma*) bemerkst, musst du zum Arzt gehen.
Wenn irgendwo das Wasser nicht sauber scheint, besser Wasser in Flaschen trinken und die Zähne nicht mit Wasser aus dem Wasserhahn putzen.
Früchte vor dem Essen waschen.
In fremden Ländern Produkte aus der Region essen.
In trockenen Ländern besser nicht stundenlang duschen.
Beim Besuch von religiösen (*religioso, -a*) Sehenswürdigkeiten die Gebräuche respektieren.
Bräuche, die dir seltsam scheinen, zu verstehen versuchen. Wenn du darüber lachst, verletzt (*ofender*) du die Leute.

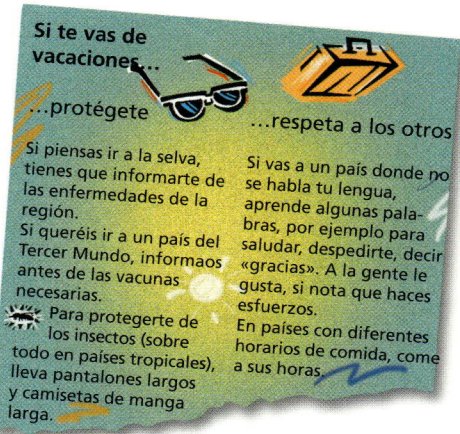

Si te vas de vacaciones...

...protégete

Si piensas ir a la selva, tienes que informarte de las enfermedades de la región.
Si queréis ir a un país del Tercer Mundo, informaos antes de las vacunas necesarias.
Para protegerte de los insectos (sobre todo en países tropicales), lleva pantalones largos y camisetas de manga larga.

...respeta a los otros

Si vas a un país donde no se habla tu lengua, aprende algunas palabras, por ejemplo para saludar, despedirte, decir «gracias». A la gente le gusta, si nota que haces esfuerzos.
En países con diferentes horarios de comida, come a sus horas.

protegerse sich schützen – **una enfermedad** Krankheit – **una vacuna** Impfung

(no) hay que / (no) tener que / (no) se debe / (no) poder/ mejor (no) (+*inf*) / para (+*inf*) / *bejahter Imperativ*

UNIDAD 1

C   ¿¡Bienvenidos!?

 1. España es simpatía

España es simpatía

Este año nos van a visitar millones de turistas. Muchos de ellos repiten. Conocen nuestro
5 *sol, nuestros monumentos y nuestra gastronomía y saben que somos gente simpática y amable. Nuestra forma de ser nos beneficia. El turismo es una*
10 *industria que cada año crece y crea cada vez más empleos. Todos nos beneficiamos de ello porque ayuda a nuestra economía.*
15 *Vamos a colaborar y, después de sus vacaciones, los turistas nos van a echar de menos. Vamos a demostrar que somos el pueblo con más amigos de toda Europa.*

TURESPAÑA – Instituto de Turismo de España (texto adaptado)

2. Mallorca en peligro

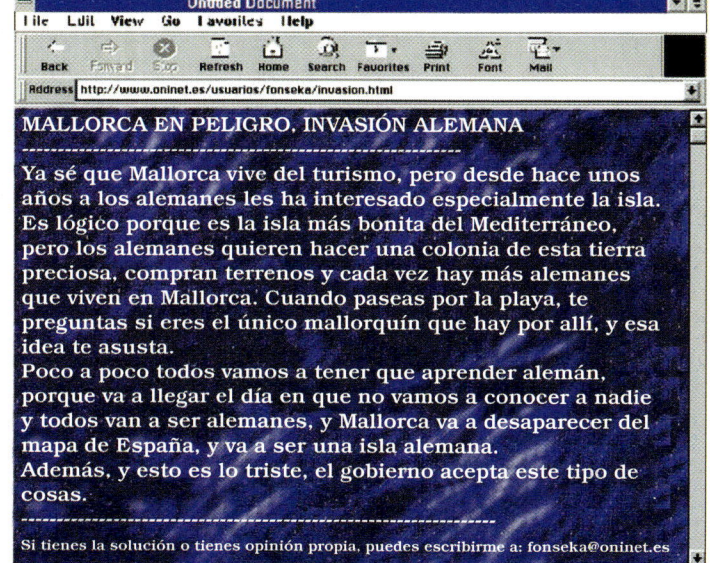

MALLORCA EN PELIGRO. INVASIÓN ALEMANA

Ya sé que Mallorca vive del turismo, pero desde hace unos años a los alemanes les ha interesado especialmente la isla. Es lógico porque es la isla más bonita del Mediterráneo, pero los alemanes quieren hacer una colonia de esta tierra preciosa, compran terrenos y cada vez hay más alemanes que viven en Mallorca. Cuando paseas por la playa, te preguntas si eres el único mallorquín que hay por allí, y esa idea te asusta.
Poco a poco todos vamos a tener que aprender alemán, porque va a llegar el día en que no vamos a conocer a nadie y todos van a ser alemanes, y Mallorca va a desaparecer del mapa de España, y va a ser una isla alemana.
Además, y esto es lo triste, el gobierno acepta este tipo de cosas.

Si tienes la solución o tienes opinión propia, puedes escribirme a: fonseka@oninet.es

Alexandre S. Fonseka (texto adaptado)

3. En Mallorca como en casa

Radio Mallorca, buenas tardes. La asociación «Mallorca para los mallorquines» afirmó ayer que la mayoría de los habitantes de la isla piensa así: «Los alemanes vienen a Mallorca sólo a divertirse y a disfrutar del sol. Los mallorquines no les interesan. Muchos se quedan, compran casas y terrenos. No quieren cambiar sus costumbres: desayuno a las
40 7, comida a las 12, cena a las 18 horas…». ¿Cómo reaccionan los alemanes mismos y los mallorquines ante estas afirmaciones? Nuestra compañera Maruja Fuentes ha salido hoy a la calle y éste es el resultado:

Montserrat Puig, 50 años, ama de casa: Pues a mí me parece bien que estén aquí, pero me molesta que no sepan un poco, sólo un poco de español y está muy mal que en algunas
45 zonas de Palma sólo haya carteles en alemán. ¡Oiga, que estamos en España! Tengo miedo de que, con tantos extranjeros, perdamos nuestras costumbres. ¡Y, además, los precios suben! Mi marido y yo queremos comprar una casa y… es imposible.

bienvenido willkommen – 7 **amable** freundlich – 9 **beneficiar** nützen – 10 **crecer** (-zco) ser más grande e importante – 12 **beneficiarse de** profitieren von – 15 **colaborar** trabajar juntos – 24 **una tierra** región, país – 25 **un terreno** Grundstück – 26 **pasear por un lugar** andar por allí sin prisa – 27 **un mallorquín** un habitante de Mallorca – 28 **asustar a alguien** jdn. erschrecken – 31 **desaparecer** (-zco) ↔ aparecer – 32 **el mapa** dibujo de un país, una región, … – 36 **afirmar** behaupten – 40 **mismo** selbst – 41 **ante** *aquí:* auf – 43 **el ama f de casa** Hausfrau – 44 **molestar a alguien** jdn. stören – 45 **un cartel** Plakat

Mario Castells, 35 años, empleado de una inmobiliaria: No creo que los precios suban realmente y tampoco que los alemanes compren más casas o terrenos ahora. Es verdad que en ciertas zonas, por ejemplo en la costa, la situación es diferente. Pero no hay que olvidar que el dinero de los extranjeros ayuda a nuestra economía. Ambos, alemanes y españoles, se benefician. Lo peor de todo es esta discusión absurda. Nos preocupa mucho que algunos medios de comunicación como vosotros queráis destruir la buena imagen de los mallorquines como un pueblo amable y abierto.

«Los alemanes que viven en España no quieren olvidar su lengua»: publicidad para un periódico en alemán en la Costa Blanca.

Klaus Baumgartner, 65 años, jubilado: Yo soy alemán y no me gusta tampoco que algunos alemanes quieran comer aquí a las 12 o no salgan de la piscina del hotel. Pero es injusto que la gente piense eso de todos, no es verdad que a todos no nos interese vuestra cultura. Mi mujer y yo tenemos una casa aquí. Nos gusta la vida española y hemos aprendido español. Es normal que disfrutemos del sol y de esta isla maravillosa, pero también es natural que no queramos olvidar nuestra lengua y nuestra cultura. Lo mejor de la vida de aquí es la mezcla.

Dieter Keller, 55 años, mecánico: Dieter, yo Dieter Mallorca, fenomenal. ¡Olé!

Tobias Frommel, 17 años, estudiante: Es triste que penséis sólo en «nosotros» y «vosotros». Mira, yo soy alemán, pero me siento también español: mis padres vinieron a Mallorca por primera vez hace unos 20 años, luego volvieron todos los años, y un día se quedaron. Los dos trabajan aquí, tienen muchos amigos españoles y alemanes. Yo voy al instituto, estoy en bachillerato y quiero estudiar en Alemania. Me alegro muchísimo de que vivan aquí muchos alemanes, de que pueda hablar alemán con ellos y de que aprenda de ellos tradiciones alemanas. Es justo que tú quieras hablar tu mallorquín, ¿verdad?, pues también es lógico que yo quiera hablar mallorquín, alemán y castellano. Creo que gente como yo, que conoce varias culturas, es el futuro de Europa.

Yolanda Fernández, 20 años, programadora: Yo pienso que Tobias tiene razón. No pienso que sea importante que uno coma a las 12 o a las 2 y cosas así. Lo importante es que hagamos esfuerzos para entendernos: los unos para integrarse en la vida de la comunidad donde viven y los otros para respetar también las costumbres y tradiciones de los extranjeros. Hoy son ellos, mañana podemos ser nosotros. ¿Quién sabe?

Interesantísimo lo que acabáis de decir. A lo mejor es más fácil para los jóvenes. Lo bueno de Mallorca es, como se ve, su juventud tolerante. Desde Palma de Mallorca, Maruja Fuentes.

55 **ambos** los dos – 59 **un medio de comunicación** televisión, radio, periódicos, etc. – 61 **un pueblo** Volk – 62 **un jubilado** persona (en general mayor) que ya no trabaja en su profesión – 69 **una mezcla** Mischung – 72 **sentirse** (-ie- / -i-) sich fühlen – 75 **alegrarse** estar muy contento; sentirse feliz

Ejercicios

1 Un pueblo con muchos amigos

a) Lee otra vez el texto «España es simpatía». Según el texto, ¿por qué vienen los extranjeros a España?

b) Mira el dibujo de al lado y el de la página 25: ¿cuáles son los aspectos del texto «España es simpatía» que ilustran los dibujos?

c) ¿De qué tiene miedo el autor del texto «Mallorca en peligro»?

2 El único mallorquín   *(G § 15)*

Busca en el texto «En Mallorca como en casa» argumentos a favor y en contra de lo que dice el autor de «Mallorca en peligro». Luego escribe:
– un artículo sobre los alemanes en Mallorca y por qué (no) les gusta a los mallorquines que estén allí o
– una respuesta al autor de la página Internet sobre la «invasión alemana».

Utiliza las siguientes expresiones: pocos / algunos / ciertos / varios / bastantes / (no) muchos / la mayoría de / (no) todos

3 Una entrevista en Mallorca

Eres reportero/a de un periódico español y tienes que hacer un reportaje sobre los alemanes en Mallorca. Vas allí y haces entrevistas a varias personas. Les preguntas, por ejemplo, sobre su viaje y sus planes para las vacaciones. Piensa también que los que escuchan una entrevista no conocen a las personas que hablan: preséntalas (por ejemplo: su lugar de origen, su profesión, …).

Trabajad en grupos de cuatro o cinco. Escribid las entrevistas y después representad-las en clase o grabadlas en una cinta. (… oder nehmt sie auf Band auf.) Para las respuestas pensad en lo que habéis aprendido en las Unidades 1B y 1C, pero también en vuestras experiencias, si habéis estado en España.

4 A lo mejor   *(G § 12)*

Escribe 10 frases sobre lo que es malo, bonito, triste… de tu ciudad, de tu vida, de una situación… Utiliza las siguientes palabras:

Ejemplos:
Lo mejor del instituto son los profesores.
Lo bonito de mi ciudad son sus calles pequeñas y sus casas antiguas.

▶ *¡Ahora tú!*

5 Iguales, pero diferentes (G § 15)

a) ¿Qué tienen en común y en qué son diferentes?
Busca diferentes aspectos y utiliza diferentes verbos.

Ejemplo: Una se come por la mañana y otra por la noche, pero ambas/las dos son comidas. Uno es para... ▶ *¡Continúa!*

b) Con la misma estructura haz algunas adivinanzas. (... Rätsel)

Ejemplo: Ambas sirven para transportar algo, pero una está cerrada y hay algo dentro cuando la compras y la otra está abierta y puedes meter cosas tú mismo. (... etwas drin ...)

6 Es lógico que aparezcan estas formas   (G § 13)

a) En el texto «En Mallorca como en casa» aparecen formas del verbo querer *que conoces y otras que son nuevas (ésas son formas de subjuntivo). Escribe las formas nuevas en tu cuaderno. ¿Puedes formular una regla (en alemán) para su formación?*

b) Hay también formas de subjuntivo de otros verbos. Búscalas y haz una lista para la 1ª conjugación y otra para la 2ª y 3ª conjugación. Compara las formas con tu regla de la parte a) del ejercicio: ¿vale también para este caso? Si no, intenta corregir la regla.

7 Esto es normal en las vacaciones.   (G §§ 13, 14)

Transforma las siguientes frases y utiliza el subjuntivo en cada frase.

Ejemplo: El gobierno, y esto es lo triste, acepta este tipo de cosas.
       → Es triste que el gobierno acepte este tipo de cosas.

1. Muchos turistas sólo quieren los productos de su país, y esto está muy mal.
2. Cada vez viven más alemanes en Mallorca y esto no les gusta a todos los habitantes.
3. Algunos medios de comunicación, y esto preocupa a los hoteleros, sólo hablan de los aspectos negativos del turismo.
4. Tenemos que respetar a la gente en otros países y sus costumbres, porque todos los hombres son iguales. Es lógico, ¿no?
5. Algunos afirman que el turismo siempre destruye la naturaleza, pero eso no es verdad.
6. Los turistas sacan fotos y esto es normal. Pero en ciertos países, si los turistas les hacen fotos a las personas del país, esto les molesta.

8 ¿Qué piensas tú? *(G §§ 13, 14)*

En la sección «¿Qué piensas tú?» de una revista de jóvenes se publica cada mes el problema de un/una joven. Otros/otras jóvenes le escriben, comentan su situación e intentan ayudarlo. Aquí tienes tres problemas y una respuesta. Escribe una carta a Pablo y a Maribel. Puedes tomar la carta a Ana como modelo. Piensa también en otras expresiones que sirven para expresar una reacción o un sentimiento. (... ein Gefühl)

quiero al novio de mi mejor amiga

A Ana le gusta mucho Antonio, pero hay un problema; es el novio de su mejor amiga Esther, así que no le dice nada. Y Ana sufre muchísimo cuando los ve juntos. ◄

> Querida Ana:
> A mí me parece bien que no le digas nada a Antonio, porque puedes perder a tu amiga. Lo malo es que sufras.
> Yo creo que lo mejor es que habléis. Si Esther es tu mejor amiga, puedes hablar con ella de todo, también de eso.
> ¡Mucha suerte!
>
> Sandra

sufrir leiden

el amor en las vacaciones

De vacaciones en la Costa del Sol, Jens conoció a Maribel, que le gusta muchísimo y él a ella también. Después de dos semanas en las que siempre estuvieron juntos, Jens tuvo que volver a Alemania y Maribel se quedó en España. Han prometido que se van a escribir, a llamar por teléfono y a verse en las próximas vacaciones. ◄

los amigos o los deberes

Pablo tiene que estudiar muchísimo, porque si no, no va a aprobar el curso. Pero muchas veces sus amigos le proponen ir al cine o jugar al fútbol o hacer otras cosas que también le gustan. Si Pablo no va con ellos, al día siguiente todos le hablan de lo que han hecho y él, claro, no puede decir nada. Así que en la mayoría de los casos Pablo decide ir con ellos. La consecuencia: malas notas. ◄

¡Así se dice!

Ursache und Wirkung	
die Ursache benennen	El éxito se debe a circunstancias felices.
Bedingungen angeben	El éxito de las iniciativas depende también de los turistas.
	Si vienes, vamos a ganar.
Konsequenzen aufzeigen	El turismo puede crear muchos problemas.
	Se ve que lo mejor de Mallorca es su juventud. Se ve cómo el turismo puede ser un aliado del medio ambiente.
	Los cambios se notan.
	Los problemas demuestran que los esfuerzos son necesarios.
Ziele anstreben	Se pueden conseguir muchas cosas cuando se trabaja juntos.
	Los hoteles intentan reducir la basura.
Reaktionen und Gefühle	
Freude	Me alegro de que / Es maravilloso que pueda hablar alemán.
Ärger	Nos molesta que no sepan español. Es injusto /absurdo / triste que la gente piense eso.
Beunruhigung	Los problemas preocupan / asustan a los habitantes. Tienen miedo / Se preocupan de que el turismo destruya la costa.
Urteil	Está bien / Me parece mal que / (No) me gusta que estén aquí.

Y de postre

De vacaciones en la autopista

(estar) **de puente** no trabajar el día (laborable) entre una fiesta y el fin de semana – **la costa levantina** costa en el este de España, en la región de Valencia y Murcia – **descansar** sich ausruhen

Forges. *El País*, 21.3.1998

Estrategia: Tu opinión cuenta I

Wenn du zu einem Thema deine Meinung sagen bzw. schreiben sollst, ist es besser, nicht gleich drauflos zu schreiben. Die Planung einer Arbeit dauert zwar zunächst etwas, aufs Ganze gesehen sparst du damit aber meistens Zeit und auf jeden Fall wird deine Arbeit besser.

1. Überlege dir zuerst genau, was mit dem **Thema** gemeint ist und was **du dazu sagen** willst.
2. **Notiere** alles, was dir zum Inhalt einfällt, in **Stichpunkten** (noch nicht auf deinem eigentlichen Arbeitsblatt). Dies kannst du evtl. auch auf Deutsch machen.
3. Überprüfe deine Notizen: Gehört wirklich alles zum Thema? **Streiche** alles, was nicht richtig passt.
4. **Ordne** die übriggebliebenen Ideen. Die genaue Anordnung hängt natürlich vom Thema und von deiner Meinung dazu ab; einige Strukturen, die häufig passen, sind:
– pro und kontra (beginne mit der Meinung zum Thema, die du nicht teilst, denn dann stehen die überzeugendsten Argumente am Ende)
– Steigerung: vom Unwichtigen zum Wichtigen
– chronologisch: von der Vergangenheit bis zur Gegenwart (und Zukunft)
5. Überlege dir einen **Einleitungssatz** (der zum Thema hinführt) und einen **Schlusssatz** (Zusammenfassung deiner Meinung oder Vermutung über die Zukunft)
6. Nun kannst du **anfangen zu schreiben** und du wirst sehen: Den schwierigsten Teil der Arbeit hast du bereits hinter dir.

… y en último lugar os quiero decir que en general los discursos son demasiado largos.

un discurso Rede

▶ *¡Ahora tú!*
En el texto «En Mallorca como en casa», Tobias dice: «gente … que conoce varias culturas, es el futuro de Europa.» ¿Qué piensas de esta afirmación? Escribe un pequeño texto siguiendo las indicaciones de arriba.

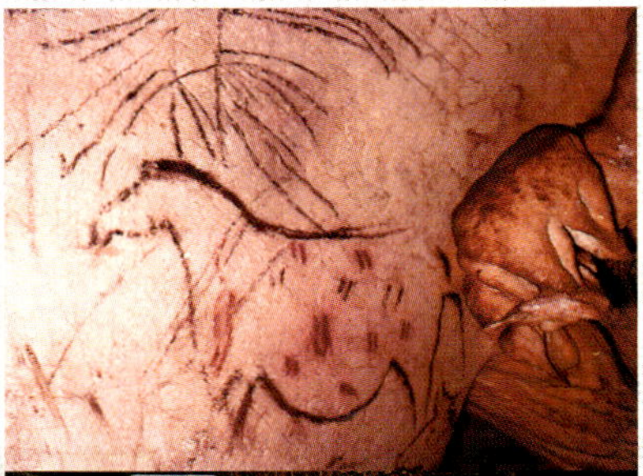

¡Bienvenidos a Andalucía!

En estas páginas, Andalucía abre sus puertas a la mirada de este nuevo mundo. Tienen mi gratitud por el tiempo que nos dedican.

En el sur de Europa y a la vista de África, Andalucía une desde hace milenios pueblos y continentes. Razas, culturas y religiones que nacieron y crecieron en esta tierra han formado el carácter abierto y tolerante de cada andaluz. 5

Hoy somos la comunidad más poblada de España, que hace oír su voz en el mundo por sus hijos más famosos, sus siglos de historia, su valor turístico o su cultura moderna. 10

Ahora tenemos una ventana más para desarrollar la vocación universal de Andalucía. Por esta razón hemos abierto esta ventana electrónica, que une la información y la voluntad de servicio que nos corresponde. Estamos en línea con el futuro. 15

Y ustedes están en línea con Andalucía.

MANUEL CHAVES GONZÁLEZ
(Presidente de la Junta de Andalucía) 20

www.junta-andalucia.es/saludo/español.htm
(1999, texto adaptado)

Mapa de Andalucía

Córdoba

Jaén

Huelva

Sevilla

El Rocío

Granada

Almería

Málaga

Jerez
de la Frontera

Torremolinos

Marbella

Cádiz

Gibraltar (brit.)

- 🦩 parque natural
- 🍇 viñas
- 🌿 olivos
- 🌾 cereales, azúcar, algodón
- 🍍 frutas
- 🐟 pesca
- ⚒ minería
- ☀ lugar precioso
- 🏛 arte prehistórico
- 🏛 arte romano
- 🏛 arte árabe
- ✡ arte judío
- ☿ arte cristiano (gótico, barroco, renacentista)
- ✝ fiestas religiosas

Ejercicios

 1 ¿Qué quiere decir?

*El texto «¡Bienvenidos a Andalucía!» es la primera de varias páginas donde
Andalucía se presenta en Internet. El autor utiliza muchas expresiones figuradas.
¿Qué quiere decir con ellas?*

a) Busca en la lista de la derecha la interpretación adecuada.

1. Andalucía abre sus puertas (l. 2)
2. este nuevo mundo (l. 3)
3. hacer oír su voz en el mundo (l. 10)
4. sus hijos (más famosos) (l. 10)
5. esta ventana electrónica (l. 15)
6. estar en línea con Andalucía (l. 18)

a. la época de los ordenadores y de Internet.
b. mostrar su importancia a todos
c. visitantes son bienvenidos a Andalucía
d. estar en contacto con Andalucía (en Internet, es decir, por línea telefónica)
e. andaluces y andaluzas conocidos en todo el mundo
f. estas páginas en Internet

*b) ¿Qué quiere decir el autor con la frase «Estamos en línea con
el futuro» (l. 16/17)? Escribe 2 ó 3 frases.*

2 Andalucía, tierra bonita *(G § 16)*

*Aquí tienes algunas personas que van
a ir a Andalucía de vacaciones.*

*a) ¿Por qué van a Andalucía?
Forma frases con* por + sustantivo.

Ejemplo: Voy a Andalucía por
el precio.

*b) En el texto y en el mapa de
la página 30 busca más
razones por las que Anda-
lucía puede ser un destino
interesante.*

*c) ¿Cómo han sabido estas personas
lo que se puede hacer en Andalucía?
Forma frases con* por + sustantivo.

Ejemplo: El señor en el primer dibujo
lo ha sabido por el periódico.

...las grandes playas de Andalucía...

...previsión del tiempo para Andalucía: 35–40° y mucho sol...

...porque es muy barato...

...queremos hacer surf y jugar al voleiplaya...

...bailar en las discotecas hasta las 6 de la mañana...

Vocabulario de la p. 30:
2 **la mirada** ← mirar – 3 **la gratitud** Dankbarbeit – **por** wegen, für, durch – 4 **dedicar** widmen – 5 **a la vista de** cerca de – **unir** verbinden – 6 **milenios** miles (1000, 2000...) de años – 7 **nacer** (-zco) venir al mundo; empezar a existir – 8 **un andaluz/una andaluza** persona que vive en Andalucía – 9 **una comunidad** *aquí:* Comunidad Autónoma – **poblado** que tiene (muchos) habitantes – 10 **hacer oír** hören lassen – 11 **el valor** Wert – 13 **desarrollar** entwickeln – 14 **una vocación** Berufung – 16 **la voluntad** Wille – **corresponder** entsprechen – **en línea** in Verbindung – 20 **la Junta** el parlamento de Andalucía
Mapa: el azúcar Zucker – **el algodón** Baumwolle – **judío** jüdisch

Estrategia: Buscar información

Im Spanischunterricht wirst du immer wieder aufgefordert, zu einem bestimmten Thema **weitere Informationen** zu suchen (z. B. für ein Referat, eine Gruppenarbeit o. Ä.). Auch in den Übungen in diesem Buch ist das öfters der Fall. Und manchmal interessiert dich vielleicht eine Frage, die in einem der Texte nur kurz erwähnt wird, so dass du selbst **nachforschen** willst. Dann stellt sich die Frage: Was muss ich tun, damit ich die Informationen bekomme, die ich brauche?

1. Nicht einfach drauflos suchen, sondern **überlegen, was du wissen willst** oder erfragen musst. Denn wenn du das Thema zu weit fasst, wirst du wahrscheinlich viel zu viel (und darunter viel unbrauchbares) Material bekommen; wenn du es zu eng formulierst, bekommst du womöglich gar keines (weil die befragte Person oder Institution meint, zu diesem Thema nichts zu haben). Die Zeit, die du in die Planung einer Aufgabe investierst, lohnt sich, weil du hinterher Zeit beim Sortieren und Bearbeiten des Themas sparst.

2. Mögliche **Informationsquellen**:
– Viele Informationen zu Spanien und Lateinamerika findest du in deinem **Spanischbuch**, aber auch in anderen Schulbüchern, z. B. zu den Fächern **Geschichte, Geographie, Kunst**….
– Am umfassendsten kannst du dich in einer **Bibliothek** (Schulbibliothek, Stadtbücherei, Unibibliothek…) informieren. Wenn du dich dort noch nicht auskennst, fragst du am besten den Bibliothekar oder die Bibliothekarin um Rat; sie können dir sagen, wo du z. B. Bücher über Spanien oder Lateinamerika findest.
– Nach touristischen Informationen, Prospekten (auch mit Fotos) u. Ä. kannst du in **Reisebüros** oder bei den **Fremdenverkehrsämtern der einzelnen Länder** fragen. Die letztgenannten haben auch viele weitere Informationen über ihr jeweiliges Land. (Adressen kannst du von deinem Spanischlehrer bzw. deiner Spanischlehrerin bekommen.)
– In vielen Städten gibt es **Institutionen und Vereine**, die sich im Bereich ausländische Kontakte engagieren, z. B. Partnerschaftskomitees, Institut für Auslandsbeziehungen, Instituto Cervantes…).
– Aktuelle Informationen zu politischen und gesellschaftlichen Fragen findest du in vielen deutschen und spanischsprachigen **Zeitungen und Zeitschriften** (auch danach kannst du z. B. in der Bibliothek fragen.) … und natürlich im **Internet**.
– Und schließlich: In deiner Umgebung gibt es sicher viele **Menschen**, die dir weiterhelfen können: Lehrerinnen und Lehrer, Bekannte, die sich in Partnerschaftskomitees oder anderen Vereinen engagieren, und nicht zuletzt natürlich Personen aus Spanien oder Lateinamerika, die Interessantes über ihr Herkunftsland erzählen können.

3. Informationsbeschaffung braucht **Zeit**, vor allem wenn du fremde Personen oder Institutionen kontaktieren willst (Postweg, Terminabsprachen etc.). Deshalb: rechtzeitig anfangen!

▶ *¡Ahora tú!*
Elige uno de los aspectos de Andalucía de los que habla Manuel Chaves en el texto «Bienvenidos a Andalucía!» o que aparecen en el texto «Cosas de familia». ¿Dónde puedes encontrar más información sobre este tema? Haz un plan de trabajo.

UNIDAD 2

B Cosas de familia

D. Pablo: ¡Un abrazo, cuñado! Dame la maleta. ¿Qué tal el viaje?

D. Pepe: Muy bien hasta llegar a Sevilla. Con la nueva carretera, la que terminaron el año pasado, hemos llegado en menos de cuatro horas. Pero en Sevilla… Mira, Pablo, éste es Martin, el alemán que está viviendo con nosotros, del que te hablé.

D. Pablo: Pasa, pasa, hombre, no te quedes ahí. Siéntete como en casa.

Martin: Muchas gracias, don Pablo.

D. Pepe: ¡No me digáis!, vosotras sois María y Asunción. ¡Cómo has crecido, María! Eres ya una mujercita. Oye, guapa, ¿dónde está la abuela?

Abuela: Aquí, aquí, hijo, ¡qué buen aspecto tienes! No te muevas, ven para que te dé un beso. ¡Ay, la Virgen, qué alegría, toda la familia junta!

Dª Marisa: ¡Hola, Pepe!, ¿ya estáis aquí? ¿Dónde están los demás?

D. Pepe: Ahora vienen. Marisa, te presento a Martin, el que hace un curso de español. Le hemos traído para que no se vaya sin conocer una fiesta familiar española, ¿verdad?

Martin: Encantado y muchas gracias por la invitación.

Dª Marisa: De nada. Ya lo dije yo: «Traed al muchacho. Uno más no importa.» Ven, ven conmigo. Te voy a enseñar la casa. En el cuarto de estar, doña Marisa le enseña a Martin las fotos de la pared.

Dª Marisa: Mira, las que ves aquí son de la Feria de Abril pasada. Los que están en el caballo de la izquierda, son mi hija Asunción y su novio cuando fueron a la catedral.

Martin: ¡Qué bonito! Pero, perdone, ¿qué es la Feria de Abril?

Dª Marisa: Son las fiestas de Sevilla. Hay un ambiente fenomenal y todos llevan ropa tradicional muy bonita y se divierten muchísimo. Y, espera, antes de que te enseñe las otras habitaciones, fíjate aquí: éste, claro, con la caperuza no le puedes reconocer, es mi marido en Semana Santa.

Martin: ¡Qué raro! ¿Y por qué va así?

Dª Marisa: Es una tradición familiar que pasa de padres a hijos.

Dª Concha abre la puerta.

Dª Marisa: ¡Concha!

Dª Concha: ¡Marisa! ¡Qué bien estás! Di, ¿qué haces para estar tan joven? ¡Ah!…, perdonad.

Martin: No importa. Hablen, hablen. Ustedes no se preocupen por mí, yo voy con los demás. Hasta luego.

Dª Concha: Oye, tengo una sorpresa, pero todavía no puedo contarla. Es sobre mi hijo José.

60 *Dª Marisa:* No me digas, José y Estrellita…

Dª Concha: Sí, pero no lo cuentes. Son ellos mismos los que quieren dar la noticia. Calla sin que los demás noten nada.

Mientras tanto, en la cocina, José, el hijo de
65 don Pepe, habla con sus primos.

José: ¿Y qué, María, estás nerviosa con la comunión?

María: Un poco, hasta que pase.

Asunción: Y tú, José, ¿cómo va todo?

70 *José:* Me fue mal hasta que encontré trabajo. Ahora tengo un empleo en un invernadero de tomates, y Estrellita y yo nos hemos comprado una casa.

Asunción: Claro, el casado casa quiere.

Pablito: Hombre, ¿y la boda?, que quiero 75 ir a una boda.

José: Pues por eso estoy también aquí. He venido para avisar, para que reservéis la fecha: me caso el día de la Ascensión.

María: ¡Papá, mamá, abuela, José se casa! 80

Dª Marisa: Dios mío, Pepito, ¡qué alegría me das!

D. Pablo: Madre, no llore.

Abuela: Dejadme llorar, que me gusta. ¡María Santísima, voy a ser bisabuela! 85 ¡Ya me puedo morir tranquila!

José: Pero cuando estemos casados, ¿eh, abuela? No se muera antes.

D. Pablo: Marisa, tráete la botella de fino. Esto hay que celebrarlo. 90

Estrategia: Entender textos mejor II

Anders als in expositorischen (= erklärenden) Texten (z. B. Zeitungs- oder Zeitschriftenartikel, Referate) werden in **fiktionalen** (= erfundenen, erzählenden) **Texten** (Kurzgeschichten, Romane, auch Filme u. Ä.) manche Sachverhalte nur **angedeutet** und müssen anhand von verschiedenen Hinweisen **erschlossen** werden (ähnlich wie es auch im täglichen Leben oft geschieht), z. B. die Beziehung zwischen einzelnen Figuren, die Gründe für eine bestimmte Handlungsweise u. v. m.

Ein Rezept für das Erschließen von solchen versteckten Informationen gibt es nicht, denn diese sind so unterschiedlich wie die Personen, die diese Texte geschrieben haben. Folgendes aber kann dir beim Umgang mit solchen Texten helfen:

1. Sei **neugierig** auf alles, was gesagt wird.
2. Lass deinen **Vermutungen** zunächst einmal freien Lauf.
3. Wenn du einen Teil des Textes (bei kurzen Texten auch den ganzen Text) gelesen hast und deine Vermutung sich nicht ausdrücklich bestätigt oder als falsch erwiesen hat, **überprüfe** gezielt deine Hypothese: Warum bist du auf eine bestimmte Idee gekommen? Welche weiteren Hinweise gibt es? Was spricht gegen deine Vermutung? usw. (Wenn es kompliziert wird, kannst du diese Informationen auch in einer **Tabelle** oder einer **Skizze** festhalten.)
4. Überlege, wie wichtig die einzelnen Argumente sind und **korrigiere** ggf. deine Hypothese.

▶ *¡Ahora tú!*

1. Lee otra vez el texto «Cosas de familia» (l. 58–81). En la línea 76, Pablito habla de una boda. ¿Por qué sabe que José quiere casarse? ¿Y con quién?

2. Dibuja un árbol genealógico de la familia. Para ayudarte busca primero todas las frases con palabras de la familia (hijo, madre, etc.) e interprétalas. Después busca otra información. El árbol de arriba te da una idea de la relación entre las personas.

Ejercicios

1 Antes de hacer otra cosa...   (G §§ 18, 19)

*a) Completa las frases siguientes según el texto
«Cosas de familia».*

1. La familia se encuentra en casa de Marisa y
   Pablo para …
2. El alemán Martin está también allí para …
3. Doña Marisa no quiere que Martin se vaya
   sin …
4. Martin va con los demás cuando …
5. María está nerviosa hasta …
6. Concha no puede hablar de la sorpresa con
   Marisa hasta …
7. José y Estrellita compraron una casa cuando …
8. José habla del día de su boda para …
9. La abuela va a estar contentísima cuando …
10. La abuela no tiene que morirse antes de …

*«José estuvo mal hasta que
encontró trabajo en un invernadero.» –
Invernadero cerca de Almería.*

b) Completa estas frases con tus propias ideas. Escribe por lo menos tres continuaciones diferentes con conjunciones diferentes para cada frase. (… drei Fortsetzungen …)

1. Voy a buscar trabajo …
2. Quiero hacer una fiesta muy grande …
3. Me gusta dormir …

> antes de (que) / cuando / hasta
> (que) / para (que) / sin (que)

2 Una historia en cinco frases   (G § 18)

a) Formad grupos de 5. Cada uno escribe una frase (en presente) en una hoja, dobla la hoja y la pasa a la persona de al lado. Entonces continuáis con subordinadas. La primera tiene que empezar con para que, la segunda con pero, la tercera con hasta que y la cuarta con sin que. Después de cada subordinada dobláis la joja y la pasáis. Al final cada uno lee la historia que está en la hoja que tiene. (… faltet das Blatt …)

b) Corregid en grupos los errores gramaticales de cada historia.

c) Cortad las historias después de cada frase y formad nuevas historias. (Zerschneidet…)

3 Una foto de la Primera Comunión   (G § 22)

Unos días después de la Comunión de María, doña Concha toma café con su amiga Raquel…

a) Intenta saber quién es quién en el dibujo de la página 36 por las descripciones que Concha hace de las personas.

b) Escribe tú una frase para cada persona y explica quién es. Utiliza estas expresiones:

> el chico / la chica / el hombre / la mujer │ que lleva (+ *ropa*)
> │ que es (+ *adj*)
> │ que (+ *verbo*)
> el que / la que / los que / las que (+ *verbo*)

c) Busca tú una foto de alguna fiesta familiar y explica a tus compañeros y compañeras quién es quién.

4 Un intercambio no siempre es fácil. *(G § 20)*

En tu clase hay dos españoles (Lourdes y Vicente) que han venido para un intercambio. Para ellos no es fácil acostumbrarse a la vida alemana. Aquí están sus problemas:

Ambos tutean a los profesores jóvenes (lo que se hace muchas veces en España). Lourdes llega al instituto a las 9, pero las clases empiezan a las 8. Ambos dan besos a todos los compañeros cuando llegan a clase (eso parece raro sobre todo a los compañeros que no estudian español, porque no es costumbre en Alemania). Lourdes se queda fuera de las discusiones en clase, pero todas las opiniones son importantes. Vicente tiene miedo a los profesores porque parecen muy exigentes (lo son, pero también son muy amables). Los dos escriben todo lo que dice el profesor de física, pero no es necesario porque él siempre dice lo que hay que apuntar. Ambos se preocupan por tantas costumbres diferentes, pero toda la clase los va a ayudar.

Ayuda a Lourdes y a Vicente y diles lo que tienen que hacer. Utiliza imperativos negativos.

Ejemplo: No tuteéis a los profesores: esto no se hace en Alemania. Lourdes, no …

tutear duzen – **exigente** streng, anspruchsvoll

 ### 5 El maestro de ceremonias   *(G § 21)*

Un español informa a un invitado extranjero de lo que tiene que hacer (marcado aquí con +) y de lo que no puede hacer (marcado con -) en una boda muy elegante en España.

1. vestirse bien (+) – 2. desayunar mucho (-) – 3. salir pronto (+) – 4. ir en metro (-) – 5. tomar un taxi (+) – 6. ir a la casa (-), ir directamente a la iglesia (+) – 7. saludar a la familia (+) – 8. quedarse fuera de la iglesia (-), entrar (+) – 9. salir con los otros invitados (+) – 10. preocuparse por su español (-), hablar (+) – 11. ir con los otros invitados al restaurante (+) – 12. interesarse por la familia (+) – 13. callarse (-), contar algo (+) – 14. integrarse en la fiesta (+) – 15. divertirse (+)

Ejemplo: Vístase bien. No …   ▶ *¡Continúa!*

UNIDAD 2

C *Sol, tierra, mar...*

🎧 1. El río Guadalquivir

1 El río Guadalquivir
va entre naranjos y olivos.
Los dos ríos de Granada
bajan de la nieve al trigo.

> Federico García Lorca. «Baladilla de los tres ríos»,
> 1923 (fragmento)

2. Andalucía hoy

El sol, la tierra y el mar han sido y 5
son la base de la riqueza de
Andalucía. Hoy, son además la fuente
de nuevas energías que la impulsan
hacia un futuro donde el progreso es
compatible con el mantenimiento de 10
formas de vida natural, realmente
únicas.

3. Andalucía en cifras

13 Andalucía es la segunda Comunidad Autónoma en superficie. El paisaje andaluz es muy variado: en menos de una hora en 15
coche se puede pasar de montañas con nieve
a valles húmedos y zonas casi desérticas.
Llueve poco (tan poco como en Marruecos), pero en algunas zonas llueve muchísimo (tanto como en Irlanda). 20
Más del 17% de los españoles son andaluces y la población andaluza es la que
crece más rápidamente en España.
El 32,5% de los andaluces está en paro, y los
demás ganan relativamente poco: los extreme- 25
ños y los canarios ganan menos que ellos.
(Los madrileños son los que ganan más.)
La tasa de parados es más elevada entre los
16 y 19 años (más del 50%).
La mayoría de los andaluces trabaja en el 30
sector de servicios, sobre todo en el turismo.
La agricultura y la pesca son también muy
importantes: los principales productos de
Andalucía son aceite de oliva, vino, cereales, azúcar y algodón. 35
Sobre todo las frutas se cultivan en invernaderos y así se consiguen más fácilmente 3 ó
4 cosechas al año.
La industria conservera ocupa el segundo
lugar en importancia, mientras que la mine- 40
ría es cada vez menos importante.
Hoy en día, Andalucía intenta atraer también
empresas modernas de telecomunicaciones,
de informática, de energías renovables, etc.

---

4 **la nieve** forma en la que cae la lluvia cuando hace mucho frío – **el trigo** Weizen – 6 **la riqueza** gran cantidad
de (dinero) – 7 **una fuente** Quelle – 8 **impulsar** vorantreiben – 14 **la superficie** Oberfläche – 17 **húmedo**
donde hay bastanta agua – 18 **Marruecos** Marokko – 24 **estar en paro** no tener trabajo – 25 **un extremeño/
canario** persona que vive en Extremadura/las Islas Canarias – 28 **la tasa** Prozentsatz, Rate – **elevado** alto,
grande – 34 **el aceite de oliva** Olivenöl – 36 **cultivar** anbauen – 38 **una cosecha** Ernte – 42 **atraer** (atraigo)
(her-)anziehen – 43 **una empresa** Firma – 44 **renovable** erneuerbar

Estrategia: Elegir y ordenar información

Für ein Referat oder eine Gruppenarbeit hast du bereits im Internet recherchiert, Bücher in der Bibliothek entliehen, verschiedene Institutionen haben dir Info-Prospekte geschickt… Nun sitzt du vor einem Berg von Material. Wie findest du darin die Informationen, die du brauchen kannst?

1. Für die Suche nach Informationen hast du bereits überlegt, was das Thema genau zu bedeuten hat. Nun gehst du einen Schritt weiter und überlegst, welche **Stichwörter** dir zu dem Thema einfallen. Eine gute Technik dazu ist das **Brainstorming**. Dazu schreibst du dein Thema in die Mitte eines Blattes und notierst dann dazu Begriffe, die dir einfallen. Du kannst diese auch bereits zu **Themenkreisen** ordnen. (Diese Technik kennst du schon von den Vokabelnetzen.)

Wenn du über ein Thema noch gar nichts weißt, findest du solche Stichwörter, indem du einen sehr allgemeinen Text über das Thema (z. B. im Spanischbuch) liest, oder indem du an ein ähnliches Thema denkst, das du schon einmal bearbeitet hast (das Beispiel links passt auch für andere Regionen oder Länder).

2. a) Lies zunächst von deinen Materialien nur das **Inhaltsverzeichnis** bzw. die Kapitelüberschriften (bei Büchern), **Überschriften** oder Vorspann (bei Zeitungsartikeln, Broschüren u. Ä.). Notiere dir, wo die Stichwörter, die du zu deinem Thema gefunden hast, vorkommen. (Wenn die Materialien dir gehören, kannst du die Begriffe unterstreichen oder auf andere Art **markieren**, ansonsten **notierst** du die Stelle möglichst genau (Seite, Abschnitt, evtl. Zeile) auf einem Blatt. (Wenn möglich, trenne die Informationen schon nach Themenkreisen, durch **verschiedenfarbige Markierungen** oder Notizen auf verschiedenen Blättern.)
b) Geh danach genauso für den **Inhalt** der Kapitel, Artikel, Broschüren etc. vor, die du in Schritt 2. a) ausgewählt hast.

3. Lies nur diejenigen Kapitel oder Abschnitte **genau**, in denen deine Schlüsselbegriffe auch vorkommen, am besten zuerst alles, was zu einem Themenkreis gehört, dann alles, was zum nächsten Unterthema passt usw. (Zum Lesen von Texten s. auch S. 20)

4. Auch in diesen Abschnitten oder Texten befinden sich noch sehr viele Informationen. Wähle nun das aus, **was wirklich zu deinem Thema gehört** und dafür **wichtig** ist (in der Regel die allgemeineren Informationen, nicht die Details). Denke dabei auch an die Länge des Textes, den du schreiben sollst, oder an die Zeit, die für ein Referat zur Verfügung steht.

5. Nun ist alles gut vorbereitet und du kannst ans Schreiben gehen (s. dazu auch S. 29)

Ejemplo: Informa en un pequeño discurso (5 minutos) sobre la Andalucía moderna. Tienes – entre otros materiales – este fragmento de un diccionario enciclopédico:

poblacíon → **Andalucía** Comunidad autónoma del S. de España, la más poblada; 87.268 km.² y 7.040.627h. Comprende ocho provincias: Sevilla, Cádiz, Huelva, Granada, Málaga, Almería, Córdoba, Jaén. Cap., Sevilla. Es montañosa al N. (Sierra Morena) y al SE. (Sierra Nevada, con el Mulhacén, 3.478 m., punto culminante de la Península) y llana al SO., regada por el Guadalquivir. El clima es generalmente cálido y en algunas zonas riguroso. Sus principales productos son: aceite de oliva y vinos muy renombrados, cereales, caña de azúcar, dátiles, algodón y agrios. Ganadería de lidia y caballar. Posee antiguas minas de plata, hierro, cobre, plomo y mármol. Indus. alimentarias y vinícolas, químicas, metalúrgicas y de la construcción. Buena pesca, con excelentes puertos. De pintoresco paisaje, hermosas playas y grandes monumentos históricos, la región disfruta de una gran atracción turística. Poblada desde tiempos remotos, la ocuparon los iberos, la colonizaron los fenicios (s. XI a. C.) y fue conquistada por cartagine-

geografía
zu viele Details
economía
nicht alles aufzählen
historia Geschichte gehört nicht zum Thema

Diccionario enciclopédico Espasa. Espasa Calpe, Madrid, 1995

Ejercicios

1 La nieve y el trigo

En el poema «Baladilla de los tres ríos», Federico García Lorca describe la provincia de Granada. Lee otra vez «El río Guadalquivir» (= la primera estrofa del poema). ¿Qué quiere decir en las líneas 2 y 4? (La información del texto «Andalucía en cifras» te ayuda.)

2 La base de la riqueza de Andalucía...

a) El anuncio «Andalucía hoy» dice que «el sol, la tierra y el mar han sido y son la base de la riqueza de Andalucía». Busca información en el texto «Andalucía en cifras» para confirmar esta frase

b) ¿Qué quiere decir el anuncio cuando afirma que ellos son también la fuente de nuevas energías y que el progreso es compatible con formas de vida natural?

3 La economía andaluza

a) Busca en los textos de «Sol, tierra, mar...» palabras del campo semántico «economía» y ordénalas en una red.

b) Identifica en el texto «Andalucía en cifras» los párrafos que hablan de la economía andaluza. ¿De qué temas hablan los otros párrafos? (... die anderen Paragraphen?)

c) Haz un plan de trabajo para escribir un texto sobre la economía andaluza. ¿Qué información de la Unidad 2C vas a utilizar? ¿Cuál no? (¿Por qué?) ¿Qué falta? ¿Dónde puedes encontrarlo?

4 ¿Vivís tan distintamente en Alemania?   (G §§ 23, 26)

Asunción y María explican a Martin, al que han conocido en la Comunión de María, muchas cosas sobre las clases en España... y quieren saber si son iguales en Alemania.

a) Forma las preguntas de María y Asunción. Utiliza las expresiones en la casilla.

> más ... que / menos ... que / tanto ... como / tan ... como

Ejemplo: Aprendemos alemán muy difícilmente.
→ ¿Aprendéis español tan difícilmente como / más fácilmente que nosotros alemán?

1. Discutimos muy seriamente cuando hay problemas en clase.
2. En pocas situaciones hablamos abiertamente con nuestros profesores.
3. Estudiamos mucho para los exámenes.
4. Hablamos de la historia de Alemania muy brevemente.
5. Tratamos al director muy amablemente.
6. Después del instituto vamos a encontrar trabajo muy difícilmente.
7. Nos divertimos mucho con los compañeros.

tratar behandeln

b) Imagina que un amigo español / una amiga española te hace estas preguntas. ¿Qué le respondes? Utiliza las expresiones de la parte a) del ejercicio.

5 Más o menos (G §§ 23–26)

a) Saca del texto «Andalucía en cifras» las
expresiones que sirven para comparar algo.
Ordénalas en una línea: empieza con las
expresiones que expresan la idea de
«muchísimo» y termina con las de «poquísimo».

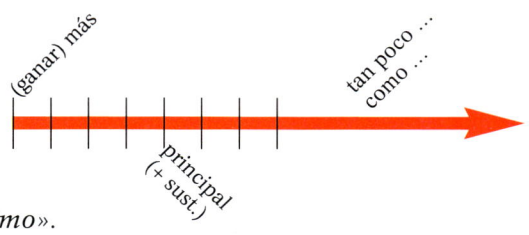

b) Utiliza estas expresiones para comparar las siguientes Comunidades Autónomas.
Forma por lo menos diez frases y utiliza diferentes construcciones.

Ejemplos: Los madrileños se casan más que los habitantes de Cataluña, pero menos que
los … Los catalanes tiran tanta basura como … De las cuatro Comunidades Autónomas
los que más hijos tienen son los … ▶ ¡Ahora tú!

	Andalucía	Castilla la Mancha	Cataluña	Madrid
superficie (km²) 🌐	87 600	79 462	32 113	8 028
habitantes (h.) 👥	7 216 649	1 712 518	6 090 040	5 022 289
producto interior bruto por h.[1] 💰	1,3	1,5	2,2	2,2
número de bodas por 1 000 h. ⌾	5,58	5,73	5,06	4,58
nacimientos por 1 000 h. 🚼	11,3	10,12	8,86	9,27
horas que duermen ☾	7,68	—	7,42	7,37
kilos de basura que se tiran por h. al año 🗑	310	—	401	401
caer bien (puntuación de 0 a 10) ☹ ☺	7,48	—	5,53	—
se encuentran con amigos en su tiempo libre 👫	68%	80%	68%	52%

[1] en millones de pesetas

tirar wegwerfen – **caer bien a alguien** parecer amable a

6 Con más detalle

En español muchas veces se utilizan otras construcciones para decir lo que en alemán
se dice con un adverbio. Busca en la lista de la izquierda las expresiones que corresponden a los adverbios alemanes. Después forma una frase con cada una de ellas.

preferir hacer algo
con mayor / más frecuencia
gustar más hacer algo (a alguien)
con mayor / más paciencia
ser los más pesados
ser los más longevos
ser los más deportistas
con más detalle

genauer
am längsten leben
geduldiger/am geduldigsten
am meisten Sport treiben
etwas am liebsten tun
etwas lieber tun
öfter / am öftesten
am meisten wiegen

7 El Danubio azul

Escribe un pequeño poema o un anuncio publicitario sobre tu ciudad o región. Toma
el texto «El río Guadalquivir» o «Andalucía hoy» como modelo.

UNIDAD 2

D Un viaje horrible

En los últimos años, España se ha convertido en un país de inmigración. Y Andalucía es la puerta a España para muchos de los inmigrantes africanos. «Desde África, Europa se ve como el paraíso. Allí hay hambre y guerra y muchos quieren salir», explica uno de ellos. Pero el viaje al paraíso puede convertirse en una aventura mortal…

5　15 de septiembre, 9:30 de la noche. En la costa de Marruecos 30 personas empezaron a embarcar en silencio de dos por dos para entrar ilegalmente en España. Todos eran hombres,
10　la mayoría jóvenes del interior de Marruecos, y sólo dos tenían más de 50 años. Casi ninguno sabía nadar y llevaban gruesos abrigos. Tres horas más tarde, 23 de ellos morían en el mar.
15　«Salimos a las 19:30 (21:30 hora española)», cuenta Brahim, uno de los supervivientes. «El mar estaba muy tranquilo. Yo soy de un pueblo no muy lejos de Melilla, y quería llegar a España. Toda mi vida he trabajado
20　comprando y vendiendo cosas y con el pequeño contrabando. Allí no hay otra cosa. Pero eso no es un futuro. Así que pensé: 'ahora me toca a mí'. Pedí dinero a mi familia y me embarqué».
25　Brahim y sus compañeros no sabían que en el precio de su billete estaba incluido un pasaporte a la otra vida.

«Cuando ya veíamos la costa de España, se levantó mucho aire y olas. Entró agua en la barca y la empezamos a sacar con una 30 botella. Me vi en el agua. Sólo me acuerdo de mirar el reloj y ver cómo pasaban las horas y nadie nos encontraba», explica Brahim desde la cama del hospital. «A las tres horas todavía podía ver en medio de 35 las olas a tres de mis compañeros con vida; a las cinco horas sólo distinguía a uno. A las ocho horas todos estaban muertos.»
Brahim llevaba casi 11 horas en las aguas heladas cuando lo rescató un barco. «Me 40 quedaba muy poco tiempo. Casi no podía nadar, tenía mucho frío y tragaba mucha agua. Sólo pensaba en mi hijito de un año y en el amigo que me acompañaba en la barca, un joven de 18 años que sólo soñaba 45 con llegar a Europa.»
Brahim afirma que si tiene que volver a Marruecos lo va a intentar de nuevo: «Porque nadie puede poner fronteras a nuestra hambre».

Jesús Rodríguez, «Las pateras de Caronte»,
El País, 21.9.1997 (texto adaptado)

«Nos querían matar y cuando la muerte te persigue, huyes.» (Jeannette, de Zaire)

«Si venimos aquí es por necesidad. Y no les quitamos el trabajo a los españoles. Hacemos lo que ustedes no quieren hacer.» (anónimo)

«Hace muy pocos años, los españoles hacíamos en Alemania y Francia los trabajos que no querían hacer los alemanes y los franceses.» (A. Díaz de Freijo, director de una asociación de ayuda a inmigrantes africanos)

«Si una persona encuentra trabajo en su país, no se va a otro.» (Fouad Amarti, Consulado de Marruecos en Madrid)

Testimonios publicados en: *Tribuna*, 12.8.1996

1 **convertirse en** (-ie- / -i-) werden zu – 2 **el paraíso** Paradies – **el hambre** *f* lo que uno siente cuando no ha comido durante mucho tiempo – 3 **una guerra** Krieg – 7 **una barca** Boot – 8 **apenas** poco menos de – 12 **grueso** dick, schwer – 13 **un abrigo** Mantel – 21 **el contrabando** Schmuggel – 23 **tocar (a alguien)** an der Reihe sein – 29 **una ola** Welle – 31 **acordarse** (-ue-) sich erinnern – 32 **un reloj** aparato que muestra la hora – 27 **distinguir** erkennen – 40 **helado** muy frío – **rescatar a alguien** sacarle de un peligro – 42 **tragar** schlucken – 44 **acompañar a alguien** estar o ir con él / ella – 45 **soñar con** (-ue-) ver en la imaginación o cuando se duerme **Testimonios: matar** töten – **perseguir** (-i-) verfolgen – **huir** flüchten, fliehen

Ejercicios

1 En busca de una nueva vida

1. ¿Quiénes embarcaron el 15 de septiembre en Marruecos y por qué?
2. ¿Por qué quería Brahim salir de su país?
3. ¿Cómo era el tiempo al principio del viaje? ¿Qué pasó después?
4. ¿Cómo estaba y qué hacía Brahim cuando le rescató el barco?

👁 2 Cuando ya veíamos la costa   *(G § 28)*

a) Analiza las frases en las líneas 28/29 y 39/40 del texto «Un viaje horrible». Qué piensas: ¿por qué se utiliza el indefinido en una parte de la frase y el imperfecto en la otra? (Puedes explicarlo en alemán.)

b) Analiza también el primer párrafo del texto (l. 5–14) e intenta explicar el uso de los tiempos del verbo. (… den Zeitengebrauch zu erklären.)

3 Las cosas estaban fatal   *(G §§ 27, 28)*

El caso de Brahim no es único. Aquí tienes dos casos más de jóvenes que un día decidieron salir de su país.
Trabajad en parejas. Uno representa al / a la emigrante, el otro a una persona que él / ella ha conocido después y que le hace preguntas sobre su vida. Utilizad la información en las casillas para las preguntas y las respuestas.

Enrique, 26 años y Elena, 30 años:
vivir en Lima – (él) buscar trabajo, pero no encontrarlo – (ella) trabajar en la gastronomía – (ambos) colaborar en una asociación de defensa de los derechos humanos – grupos militares perseguirlos y querer matarlos – tener miedo – no ver otra solución…

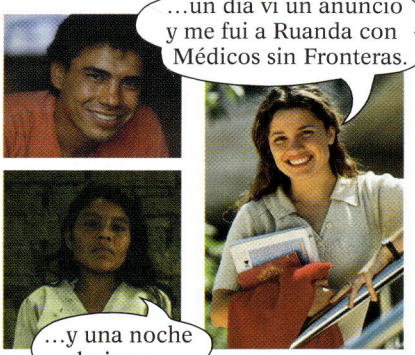

…un día vi un anuncio y me fui a Ruanda con Médicos sin Fronteras.

…y una noche huimos.

Juana, 25 años:
ser médica – vivir en Almería – tener un contrato breve en un hospital – dar clases de francés – trabajar en una empresa de telecomunicaciones – querer trabajar en su profesión – hacer todo lo posible: leer regularmente el periódico, ir a clínicas privadas, pero no conseguir nada…

los derechos humanos Menschenrechte

Ejemplo: —¿Cómo te llamas y cuántos años tienes? —Me llamo… Tengo …
—¿Dónde vivías antes de venir a España? —Vivía en … ▶ **¡Continuad!**

🎧 4 Los ilegales

Escucha la discusión sobre las personas que vienen como ilegales a España. Intenta entender lo más posible sobre estos temas:

1. ¿Qué (no) hacen los políticos por los ilegales?, ¿qué hacen otras organizaciones?
2. ¿Por qué tienen miedo algunos andaluces a los inmigrantes?
3. ¿Qué solución proponen los participantes de la discusión para el problema?

 5 ¿Qué hacías cuando...? *(G §§ 27, 28)*

Un hombre del barco que rescató a Brahim cuenta lo que pasó. Une las dos frases con cuando *y transforma el texto al pasado. Cuidado: no es siempre la segunda frase la que empieza con* cuando. *Y atención a los tiempos del verbo.*

Ejemplo: Son las 9 de la noche. Empiezo mi trabajo. → Eran las 9 de la noche cuando empecé mi trabajo. ▶ *¡Ahora tú!*

1. El mar está tranquilo. Salimos del puerto de Algeciras.
2. Esperamos todos una noche tranquila. Un compañero me dice: «Mira esas nubes negras: vamos a tener mal tiempo.»
3. Llevamos una hora en el mar. El tiempo cambia.
4. Continuamos nuestro viaje. Veo una barca sin gente.
5. Buscamos en el mar a supervivientes. Mi amigo ve a Brahim.
6. Le rescatamos. Lleva ya 11 horas en el mar.
7. Le sacamos del agua. Está mal y no puede hablar.
8. Llegamos a la costa. Tenemos que transportarle al hospital.
9. Lo visito. Él me cuenta su aventura.

6 Polizones *(Blinde Passagiere)* *(G §§ 27, 28)*

Aquí tienes la aventura de dos jóvenes que intentaron llegar a España de polizones. Escribe su historia. Describe también las circunstancias, por ejemplo el tiempo que hace, el lugar, la gente que está presente, lo que los jóvenes piensan y sienten y con qué sueñan. (No todo está en los dibujos… ¡sino en tu imaginación!)

En abril, Ahmed y Rachid, dos muchachos de Marruecos, decidieron ir a España de polizones. Fueron al puerto … ▶ *Continúa.*

UNIDAD 2

E *Andalucía en fiesta*

🎧 1. Semana Santa

En toda España hay procesiones durante la Semana Santa y una de las más conocidas es la procesión de la Macarena en Sevilla.

Primeramente iba el paso de la Sentencia de Jesucristo y después venía ella: la reina de los barrios populares, la Macarena. Llevaba un manto precioso, inmenso, bordado de oro. Sus ojos de vidrio brillaban, y brillaban también las joyas que cubrían su cuerpo.   5

Los miembros de la cofradía, vestidos de nazarenos, marchaban delante del paso. Con ellos iba un joven vestido con una túnica, con los pies descalzos y con corona de   10 espinas. Llevaba una cruz dos veces más grande que él. Un gitano joven empezó a cantar una triste saeta y luego cantó otra voz, y luego otra. La procesión marchaba lentamente. No había prisa: eran las doce de la noche y la Macarena no iba a volver a su casa hasta las doce de la mañana siguiente.   15 Aquella noche no se dormía en la ciudad. La gente comía en cafés y tabernas. Familias enteras estaban allí desde las dos de la tarde y veían pasar procesiones y más procesiones.

Delante de un café un hombre detenía el paso, porque unas extranjeras querían verlo. La banda de música empe-   20 zó a tocar una música alegre, y enseguida los costaleros empezaron a bailar. Y la Virgen, con todas sus joyas y flores, bailaba al son de la música. Los chicos del barrio gritaban: «¡Toa Seviya tié que velo!… ¡Esto es lo güeno! ¡Esto sólo lo hasen los macarenos!»   25

Vicente Blasco Ibáñez. *Sangre y arena*, 1908 (fragmento adaptado)

Glosario de Semana Santa
paso: Representación de una escena de la pasión de Jesucristo, con figuras vestidas que muchas veces tienen pelo (de seda) muy realista.
cofradía: Asociación religiosa. Sus miembros organizan las procesiones y acompañan al paso a veces como nazarenos o costaleros.
nazarenos: Van delante del paso; llevan una túnica y una caperuza y en la mano un cirio o una cruz.
costaleros: Llevan el paso sobre los hombros.
saeta: Canción de estilo flamenco que llora la pasión de Cristo.

---

2. La Romería del Rocío

En Pentecostés mucha gente de todas partes de España va a visitar a la Virgen del Rocío en el pueblo de Almonte en Andalucía. Aunque es un camino muy largo, la experiencia es extraordinaria…

Cuando está llegando la fecha, te llaman tus amigos y te preguntan dónde paras este año y te dicen que van a estar en tal lugar y que tienes que pasar…, y sabes que este año también
30 vas a participar. Es que el Rocío nunca te deja indiferente: o lo quieres o lo odias, no hay término medio.

---

la Semana Santa Karwoche – 3 **una sentencia** Verurteilung – 4 **una reina** Königin – 5 **un manto** Umhang **bordado** bestickt – 6 **el oro** Gold – **un ojo** parte de la cara con la que se ve – **el vidrio** material del que se hacen, p. ej. ventanas – **brillar** glänzen – 7 **una joya** Schmuckstück, Juwel – **cubrir** bedecken – 10 **un pie** parte del cuerpo con la que se anda – **descalzo** barfuß – **una corona** Krone – 11 **una espina** Dorne – **una cruz** Kreuz – 12 **un gitano** Zigeuner – 13 **lento** ↔ rápido – 17 **una … entera** toda una … – 19 **detener** (-tengo) anhalten, stoppen – 23 **un son** Laut, Klang – 24 **gritar** schreien, rufen
Glosario: la pasión Leidensgeschichte – **el pelo** die Haare – **la seda** Seide – **un cirio** Kerze – **un hombro** Schulter
una romería Wallfahrt – 26 **Pentecostés** Pfingsten – 27 **aunque** obwohl – 28 **parar** quedarse (poco tiempo) 30 **odiar** no gustar nada, ↔ querer – 31 **un término medio** alternativa entre dos opiniones muy diferentes

A veces he intentado vivir un rocío desde un punto de vista externo, pero es imposible. Es un ambiente que hace de ti una persona
35 distinta. Tratas de amigo a alguien que acabas de conocer y cantas al son de una guitarra que toca alguien a quien no conoces, y te da de comer gente a la que probablemente no vuelvas a ver en tu vida.
40 Y al fin entras en la iglesia y la ves, y ves que los otros que están allí están llorando, jóvenes o viejos, hombres o mujeres, y no sienten vergüenza. Y tú sigues siendo escéptico, pero empiezas a preguntarte cómo
45 pueden sentir ellos de esa manera tan profunda y no encuentras la respuesta, quizás es que no la hay. Son los misterios de la fe, esa fe que te hace volver cada año, esa fe que te hace sentir en la procesión que eres tú quien lleva la Virgen aunque no puedas ni acercarte, que eres tú quien le canta, aunque esté rota tu voz, y gritas con los demás: «Viva la Virgen del Rocío…»

Antonio A. Conde Quintero, «El polvo del camino», *AlAndalus*. www.andal.es (texto adaptado)

3. La corrida

50 —¡Mira! —dijo un toro a otro toro en el café de los toros y le pasó el periódico—. Ya están otra vez los toros ingleses criticándonos por nuestras corridas de hombres.

—Es que los toros ingleses siempre han
55 defendido mucho a los hombres… —dijo el segundo toro.

—Porque los ciega un mal entendido animalismo. Dicen que los hombres son seres vivientes como los otros animales, y en eso
60 tienen razón, pero las corridas de hombres son algo más que un sacrificio: es la fiesta nacional, una de nuestras más profundas tradiciones, es arte puro. Me pregunto si no entienden eso.
65 —Pues también dicen que el hombre sufre mucho estrés en las corridas.

—¡Bah, tonterías! —rió el primer toro—. El hombre de lidia se cría para eso.

—¿Y qué piensas de los toros ecologistas que
70 dicen que también sufren mucho los hombres en los encierros? —preguntó su amigo.

—Yo siempre he dicho que son unos esnobs, pero seguro que luego, en su casa, ponen la tele para ver las corridas de hombres.

Los dos toros miraron sus relojes. Pagaron 75 y se fueron a la plaza con otros muchísimos toros y vacas para ver la lidia de seis hombres.   PGarcía, «Corrida de hombres».
                La calle 36 (texto adaptado)

---

33 **un punto de vista** Standpunkt – **externo** äußerlich, äußere(r/s) – 35 **distinto** diferente – **tratar (de)** behandeln (als) – 43 **la vergüenza** Scham – 45 **una manera** forma – 46 **quizás** a lo mejor – **la fe** Glaube – 48 **acercarse a** ir cerca de
una corrida Stierkampf – 57 **cegar** (-ie-) blind machen – **el animalismo** *aquí: humor. statt* humanismo – 58 **un ser viviente** Lebewesen – 61 **un sacrificio** Opfer – 67 **una tontería** Dummheit – 68 **la lidia** corrida – **criar** (-ío) züchten – 71 **un encierro** espectáculo en el que toros corren (*laufen, rennen*) por las calles y jóvenes delante de ellos

2 E

Ejercicios

1 Preparación de una procesión

Aquí tienes la descripción de diferentes actividades que se hacen antes o durante una procesión. Lee otra vez el texto sobre la Semana Santa y determina el orden correcto. (… und bestimme die richtige Reihenfolge.)

2 El habla de los andaluces

La manera de hablar andaluza es a veces diferente del castellano:
– c (delante de e, i, etc.) se pronuncia como una s,
– no se pronuncia la d (y a veces la r o la s), sobre todo al final de una palabra y entre vocales,
– ll se pronuncia como una y
– b suena como una g
– l suena (casi) como una r,
– no se pronuncia la sílaba final (sobre todo de los verbos).

a) En la procesión, los chicos del barrio gritan: «Toa Seviya tié que velo. Esto es lo güeno. Esto sólo hasen los macarenos!» Escribe las frases en castellano.

b) Aquí tienes otros ejemplos de la misma procesión. Tradúcelos también.

¡Aquí no ha pasao na!
¡Olé la Macarena!… ¡La primé Virgen der mundo!…
¡La ma bonita de toas las Vírgenes!…
Ejame, mujé, quieo cantale una saeta a la Virgen.
¡Que vengan toos a ver lo mejó der mundo!
Juaniyo, que se etenga er paso. Hay en er café unas señoras que quieren ve bien a la Macarena.

 ## 3 ¿Va a volver? *(G § 31)*

Klaus visitó a su amigo Daniel en España. Allí conoció a Claudia y se enamoró de ella. De vuelta en Alemania, le quiere escribir, pero sabe muy poco español. Entonces escribe a Daniel para que éste le traduzca la carta a Claudia. Klaus ha escrito lo siguiente:

Klaus geht jetzt wieder zur Schule. Claudia hat Klaus nicht gleichgültig gelassen, und er denkt immer noch an sie und träumt noch von ihr. Mit der Hilfe von Daniel wird er ihr weiterhin schreiben. Im nächsten Jahr wird er sie sicher wieder besuchen. Inzwischen wird er weiter Spanisch lernen, damit sie dann besser miteinander sprechen können. Er wartet weiter auf ihren Brief. Sie soll ihn nicht warten lassen.

¿Qué le dice Daniel a Claudia? Escribe su texto. Utiliza seguir + gerundio y volver a + infinitivo cuando sea necesario. Cuidado con los tiempos del verbo.

 **46** *cuarenta y seis*

 4 Un espectáculo impresionante   (G § 28)

Merce, una chica de Zaragoza, pasa las vacaciones en Jaén en casa de su amiga Elena. Aquí tienes una carta que escribió a sus amigos. Completa el texto con la forma adecuada de los verbos indicados. Utiliza presente, pretérito perfecto, indefinido e imperfecto.

Jaén, 9 de junio de 1998

Queridos amigos:	
¿Qué tal? Yo muy bien. La semana pasada ~ con Elena y su familia a	ir
Almonte, un pueblo entre Huelva y Cádiz. Se ~ la Romería del Rocío. Para	celebrar
mí ~ un espectáculo emocionante. ~ muchísima gente (dicen que ~ más de un	ser, haber, ser
millón) de toda Andalucía y también de otras regiones de España. La mayoría	
~ a pie y con carretas preciosas que ~ caballos o bueyes. Las mujeres ~ ropa	venir, tirar, llevar
tradicional muy bonita. (Esa ropa ~ «traje flamenco»).	llamarse
El sábado por la noche, cuando todos los romeros ~ allí, los almonteños les ~ la	estar, dar
bienvenida. Mientras que en la iglesia la gente ~ y ~, en el exterior ~ la fiesta	rezar, cantar, empezar
con bailes, cantos, vino y mucha alegría... El domingo por la mañana ~ a la	ir
Misa de los Romeros. Y después la fiesta ~ todo el domingo, hasta que ~ la	continuar, empezar
procesión, en la que ~ también las carretas. Esta mezcla de fiesta religiosa y	participar
profana me ~ un poco rara, pero según Elena, eso ~ normal en Andalucía.	parecer, ser
Para los andaluces la religión ~ y ~ formando parte de la vida diaria.	formar, seguir
Por la noche casi nadie ~. Por la mañana temprano ~ los almonteños a la	dormir, venir
iglesia y ~ la estatua de la Virgen en procesión (¡sólo los almonteños ~	sacar, poder
hacerlo!). Cuando la Virgen ~ de la iglesia, ~ tanta gente que ~ sobre un mar	salir, haber, marchar
de personas que ~ y ~; algunos incluso ~.	cantar, gritar, llorar
La procesión ~ por las calles todo el día y ~ en la iglesia. Uno a uno los	pasear, terminar
romeros ~ de la Virgen y al día siguiente ~ a casa.	despedirse, volver
Nosotros también ~ a Jaén y todas las noches ~ con El Rocío. Es que	volver, soñar
durante estos días ~ un ambiente fenomenal. La gente ~ muy amable los unos	haber, ser
con los otros y todos ~ felices. ~ unos días extraordinarios. Merce	parecer, pasar

una carreta Karren – **tirar** ziehen – **un buey** Ochse – **un romero** persona que participa en una romería
rezar beten – **una misa** Messe, Gottesdienst – **incluso** sogar

5 Mi país en fiesta

¿Hay alguna fiesta importante en tu ciudad o pueblo, en tu región? Descríbela para un compañero español o una compañera española. No olvides (ver también p. 29):
– Ordena bien lo que quieres decir.
– No escribas directamente en tu hoja de trabajo.
– Escribe una frase de introducción y una frase final.

6 «Es arte puro»

Intenta encontrar esta información en el texto de la cinta:

1. ¿Cómo hay que torear para ser un buen torero?
2. ¿Qué momento es el más peligroso de una corrida?
   ¿Por qué?
3. ¿Por qué el público le da una oreja al torero?
4. Qué piensas: ¿por qué se puede decir que la corrida es
   un arte?

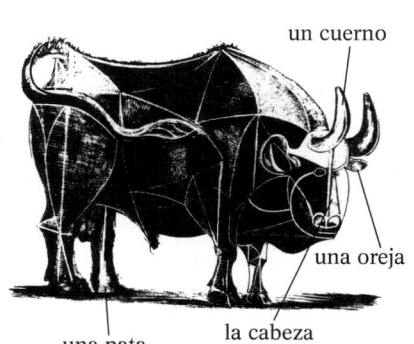

un cuerno

una oreja

la cabeza

una pata

7 Te voy a contar lo que dijeron... (G § 29)

Azabache y Tizón, dos novillos, están al lado de la vaca María en un banco del parque...

Azabache: Y tú, ¿dónde conociste a tu novia?
Tizón: Pues la conocí en una fiesta de nuestro pueblo...
Azabache: ¿Es guapa?
Tizón: Sí, es... guapísima, con una mancha blanca preciosa en el ojo izquierdo. Mira, tengo una foto de ella.
Azabache: ¿Es de tu pueblo también?
Tizón: No. Ella nació en Huelva, como su padre. Su padre fue muy conocido en los años 80.
Azabache: ¿Y por qué te quieres casar?, tú ya tienes tres vacas.
Tizón: Es que yo necesito mucho cariño. ¿Y tú? ¿Cómo se llama tu novia?
Azabache: Matilde.
Tizón: ¡Qué nombre tan raro!
Azabache: Sí, así se llamaba su bisabuela...
Tizón: ¿Cuántos años tiene?
Azabache: El mes que viene va a cumplir dos años.
Tizón: Entonces es muy mayor ya.
Azabache: Sí, pero la quiero muchísimo...

un novillo toro de 2 ó 3 años
el cariño Zärtlichkeit
cumplir xx años xx Jahre alt werden

a) Traduce la palabra «mancha». (El contexto y el dibujo te ayudan.)

b) Escribe lo que cuenta la vaca María unas horas después a su amiga Matilde. Utiliza el estilo indirecto.

Esta tarde he estado en el parque y a mi lado había dos novillos. Han hablado de sus novias. El primero ha preguntado al otro dónde conoció... ▶ *Continúa.*

8 A favor y en contra de los toros (G § 30)

a) Al abuelo de Antonio le gustan muchísimo las corridas, pero Antonio no piensa así. Utiliza aunque + subjuntivo *para los contra-argumentos de Antonio.*

Estos son los argumentos del abuelo:
Los toros son animales y no hombres.
Las corridas tienen una larga tradición en España.
Los toros de lidia se crían para la corrida.
El toro tiene cuernos, puede defenderse.
El toro se vende y se come después igual que otros animales.

Esto es lo que puede responder Antonio:
(Puedes añadir otras ideas si quieres.)
Auch Tiere haben ein Recht (*tener derecho a hacer algo*) zu leben; und auch Tiere fühlen und leiden; man darf sie nicht so grausam (*cruel*) umbringen; Traditionen kann man ändern; ein Stier kann sich im Stierkampf nicht wirklich verteidigen.

b) Para convencerle, el abuelo quiere que Antonio lo acompañe a la corrida... Utiliza aunque + indicativo *para unir las dos partes de cada frase de otra manera.*

1. Las entradas son muy caras, pero el abuelo las ha comprado.
2. Antonio tiene tiempo, pero no va a acompañar a su abuelo a la corrida.
3. Ha ido una vez a los encierros de San Fermín en Pamplona, pero no puede entender qué es lo divertido en correr delante de un toro.
4. Al padre de Antonio también le gustan los toros, pero acepta el punto de vista de su hijo.
5. Antonio no está de acuerdo con su abuelo, sin embargo lo quiere mucho.

correr rennen

¡Así se dice!

Verhalten bei einer Einladung	
jdn. (informell) einladen	¿Por qué no te pasas? ¿Por qué no vienes tú también?
sich bedanken	Muchas gracias por la invitación. Es usted muy amable.
auf Dank antworten	De nada.
jdn. willkommen heißen	¡Bienvenido, -a a nuestra casa! ¡Un abrazo! Pasa, pasa. Siéntanse como en casa. Ven para que te dé un beso. Me alegro de que estéis aquí.
jdn. vorstellen	Éste es Martin. Te presento a doña Marisa.
darauf antworten	Encantado, -a.
sagen, dass man keine Umstände machen will	No se preocupen por mí.
ein Gespräch mit e. freundlichen Bemerkung beginnen	¡Qué buen aspecto tienes! ¡Cómo has crecido! ¿Qué haces para estar tan joven?
Freude und Erstaunen äußern	¡Qué alegría (me das)! No me digas. ¡Qué sorpresa!

Y de postre...

Konfusión

Todo esto es una mentira
cualquier día se acabará
y ahora sí que estamos locos (2x)
no lo podemos negar.
Preso dentro de esta vida
quiero mantenerme en pie
No lo quieras entender. (2x)
Busco respuestas a mis dudas.
No sé lo que hacer:
estar aquí sentado
mirando la pared.
Busco, no lo encuentro, no consigo
   comprender.
No sé lo que hacer.
Dime para qué la gloria,
dime para qué el poder.
Si vamos todos vestidos (2x)
todos con la misma piel.
Mientras el tiempo se oxida
y da vueltas sin caer,
no lo quieras entender. (2x)
Busco respuestas a mis dudas.

una mentira ↔ verdad – **cualquier** irgendein – **se acabará** wird zu Ende sein – **negar** abstreiten – **un preso** Gefangener – **dentro de** en, en el interior de – **no lo quieras** aquí: no intentes – **una duda** Zweifel – **comprender** entender – **la gloria** Ruhm – **el poder** Macht – **la piel** Haut – **oxidarse** rosten – **dar vueltas** sich drehen

Ketama ©Polygram Ibérica, 1997.

Estrategia: Sacar información de un texto oral

Informationen bekommst du nicht nur aus schriftlichen, sondern häufig auch aus mündlichen Quellen (Referate deiner Mitschülerinnen oder Mitschüler, Radio- oder Fernsehsendungen, Vorträge, Hörtexte usw.). Bei der **Informationsentnahme aus mündlichen Quellen** ist manches genauso, manches aber auch anders als bei schriftlichen.

Allgemeine Regeln:
– Bleib nicht an unbekannten Wörtern hängen: **nicht jedes einzelne Wort** ist wichtig.
– Wenn möglich höre den Text **mehrmals** und versuche, jedesmal etwas mehr zu verstehen. Statt jedesmal den ganzen Text zu hören, kannst du dich beim zweiten und weiteren Hören auch auf einzelne Abschnitte konzentrieren, die dir besonders interessant oder schwierig scheinen.

Vor dem Hören:
– Lies schriftliche **Ankündigungen** wie Titel, Inhaltsangaben oder -verzeichnisse, Aufgaben-stellungen bzw. Fragen usw.: Sie verraten bereits einiges über den Inhalt. Nutze auch möglicherweise vorhandene Abbildungen zum Verständnis. (s. auch S. 20)
– Wenn du den Text als Informationsquelle nutzen willst: Notiere dir wichtige **Schlüsselbegriffe** anhand dessen, was du schon vom Thema weißt. (vgl. S. 38)

Beim Hören:
– Versuche zwischen Wichtigem und Unwichtigem zu unterscheiden (vgl. S. 38) und notiere nur das wirklich **Wichtige**.
– Schreibe nie alles mit (dafür reicht die Zeit nicht); **Stichpunkte** genügen vollkommen. Diese kannst du ggf. nach dem Hören aus der Erinnerung noch ergänzen.
– Mach Notizen immer auf **Einzelblätter**, nie in ein Heft; du kannst sie so leichter weiterbenutzen, neu ordnen (z. B. für Prüfungsvorbereitungen oder für ein Referat) und wenn nötig auch einmal einzelne Teile neu schreiben. Hefte die Blätter mit deinen Notizen in einem **Ordner** ab, damit du sie nicht verlierst.
– Lass genügend Platz für deine **eigenen Notizen**, damit du bereits Geschriebenes ergänzen kannst (z. B. wenn du beim zweiten Hören mehr verstehst, oder wenn – was z. B. bei Diskussionen häufig vorkommt – ein Thema später wieder aufgegriffen wird).
– Notiere oder markiere die Stellen, bei denen du **unsicher** bist, ob du sie richtig verstanden hast, und achte beim erneuten Hören besonders darauf. Falls du den Text nicht noch einmal hören kannst, versuche, die Informationen anhand anderer Quellen zu überprüfen.

Nach dem Hören:
– **Werte deine Notizen** für deine Zwecke **aus**: markiere die einzelnen Themen mit Farbe oder notiere die Stichwörter auf dem Rand (genügend Platz vorsehen!)
– **Gliedere** deine Notizen ggf. neu. Fasse z. B. alle relevanten Stellen zusammen, wenn Themen mehrmals angesprochen werden.
– Notiere we**itere Ideen**, Verweise auf andere Quellen usw. Wichtig: Trenne deine Anmerkun-gen deutlich vom Inhalt des Textes (z. B. durch eine andere Farbe oder indem du für sie einen eigenen Freiraum unten auf deinem Notizblatt vorsiehst).

A Jóvenes en el México del siglo XV

1. La educación

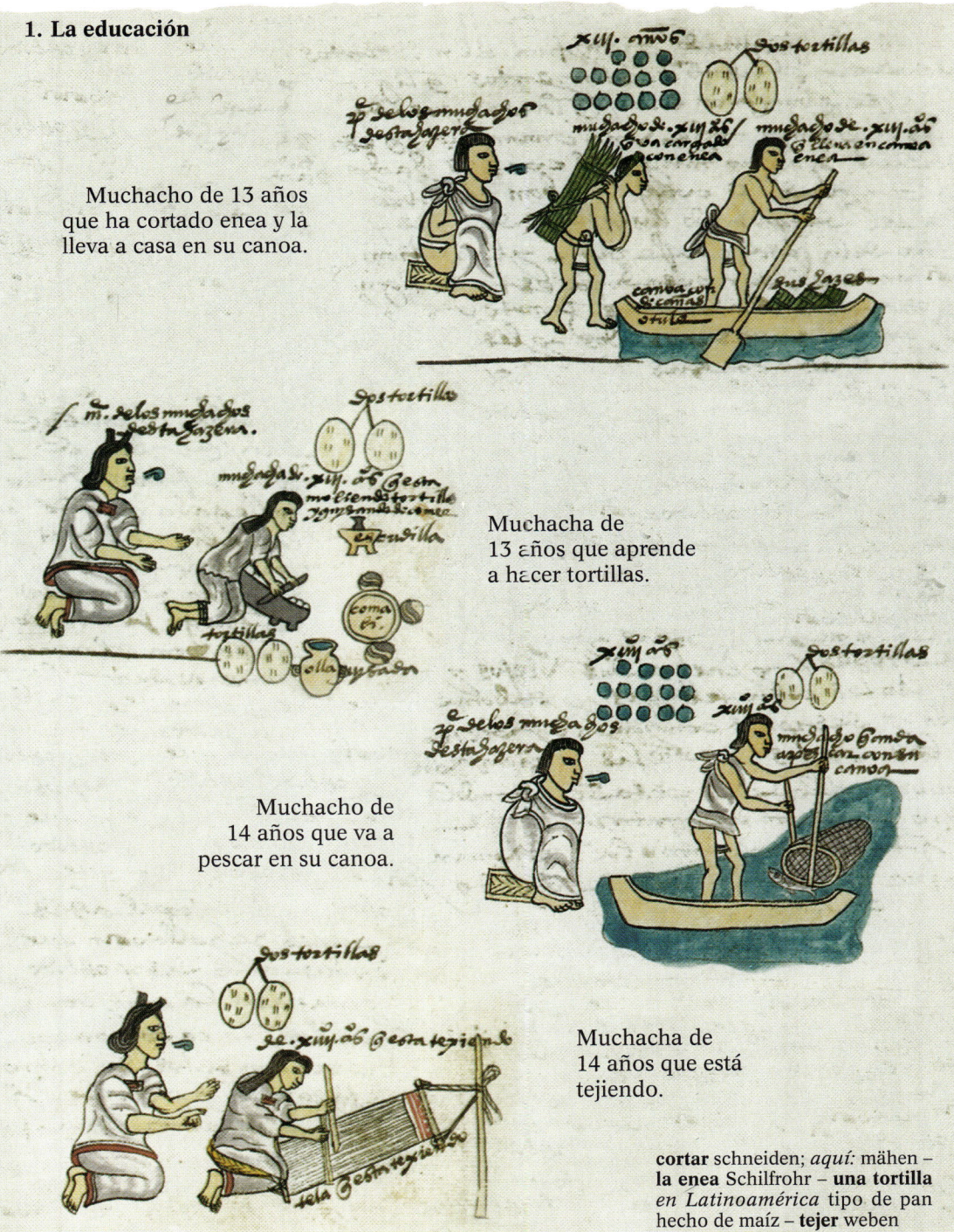

Muchacho de 13 años que ha cortado enea y la lleva a casa en su canoa.

Muchacha de 13 años que aprende a hacer tortillas.

Muchacho de 14 años que va a pescar en su canoa.

Muchacha de 14 años que está tejiendo.

cortar schneiden; *aquí:* mähen –
la enea Schilfrohr – **una tortilla**
en Latinoamérica tipo de pan
hecho de maíz – **tejer** weben

2. Un día en el Calmecac

A los 15 años las chicas aztecas se casaban y los chicos tenían que decidir si querían hacerse soldados o sacerdotes. Ixcauatzin, un joven de 15 años, quería ser sacerdote. Así era su vida diaria.

A las cuatro de la mañana le despertaban los tambores.
5 Con sus compañeros, Ixcauatzin limpiaba las habitaciones, los patios y el templo. Los muchachos desayunaban
después unas tortillas de maíz y salían al campo a recoger
espinas, muy necesarias para los sacrificios, o leña para
el fuego de la casa y del templo. Volvían al Calmecac y se
10 castigaban con las espinas, se bañaban e iban a clase.
Aprendían los secretos de la astrología azteca, las
ceremonias del culto de sus diferentes dioses y sus
profesores les explicaban cómo leer los pictogramas en
los que se describían los hechos de su pueblo.

Comían juntos y la comida era poca y 15
sana, sin bebidas alcohólicas. Por la tarde,
los alumnos tenían clases de música y
danza. Al anochecer, alumnos y sacerdotes
empezaban a prepararse para las oraciones
y sacrificios y, cuando era de noche, salían 20
todos al monte. Lejos unos de otros se
castigaban y así se preparaban para meditar
sobre sus dioses. Al final de su meditación
arrancaban una a una las espinas de sus
miembros y ofrecían la sangre al Señor y a 25
la Señora de la Noche. Después volvían al
Calmecac a dormir.

Pero a medianoche se despertaban otra
vez para rezar y hacer penitencia. Los que
30 no querían, recibían pronta corrección de
sus compañeros, que les clavaban espinas
en las orejas, los brazos, las piernas y el
pecho. Poco después, todos dormían otra
vez hasta que el tambor los despertaba para
35 un nuevo día a las cuatro de la mañana.

Salvador de Madariaga. *El corazón de piedra verde.*
Espasa Calpe, Madrid.
(fragmento adaptado)

el Calmecac edificio en el que vivían los sacerdotes aztecas y sus alumnos – 2 **hacerse** (+ *profesión*) ser (en el futuro) – **un sacerdote** Priester – 4 **un tambor** Trommel – 7 **recoger** (ein-)sammeln – 8 **la leña** Brennholz – 10 **castigar(se)** (sich) bestrafen – 12 **el culto** Kult, Verehrung – 14 **un hecho** Tat(sache) – 16 **sano** gesund – 18 **la danza** *aquí:* ritueller Tanz – **al anochecer** cuando empieza la noche – 19 **una oración** Gebet – 21 **un monte** montaña (no muy alta) – 24 **arrancar** ausreißen – 25 **un miembro** parte del cuerpo, p. ej. las manos o las piernas – **la sangre** Blut – 29 **rezar** beten – **la penitencia** Buße – 31 **clavar** (hinein-) stechen – 32 **una oreja** parte del cuerpo con la que se oye – 33 **el pecho** Brust

Ejercicios

1 Los jóvenes aztecas

a) Observa los dibujos de la página 51 y explica qué tenían que aprender los jóvenes aztecas y a qué edad. Utiliza el imperfecto.

A los 13 años, los chicos … ▶ **¡Continúa!**

b) Aquí tienes más información sobre la vida de los aztecas. Haz lo mismo que en la parte a) del ejercicio.

	chicos	chicas
4 años	– ir a buscar agua a la fuente	⎰ aprender los nombres de los ⎱ objetos para el trabajo de la casa
5 años	– llevar pesos (ligeros)	
6 años	– recoger los restos de maíz u otras cosas que los vendedores dejan en el mercado	– ayudar a sus madres en los trabajos de la casa
7 años	– aprender a pescar	– aprender a hilar

un peso Gewicht – **hilar** spinnen

2 Viaje en el tiempo

*Lee otra vez el texto «Un día en el Calmecac» y haz una lista de lo que tiene que hacer Ixcauatzin. (Elige la parte **a** o **b** del ejercicio.)*

 a) Imagínate que has hecho un viaje en el tiempo. Estás en el México del siglo XV y te encuentras a Ixcauatzin. Trabajad en parejas. Una persona representa a Ixcauatzin, y la otra, a la persona del siglo XX que ha viajado en el tiempo. Comparad en un diálogo lo que hacéis diariamente, lo que estudiáis, etc. (Podéis utilizar también la información de los dibujos de la página 51 o del ejercicio 1.)

b) Escribe un texto en el que comparas tu vida diaria con la de Ixcauatzin. Puedes utilizar las siguientes expresiones para:

expresar un contraste: mientras que, pero, sin embargo

decir que algo es parecido: como, igual que, el / la / lo mismo, -a … que, tan / tanto, -a … como

 3 Más información sobre los aztecas

Busca más información sobre los aztecas. Recuerda (ver también las páginas 32 y 38):
– Fíjate primero en las líneas generales de la información (títulos de capítulos de un libro, etc.), después elige un tema interesante.
– Haz una lista de (unas diez) palabras clave del tema. (… Schlüsselwörter …)
– Busca las partes de los textos donde aparecen estas palabras y léelas.
– Elige la información precisa que necesitas y apúntala (cada subtema en un papel).
– Ordénala: pon junta la información sobre el mismo tema de las diferentes fuentes y busca un orden para los diversos subtemas. (… für die verschiedenen Unterthemen.)
(Por el momento no hagas la presentación en clase – para más información ver p. 58.)

4 Los tiempos cambian *(G § 34)*

Aquí tienes a Patricia de Cali, Colombia, hace cinco años y ahora. Como ves, su vida ha cambiado mucho.

una muñeca*

a) Cuenta lo que hacía antes y lo que hace ahora, cómo era antes y cómo es ahora (su aspecto físico, su carácter, su habitación…).

 b) ¿Cómo han cambiado sus fines de semana? Inventa un fin de semana típico de hace cinco años y otro de ahora. Piensa que ahora tiene más dinero, pero menos tiempo, que ya no vive en casa de su familia, que (a lo mejor) tiene novio…

5 ¡Cómo has cambiado! *(G § 34)*

a) Seguro que tú también has cambiado mucho. Haz un pequeño texto en el que cuentas cómo eras hace cinco años. Piensa, por ejemplo, en qué aspecto tenías, cómo era tu habitación, qué te gustaba hacer, etc.

b) ¿Y la pandilla? Compara lo que hacíais tú y tus amigos hace algunos años y lo que hacéis hoy.

 ### 6 ¡Se acabó! *(Es reicht!)* *(G § 34)*

La vida de estas personas también ha cambiado. Inventa cómo era su vida antes y cómo han encontrado lo que querían conseguir.

a) … pero ahora Alejandra va a un colegio nuevo donde tiene muchísimos amigos y amigas que la quieren y con los que sale los fines de semana.

b) …ahora Chalid vive en un piso con otros jóvenes como él.

UNIDAD 3

B 🎧

Rebeldes con causa

SON LAS 8 DE LA NOCHE, hora de salir. Diez amigos empiezan a buscar adónde ir. Todos saben quién anda detrás de quién y
5 ya hay algunas parejas. No saben cuánto va a durar el noviazgo, pero eso no les interesa mucho, lo importante es vivir el momento. Hablan de los otros, de las amigas o compañeras
10 de colegio que han quedado embarazadas, de algunas que han abortado y de las fiestas en las casas donde hay mucha marihuana. Ellos no la han probado. Tampoco el éxtasis. Pero saben que muchos de
15 sus compañeros de colegio sí. Parece que no tienen miedo a nada, pero el futuro sí asusta a algunos. Pronto van a tener que decidir qué quieren estudiar y sienten la presión de los exámenes de acceso a una
20 buena universidad y, sobre todo, sienten el peso del éxito de los padres. Sus papás quieren que sean perfectos y exigen demasiado.

Pero ahora quieren divertirse. A las 11 de la noche pagan y se van. Cuando llegan a la
25 casa de uno de ellos, hay varios papás que esperan a las niñas. Ellas se van y ellos se quedan en la calle hablando y bebiendo. Estas fiestas de los adolescentes pueden ser desconocidas para muchos padres, pero son
30 cotidianas. Como dice Sebastián, de 17 años, *«Los papás no se enteran de la mitad de las cosas que uno hace un viernes»*.

Los adolescentes no hablan de todo con sus padres, pero tampoco quieren que se
35 alejen totalmente de sus vidas. Desean que la relación con los padres esté basada en la confianza. Pero muchos padres temen contarles a sus hijos lo que sienten y lo que piensan; piden, sin embargo, que los jóvenes
40 confíen en ellos y les cuenten todo. *«Realmente los papás quieren ser los mejores amigos de uno, pero el papá es el papá y el amigo es el amigo»* dice Fernanda, de 17 años.

Los jóvenes se quejan de que los papás
45 desconfíen de ellos injustamente y de que no les dejen opinar. Odian que los adultos quieran controlar constantemente sus vidas y reclaman que les den más libertad.

Pero, sobre todo, los adolescentes sienten
50 que el principal obstáculo para tener una buena relación con sus padres es que éstos los subestiman. Piensan que los adultos reducen sus problemas a la falta de rendimiento en el estudio, los vicios y el sexo; y que des-
55 conocen totalmente lo que piensan y sienten, qué es lo que a ellos realmente les importa. Como dice Claudia, de 16 años: *«Cuando uno siente, es de verdad, pero los papás no nos toman en serio cuando hablamos de*
60 *nuestros sentimientos.»* Los jóvenes esperan y defienden que los demás respeten su derecho a ser distintos. En palabras de Laura, de 15 años: *«Nosotros no somos la generación X o Y. Somos simplemente*
65 *personas que, aunque estamos creciendo y nos falta mucho por aprender, pensamos, tenemos sentimientos, nos gusta que nos oigan y, sobre todo, que respeten nuestro derecho a buscar nuestra propia*
70 *identidad.»*

Semana (Colombia), 24.11.1997 (texto adaptado)

---

6 **el noviazgo** tiempo que dura la relación entre novios – 10 **embarazada** que va a tener un hijo – 11 **abortar** abtreiben – 19 **el acceso** Zugang – 21 **el peso** ← pesar – 22 **exigir** verlangen – 30 **cotidiano** frecuente, diario – 31 **enterarse de** saber (por primera vez) – **la mitad** Hälfte – 35 **alejarse** ↔ acercarse – **desear** wünschen – 37 **la confianza** Vertrauen – **temer** tener miedo – 45 **quejarse** sich beklagen – 49 **reclamar** fordern – 51 **un obstáculo** Hindernis – 53 **subestimar** unterschätzen – 54 **el rendimiento** Leistung – 63 **un derecho** Recht

Ejercicios

1 ¿Lo pone o no lo pone?

a) ¿Corresponden las siguientes afirmaciones al texto «Rebeldes con causa» o no? Busca el lugar del texto que lo demuestra. (Para ayudarte: las afirmaciones siguen el orden del texto.)

1. Todos saben a quién le gusta quién.
2. Cuando están juntos, hablan de sus problemas.
3. No creen que la droga sea un problema.
4. Son hijos de familias que viven en buenas condiciones.
5. Las muchachas no van solas a casa.
6. Los papás saben todo de ellos.

La información aparece		el primer párrafo.
Lo pone / dice	en	la tercera línea.
		la línea (+*número*).
	al	principio / final del texto.

El texto	dice … y no …
	no dice … sino (que) …

7. Los padres desean que la relación con sus hijos esté basada en la confianza.
8. Los jóvenes creen que los papás desconfían de ellos injustamente.
9. Los jóvenes quieren que los adultos escuchen y respeten sus opiniones.

b) Para las afirmaciones falsas haz una frase con la información correcta.

👁 2 Una desgracia increíble

En el texto «Rebeldes con causa» aparecen varias palabras que se forman con un prefijo. Si conoces su significado, puedes entender palabras desconocidas. (… mit einer Vorsilbe. Wenn du ihre Bedeutung kennst …)

a) ¿A qué prefijo alemán corresponde el prefijo in- español (que puede convertirse en im-)? Para saberlo, copia y traduce las palabras de la primera línea en tu cuaderno. Después intenta saber qué significan las palabras de la segunda y tercera línea sin mirar en el diccionario.

injusto – increíble – independiente – incómodo – incontrolable – imposible
innecesario – insuficiente – infeliz – impuro – improbable – insano – insatisfecho –
inseguro – intolerante – impopular – impaciencia

b) ¿Qué puede significar la palabra «subtítulo»? (Para ayudarte: piensa en los verbos «estimar» y «subestimar».)

> ¡Cuidado! El principio de una palabra no siempre es un prefijo. Fíjate por ejemplo en: inteligente, desear, subir…

c) El prefijo des- significa «no» y de ahí pasa a significar también «hacer lo contrario de» o «destruir lo que se ha hecho antes». Con la ayuda de esta información y del contexto, traduce las frases siguientes:

1. Los papás desconfían de ellos. (l. 45–46)
2. Los adultos desconocen lo que piensan los jóvenes. (l. 55–56)
3. Los problemas no desaparecen cuando no se habla de ellos.
4. Las paredes de esta casa son desiguales.
5. Los turistas desembarcaron en Murcia, donde iban a pasar sus vacaciones.
6. Cuando llegaron al hotel, deshicieron sus maletas.
7. Después de la guerra, esta ciudad se quedó totalmente despoblada.
8. Los problemas de dinero desunieron a la familia.

3 **Deseamos que te enteres**   *(G § 36)*

En el texto «Rebeldes con causa» aparecen varios verbos que expresan que alguien quiere algo. Búscalos y fíjate en las subordinadas que van detrás de ellas: ¿en qué tiempo y modo están?

4 **Los jóvenes latinoamericanos**   *(G § 36)*

a) En «Rebeldes con causa» se habla de muchachos y muchachas con diferentes preocupaciones, intereses, gustos… Haz una lista: ¿qué les preocupa?, ¿qué quieren y qué no?, ¿de qué se quejan?

b) Aquí tienes los resultados de una encuesta entre jóvenes colombianos. Forma frases según los ejemplos. (… einer Umfrage …)

Ejemplos:
Muchos jóvenes colombianos quieren que sus padres …
Mis amigos desean que vaya de rumba.

¿En cuál de estas actividades quiere que sus padres pasen más tiempo con usted?

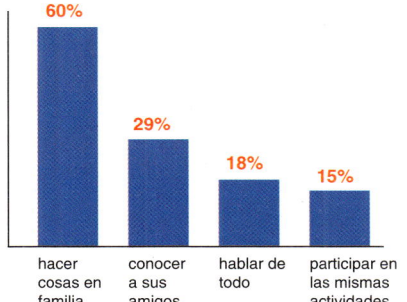

¿De los siguientes temas en cuáles se siente usted más presionado por sus amigos?

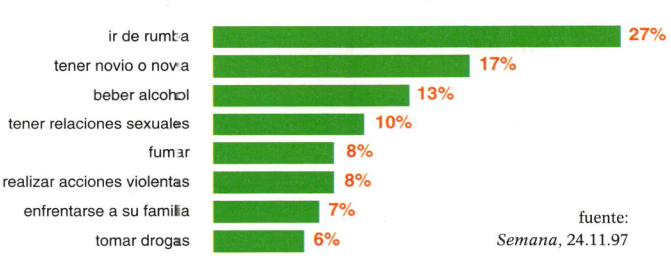

fuente:
Semana, 24.11.97

presionado por unter Druck gesetzt von
ir de rumba einen „draufmachen"
fumar rauchen – **enfrentarse** die Stirn bieten

5 **Lo que tú piensas nos importa**

La revista colombiana Rumba *ha publicado este anuncio en los periódicos europeos:*

Tienes entre 14 y 18 años, vives en Europa y quieres que se escuche tu voz,
entonces esto te interesa:

Nuestra revista quiere publicar en los siguientes números un reportaje sobre los problemas de la actual juventud mundial. Para ello buscamos información sobre sus problemas. Si quieren ayudarnos, escríbannos una carta sobre al menos uno de los siguientes temas:
– el colegio y los amigos
– las relaciones con sus padres
– el alcohol y las drogas

Entre las cartas recibidas sorteamos un viaje a Colombia.

La carta tiene que incluir un análisis de la situación, es decir: ¿de qué se quejan y qué reclaman?
Manden la carta a: Rumba, Calle 36a Nr. 15–20, Santafé de Bogotá.

En grupos elegid uno de los temas propuestos. Discutid los puntos que vais a tratar, después escribid la carta a la revista.
Para las fórmulas de saludo y despedida mirad otra vez las postales de la Unidad 1A. Pero cuidado: ¡no utilicéis las expresiones familiares!

Estrategia: Presentar información en clase

Wenn du Informationen in der Klasse **vortragen** musst, z. B. Ergebnisse einer Gruppenarbeit vorstellen oder ein Referat halten, kannst du dir die Arbeit erleichtern – und deinen Klassen-kameradinnen und -kameraden das Zuhören –, wenn du einige Regeln beachtest:

1. Informationen einholen (s. auch S. 32 und 38)
Je besser du über ein Thema Bescheid weißt, desto besser kannst du es auch erklären. Und wenn du zu deinem Thema Texte auf Spanisch liest, lernst du den wichtigen Wortschatz fast nebenbei, weil die wichtigen Wörter immer wieder vorkommen.

2. Gliederung
Gruppiere alle Punkte, die zusammen gehören, und bringe sie in eine **sinnvolle Reihenfolge**. (Zu möglichen anderen Anordnungen s. S. 29).
Wenn du deinen Vortrag gut strukturierst, erleichtert das deinen Mitschüle-rinnen und Mitschülern das Zuhören und Notizen machen, und dir selbst das Vortragen, denn dann verlierst du nicht so leicht den Faden.

3. Schriftliche Vorbereitung
– Schreibe dir nur **Stichpunkte** auf und sprich ansonsten frei.
Ein vorgelesener oder auswendiggelernter schriftlicher Text ist viel schwieriger zu verstehen als ein echter mündlicher Text!

> El saber no ocupa lugar… bueno, casi.

– Notiere jeden Gliederungspunkt und die dazuge-hörigen Stichwörter **auf eine Karteikarte oder ein eigenes Blatt**.
– Schreibe deutlich, damit du die Notizen während des Vortrags auch lesen kannst. (Wenn deine Stichpunkte nicht auf das Blatt passen, sind es zu viele Notizen für einen einzigen Punkt.)
– Wichtige Notizen sind z. B. **Namen, Zahlen, Daten** usw.; evtl. auch **schwierige Wörter**, die zu dem Punkt gehören.

4. Vortrag
Zuhören ist schwieriger als Lesen, deshalb:
– Stelle für deine Mitschülerinnen und Mitschüler eine **Liste mit wichtigen unbekannten Wörtern** aus deinem Referat zusammen.
– Bereite eine **Skizze** vor oder schreibe wichtige Stich-punkte an die Tafel. Sie erleichtern deinen Zuhörern das Verständnis.
– Stell dich beim Vortrag fest **mit beiden Füßen auf den Boden** – das gibt dir Sicherheit.
– Sprich laut und **deutlich** und mache an geeigneten Stellen ruhig auch einmal eine **Pause**.
– Bilde **keine zu langen und komplizierten Sätze**.
– **Sieh** ab und zu **deine Zuhörer an**, ob sie noch folgen können.

Übe deinen Vortrag (z. B. zuhause vor dem Spiegel), damit du dich an die Situation gewöhnst und siehst, bei welchen Punkten du noch unsicher bist,
– aber immer nur mit deinen Stichwortkarten!

WIE HALTE ICH EIN REFERAT?

Vorbereitung:
Informationen suchen und aufbereiten
⇓
Gliederung
⇓
Stichpunkte notieren
Liste mit wichtigem unbekanntem Wortschatz
Skizze vorbereiten
Vortrag üben

Vortrag:
frei sprechen
deutlich sprechen, Pausen machen
ruhig stehen
Zuhörer ansehen

Beispiel für eine Tafelanschrift mit wichtigen Stichpunkten

UNIDAD 3

Visiones para un nuevo siglo

Presentador: Muy buenas noches, estimados espectadores, y bienvenidos a nuestro programa «Visiones para un nuevo siglo», hoy con el tema «Luchar por un futuro mejor». Y para hablar de él hemos invitado a Joseba Iturbe, un joven vasco, miembro del grupo *Jóvenes por la paz* del Instituto Gernika; a Milagros de la Fuente, de la organización
5 no gubernamental *Juventud sin Fronteras*; y a la joven colombiana Alejandra Muñoz que participó en la campaña de Internet *Niños contra la Violencia*. Muy buenas noches a todos.

Alejandra, Milagros y Joseba: Hola, buenas noches.

Presentador: Joseba, para empezar, cuéntanos cómo tuvis-
10 teis la idea de fundar un grupo pacifista y qué hacéis.

Joseba: Bueno, buscábamos una forma de decir basta a la violencia, basta al miedo y al silencio. En el País Vasco sufres la violencia en la propia piel. Aquí no te levantas con la noticia de un secuestro, sino con la del secuestro
15 del padre de un amigo, o muere un *ertzaina* y tu tío o tu primo es un *ertzaina*… Y luego vas a la discoteca o al instituto y oyes a gente que los defiende y que te insulta si dices algo en contra. Pero si aceptas el secuestro o el asesinato, ¿en qué sociedad vas a vivir? Así que un día
20 unos compañeros del instituto decidimos dejar de tener miedo y todos los días formamos un círculo en el patio y pedimos que callen las armas.

Presentador: ¿Y han aumentado las amenazas?

Joseba: Al principio sí, pero cada vez el círculo es más
25 grande y son ahora más los que nos miran con simpatía. Ya no nos importan las otras miradas.

Presentador: ¡Qué valientes! Y tú, Milagros, ¿por qué trabajas en esta ONG y qué tipo de organización es ésa? … ¡Oh!, tu micrófono no funciona… ¿Antonio, sería tan amable de traer otro micrófono para Milagros? Éstos son los problemas de los programas en
30 directo, queridos espectadores. Muchas gracias, Antonio. Milagros…

Milagros: Sí. *Juventud sin Fronteras* es una organización que intenta poner en contacto a jóvenes que necesitan ayuda con jóvenes que quieren ayudar. Se realizan diferentes campañas, por ejemplo, organizamos vacaciones para niños y jóvenes de zonas conflictivas en un medio mejor: normalmente pasan unas semanas con familias.

35 *Presentador:* ¿Necesitáis gente?, ¿qué tipo de personas buscáis?

Milagros: Sí, siempre hay cosas que hacer. Y ¿de qué tipo? Pues depende, en general necesitamos jóvenes que quieran ayudar a hacer de todo y familias…, siempre buscamos familias que tengan hijos y que quieran acoger a estos niños.

40 *Presentador:* ¿Reciben algún tipo de remuneración?

Milagros: No, este trabajo no se paga. O, mejor dicho, el sueldo es la satisfacción de ayudar y de tener amigos por todo el mundo.

Presentador: Realmente algo que tiene mucho más valor
45 que el dinero… Y ahora, la publicidad y enseguida volvemos. No se vayan pues nuestra próxima invitada, Alejandra, les ha preparado una sorpresa. Hasta ahora.

Buscas algo
que te divierta,
que te haga salir de tus problemas.

Estás harto
y necesitas algo
que te aleje de la realidad.

Pero, no te dejes engañar:
yo lo conozco y
es algo que te crea problemas,
es algo que te atrapa,
que te mata.

Di no a las drogas.
Lo que buscas es otra cosa.

Presentador: Muy buenas noches, señoras y señores, nos encontramos de nuevo con nuestros invitados para hablar de la juventud de hoy en día y de su lucha por un futuro
50 mejor. Y nuestra próxima invitada, Alejandra Muñoz, nos va a mostrar un buen ejemplo. Alejandra, he oído que habéis hecho muchos amigos con vuestra campaña. ¿Les explicarías a nuestros espectadores qué hicisteis?

Alejandra: Sí, cómo no. En Colombia hay mucha violencia, ¿sabe usted? y a los niños nos gustaría poder jugar en la calle sin miedo, así que algunos escribieron cartas sobre
55 la paz o hicieron dibujos y los mandaron a UNICEF que los publicó en sus páginas Internet. Algunas se pueden leer todavía…

Presentador: Luego nos dices la dirección. Y, como les hemos prometido, Alejandra tiene una sorpresa para ustedes, una carta impresionante de una niña de 9 años… ¿Quieres leer, Alejandra?

60 *Alejandra:* Con mucho gusto, señor.
La carta viene de Apartadó, una ciudad en el norte de Colombia.
«Carta para los violentos…
La violencia no es buena. Yo que soy
65 una niña y me siento triste por tanta masacre en Apartadó y en todas partes, yo le tido…» mhh, tiene que ser pido…
Sí, «yo le pido el favor a todos los violentos que dejen de matar, que
70 matando no ganan nada. En cambio estando en paz, vivimos mejor y felices.»

Presentador: Sobran las palabras… Y por último, antes de pasar de nuevo a la publicidad, ¿qué les aconsejaríais vosotros a otros jóvenes que sufren y no saben qué hacer o a aquéllos que estarían dispuestos a ayudar y no saben cómo? ¿Qué podrían hacer?

75 *Joseba:* Yo les recomiendo que no se queden sin hacer nada, que busquen a otros jóvenes… o a gente en general con sus mismos problemas e intenten buscar soluciones.

Alejandra: Sí, yo haría lo mismo, buscaría ayuda entre amigos; así la gente se entera de lo que pasa…

Presentador: Y tú, Milagros, ¿qué les dirías?

80 *Milagros:* Bueno, es difícil dar consejos sin conocer el caso concreto. Pero ya he dicho antes que nosotros buscamos gente, así que yo en su lugar me dirigiría a nuestra organización y nosotros les informaríamos con mucho gusto sobre las diferentes posibilidades… a nuestra organización o a otra, vamos…

Presentador: ¿Quién ha dicho que la juventud no sabe lo que quiere o que sólo quiere
85 divertirse? Volvemos dentro de un momento. Hasta ahora.

Ejercicios

1 ¿Y qué tal el programa?

VISIONES para un nuevo siglo

Has visto el programa «Visiones para un nuevo siglo» en la
televisión. Más tarde ves a un amigo o una amiga que hoy no lo ha visto.
Resúmele lo más importante.
(Podéis trabajar en parejas y hacer un verdadero diálogo, con una persona que hace
preguntas y otra que responde. Intercambiad los papeles después de la publicidad.)

2 Asociación   (G § 38)

a) Imaginaos que queréis fundar un
grupo en vuestro instituto. ¿Qué tipo
de asociación necesitáis? Utilizad las
expresiones en la casilla para
describirla. Decid también por qué
necesitáis un grupo así.

| Necesitamos Queremos Tiene que ser Nos interesa | una asociación un grupo | que (+ *subj*) |

b) Ya sabéis qué tipo de asociación vais a fundar. Ahora empieza el trabajo: queréis
preparar un proyecto y buscáis a gente que os ayude. Utilizad, por ejemplo, subordinadas relativas para discutir las diferentes posibilidades y lo que hay que hacer.

Uelzen, 12 de enero de 1999

Estimados señores:

Somos ...

Atentamente.

3 Infórmate y di no a las drogas   (G § 38)

Queréis informaros más sobre el problema de las
drogas en España y en Latinoamérica. Buscáis a gente
que pueda participar en una discusión. ¿Cuáles tienen
que ser sus características o cualificaciones?
En grupos reunid vuestras ideas y escribid después
una carta a embajadas de países hispanohablantes
para que os recomienden a gente.
Utilizad subordinadas relativas para describir a las
personas. No olvidéis presentaros y explicar vuestro
proyecto.

una embajada Botschaft

4 ECHO por el mundo

a) Escucha la entrevista a Alberto Navarro, director de la Oficina de Ayuda
Humanitaria de la Comunidad Europea, y resume lo que dice sobre estos temas:

1. El dinero: ¿puede solucionar los problemas del mundo?, ¿gastan los europeos mucho
   en ayuda humanitaria?
2. Los conflictos y las guerras: sus causas y su desarrollo.
3. El trabajo humanitario: cualificación necesaria y satisfacciones que puede dar.

b) ¿Te gustaría tener un trabajo como el de Alberto Navarro en el futuro?
¿Por qué (no)?

gastar ausgeben – **el desarrollo** Entwicklung; Ablauf

5 ¿Qué me aconsejas? *(G §§ 39, 40)*

a) En el programa «Visiones para un nuevo siglo», los invitados dan consejos. Fíjate en la última parte del texto (después de la carta) y apunta las expresiones y tiempos verbales que utilizan para ello. Completa la lista con las otras posibilidades que conoces.

b) Aquí tienes a dos personas en una situación difícil. Dales consejos con las expresiones que has encontrado en la parte a) del ejercicio y las siguientes ideas (puedes añadir otras si quieres).

1. un chico toma drogas
pensar en las consecuencias físicas y psicológicas – no imaginarse que puedes dejarlas cuando quieres – hablar con tus padres o con otros chicos que tienen la misma experiencia – llamar a asociaciones contra la droga – no dejarse influenciar por amigos – pedir consejo a un médico – intentar saber por qué lo haces – tener paciencia

2. tu clase está en España y una amiga ha perdido el pasaporte y el dinero
ir a la policía – buscar bien por el lugar donde habéis estado – llamar a vuestros padres para pedirles más dinero – informarse en la embajada alemana de qué hay que hacer – avisar al profesor – no preocuparse demasiado, intentar olvidarlo

la embajada Botschaft

6 ¿Sería tan amable de ...? *(G §§ 39, 40)*

Aquí tienes algunas situaciones en las que tienes que pedir algo. ¿Qué dices? Utiliza el condicional.

Ejemplo: Estás en la calle y quieres preguntar la hora a una señora muy mayor.
→ *¿Podría decirme la hora, por favor?* ▶ *¡Ahora tú!*

1. No tienes dinero y hoy hay que pagar algo en el instituto. Pídele dinero a un compañero.
2. Tienes que ir al médico al día siguiente, pero hay un examen. Le preguntas a tu profesor si puedes hacer el examen otro día.
3. Quieres saber el número de teléfono de un amigo y llamas a otro, pero no está. Pregúntale a su madre si te puede dar el número de ese otro amigo.
4. Has preguntado algo en la calle a un señor mayor, pero no has entendido lo que te ha respondido.
5. Has tomado un taxi y quieres que pare después del próximo semáforo.

7 Un mundo mejor *(G §§ 39, 40)*

¿Cómo sería un mundo mejor? ¿Qué habría y qué no? Escribe por lo menos 5 frases (principales) con condicional.

Ejemplo: En un mundo mejor, no habría hambre. Todos estaríamos … ▶ *¡Continúa!*

UNIDAD 3

D Las nuevas jóvenes

🎧 **1. Pasas a ser mía**

A principios de los años 30 vive en Puebla (México) la joven Catalina Guzmán, de 15 años. Un día conoce a Andrés Ascencio, mucho mayor que ella, y se enamora de él.

—Estamos aquí reunidos para celebrar el matrimonio del señor general Andrés Ascencio con la señorita Catalina Guzmán. En mi calidad de representante de la ley le pregunto:
5 Catalina, ¿acepta por esposo al general Andrés Ascencio aquí presente?
—Bueno —dije.
—Tiene que decir *sí* —dijo el juez.
—Sí —dije.
—General Andrés Ascencio, ¿acepta usted por esposa a la señorita Catalina Guzmán?
10 —Sí —dijo Andrés—. La acepto, prometo las deferencias que el fuerte debe al débil y todas esas cosas, así que puedes ahorrarte la lectura. ¿Dónde te firmamos? Toma la pluma, Catalina.
Puse mi nombre: Catalina Guzmán.
—*De Ascencio*, póngale ahí, señora —dijo Andrés
15 —¿Tú pusiste *de Guzmán*? —pregunté.
—No m'ija, porque así no es la cosa. Yo te protejo a ti, no tú a mí. Tú pasas a ser de mi familia, pasas a ser mía —dijo.
—¿Tuya?

Ángeles Mastretta, *Arráncame la vida.* (fragmento adaptado)
© Ángeles Mastretta 1986

2. La otra cara de la moneda

CARTAS

Soy una chica de 16 años y 20 me gustaría decirles que mis experiencias confirman plenamente su artículo sobre la «nueva mujer española»: Hoy ya no eres considerada como 25 un chicazo si quieres ser ingeniera o torera. Para mí es normal que los trabajos de la casa se repartan. Espero de mi pareja que lave la ropa o 30 prepare la comida. En mi familia es así. Mis hermanos siempre han hecho lo mismo que yo en la casa. La única diferencia: la hora de volver a 35 casa. Para eso todavía soy vista como una pobre chica indefensa. (Y soy cinturón negro de kárate.)

Rebeca Pineda, Barcelona.

40 Cuando yo empecé mis estudios, había relativamente pocas mujeres y ésas elegían sobre todo carreras de letras. En la actualidad carreras 45 como química, matemáticas o derecho son elegidas a partes iguales por mujeres y hombres, y hasta las ingenierías tienen un 33% de estudiantes 50 femeninas. Estas cifras están entre las mejores del mundo. Pero no olvidemos, por favor, la otra cara de la moneda. También merecen un artículo 55 las abuelas que cuidan de los niños y nos hacen la comida diariamente mientras nosotras trabajamos.

Elvira Salas, abogada, León.

2 **enamorarse de** empezar a sentir amor hacia – 3 **estar reunidos** estar juntos en el mismo lugar – **un matrimonio** *aquí:* boda – 4 **en calidad de** als – **un representante** Vertreter – **una ley** Gesetz – 5 **el esposo** marido – 7 **un juez** Richter – 10 **la deferencia** Rücksicht – **fuerte** stark – **deber** schulden – **débil** ↔ fuerte – 11 **ahorrarse algo** sich etw. sparen – **la lectura** ← leer – 12 **una pluma** Feder – 16 **m'ija** = mi hija – **proteger** beschützen – **una moneda** Münze – 28 **repartir** aufteilen – 37 **indefenso** que no se puede defender – **un cinturón** Gürtel – 43 **las letras** *aquí:* Geisteswissenschaften – 48 **hasta** sogar – 54 **merecer** (-zco) tener derecho a – 55 **cuidar de** aufpassen auf

Soy colombiana y actualmente 60 estoy estudiando en Madrid. Acabo de leer su artículo acerca de la situación de la mujer española y me parece muy bueno. Es muy lindo ver 65 cómo ha mejorado en estos últimos años. Pero, como ustedes muy bien decían, en el mundo todavía hay mucho que hacer por la mujer. En 70 Latinoamérica los derechos de la mujer se pierden en un mar de problemas sociales. En países como el mío, por ejemplo, los problemas de las 75 mujeres de clase media-alta y alta son más o menos los mismos que los de las mujeres españolas. Pero la mayoría de las mujeres latinoamericanas 80 tienen problemas muy diferentes a los nuestros: son mujeres que viven en familias trabajadoras o campesinas, muchas de ellas pobres, y donde las 85 pocas posibilidades de mejora son ofrecidas a los hombres. Hay que ayudarlas. Si no es respetada una mujer, no somos respetadas ninguna. 90
María Isabel Concha, Madrid.

Les escribo para decirles que no estoy de acuerdo con el artículo de su 95 revista sobre las mujeres. El autor afirma que la situación de la mujer ha mejorado mucho 100 en estos últimos años y yo me pregunto ¿en qué ha mejorado? Ahora trabajan muchísimo más y lo sufrimos toda la 105 familia: mi hija nunca está cuando mi nieto la necesita. Hoy en día la mujer es presionada de tal manera por la sociedad para que trabaje, 110 que no encuentra tiempo, ni ganas, para los hijos y el marido. Y así vamos: somos el país que menos hijos tiene de Europa. En estos tiempos, 115 el dinero y el éxito son más valorados que la familia. ¿Es esto una mejora?
José López Cano, jubilado,
Torquemada (Palencia).

Les mando el comentario de 120 una amiga mía (49 años, ama de casa, madre de tres hijos mayores) a su artículo sobre las mujeres. ¿Reconocen aquí 125 a alguna mujer de su familia? Mi trabajo es mío, pero mi dinero es nuestro. La casa es tuya, la hemos pagado con tu sueldo, pero los trabajos de la casa son míos. Nuestros 130 hijos, para cuidar de ellos, son míos. Sus enfermedades no sólo suyas, también eran mías, pero nunca tuyas. Sus éxitos son tuyos, sus fracasos 135 son míos. Vuestros sábados y domingos eran vuestros, los míos también eran vuestros.
Pero a partir de hoy: lo mío es mío y lo vuestro es vuestro. 140
Aurora Bernal,
Miranda de Ebro (Burgos).

Por fin un artículo en el que también se reconocen los cambios ¡positivos! de los hombres. 145
Gracias. *Jesús González,*
estudiante.

Las mismas oportunidades.

Iguales en el trabajo.
Iguales en casa.

igual ✕ igual

Instituto Andaluz de la Mujer

---

76 **la clase media-alta** obere Mittelschicht – 77 **la clase alta** Oberschicht – 84 **campesino** Bauern- – 86 **una mejora** ← mejor – 94 **de acuerdo** einverstanden – 95 **una revista** tipo de periódico, normalmente en color, que se publica cada semana o cada mes – 106 **un nieto** hijo del hijo o de la hija – 108 **presionar** bedrängen – 116 **valorar** schätzen – 132 **una enfermedad** Krankheit – 135 **un fracaso** ↔ éxito – 144 **reconocer** anerkennen

Ejercicios

1 Catalina y Andrés

a) ¿Qué quiere decir el General cuando afirma que Catalina pasa a ser suya? ¿Qué consecuencias puede tener en la vida de Catalina?

b) Según sus reacciones durante la boda, ¿cómo es el carácter de Catalina? Justifica tu opinión con frases del texto. (Belege deine Meinung …)

c) Describe la situación de las mujeres en Latinoamérica (y en otros países) en esa época. (Si tienes información de otras fuentes, puedes utilizarla también.)

2 ¿De igual a igual?

a) Desde su punto de vista, los lectores comentan en sus cartas la situación de la mujer en España y Latinoamérica. Apunta los aspectos negativos y positivos. (Haz dos listas.)

➠ *b) Escribe también una carta a la revista y explica tu opinión sobre la situación de la mujer en tu país o tus experiencias acerca de la relación entre hombres y mujeres / chicos y chicas. (Toma las cartas de la Unidad 3D como modelo.)*

3 En una fiesta con mucha gente *(G § 42)*

a) En la fiesta hay 4 chicas (Irene, Nuria, Lidia, Natalia), 5 chicos (Raúl, Héctor, Alejandro, Julián, Diego) y 3 adultos (Mariano Almorox, Ángeles Durán y Ana Cano). Identifica quién es quién.

1. Julián lleva pantalones vaqueros y un jersey azul.
2. Mariano Almorox trabaja en el instituto, tiene 34 años y le gusta mucho bailar.
3. Natalia sale con Julián.
4. La chica vestida de rojo es Lidia.
5. Alejandro lleva un jersey azul.
6. Nuria siempre se sienta en el suelo.
7. Ana Cano está al lado de la mesa.
8. A Héctor le gusta Lidia y por eso siempre quiere estar a su lado.
9. Diego lleva pantalones vaqueros y sale con Nuria. Hablan muchísimo.
10. La señora que lleva una blusa amarilla es Ángeles Durán.
11. Raúl es un chico muy alegre.
12. Raúl está hablando con Irene y Alejandro.

b) Imaginaos que estáis en la fiesta. ¿A quién conoce cada uno de vosotros? (No todas son amigas de todos.) Utilizad pronombres posesivos para describir las relaciones.

Ejemplo: Mariano Almorox podría ser un profesor tuyo.   **los pantalones vaqueros** Jeans

👁 **4 Todo se explica.** *(G § 41)*

a) En las diferentes cartas de la unidad 3D aparecen frases en pasiva, por ejemplo, en la línea 24. Busca las otras frases y explica cómo se forma la voz pasiva: ¿con qué verbo(s)?, ¿cuáles son los otros elementos y qué pasa con ellos? ¿Qué indica la preposición por? (Puedes explicarlo en alemán.)

b) La voz pasiva se utiliza sobre todo en el lenguaje escrito, mientras que en el lenguaje oral se utilizan otras formas, por ejemplo, la pasiva refleja (ver Unidad 1A) o el pronombre indefinido uno.
Transforma las frases pasivas del texto 3D en lenguaje oral como en el ejemplo.
(Cuidado: la pasiva refleja y uno son afirmaciones generales, no personalizadas.)

Ejemplo:
Hoy ya no eres considerada como un chicazo si quieres ser ingeniera.
→ Hoy ya no se considera a las chicas como chicazos si quieren ser ingenieras.
→ Hoy uno ya no considera a las chicas como chicazos si quieren ser ingenieras.

5 Los periódicos *(G § 41)*

Estás ayudando a unos periodistas a redactar las noticias. Aquí tienes algunas notas. Utiliza la voz pasiva cuando sea posible.

El paro y los sexos
resultado de una encuesta (la
publica hoy Diario Mujer):
paro castiga más a las mujeres
que a los hombres.

Congreso de Jóvenes
trata los problemas de los
jóvenes – discusión de los temas
en grupos; después presentación
de los resultados a la prensa –
temas: crítica de la violencia en
el colegio – chicos y chicas
defienden una educación más
práctica

El Teléfono SOS
chicas utilizan más el teléfono de
ayuda al joven

Los Aupair
Cada vez más parejas eligen
muchachos para cuidar de sus
hijos;
valorar en la decisión la igualdad
entre sexos en los trabajos de la
casa

Sueldos desiguales
igualdad entre sexos en el
trabajo teóricamente aceptada;
sueldo de las españolas 3/4 del
de los españoles;
sit. peor en muchos otros países
europeos

la prensa Presse
una encuesta Umfrage

 6 Los cambios positivos de los hombres

En grupos discutid: ¿cuáles pueden ser los cambios positivos a los que se refiere Jesús González en su carta? (… auf die sich … bezieht?) Preparad un póster con un diagrama o un dibujo, por ejemplo, para presentar a la clase los resultados de vuestro grupo.

🎞 **7 Mujeres**

Mira el anuncio del Instituto andaluz de la mujer en la p. 64.

a) ¿Qué profesiones tienen las mujeres?

b) Elige una de las mujeres y cuenta su historia: quién es, dónde vive, si tiene familia, por qué está en la foto, etc.

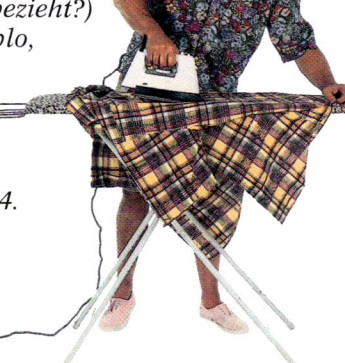

¡Así se dice!

Einen Standpunkt vertreten

eine Behauptung aufstellen *Argumente (nicht) akzep-* *tieren*	El autor afirma que la situación ha mejorado mucho. Reconozco que en algunos puntos tiene razón. Las experiencias (no) confirman el artículo. Hay que tomar en serio estos argumentos. Pienso exactamente como el autor. Me parece muy bien / importante lo que dice. Yo (no) diría eso. (No) haría lo mismo. (No) estoy de acuerdo con el artículo. No puedo aceptar estos argumentos.
etwas in Frage stellen	Me pregunto si esto es verdad. Depende muchísimo de la situación concreta. No estoy seguro de que esta respuesta sea adecuada. En este aspecto soy bastante escéptico.
eine Empfehlung aus- *sprechen*	El artículo recomienda / aconseja a los jóvenes que no se queden sin hacer nada.
Behauptungen (scharf) *zurückweisen*	Me asusta la idea de que esto pueda realizarse. Estoy harto de / Odio escuchar siempre los mismos argumentos. No hay que subestimar las consecuencias.
Forderungen stellen	Pedimos / Reclamamos / Exigimos / Queremos / Esperamos / Defendemos que todos tengan los mismos derechos.

Y de postre

Biografía

No cojas la cuchara con la mano izquierda.
No pongas los codos en la mesa.
Dobla bien la servilleta.
Eso, para empezar.

Extraiga la raíz cuadrada de tres mil trescientos trece.
¿Dónde está Tangañica? ¿Qué año nació Cervantes?
Le pondré un cero en conducta si habla con su
    compañero.
Eso, para seguir.

¿Le parece a usted correcto que un ingeniero haga versos?
La cultura es un adorno y el negocio es el negocio.
Si sigues con esta chica, te cerraremos las puertas.
Eso, para vivir.

No seas tan loco. Sé educado. Sé correcto.
No bebas. No fumes. No tosas. No respires.
¡Ay, sí, no respirar! Dar el no a todos los noes.
Y descansar: morir.
          Gabriel Celaya. 1911

coger tomar – **la cuchara** Löffel – **un codo** Ellbogen – **doblar** falten – **la raíz** Wurzel – **pondré** *1ª pers. sing.*
del futuro de poner – **la conducta** Verhalten – **un adorno** Verzierung – **el negocio** Geschäft – **sé** *imperativo*
de ser – **educado** (wohl)erzogen – **fumar** rauchen – **toser** husten – **respirar** atmen – **descansar** ausruhen

Estrategia: Tu opinión cuenta II

Wenn du schon beim Aufschreiben deiner Ideen zu einem Thema versuchst, etwas Ordnung in deine Notizen zu bringen, hast du später beim Schreiben des Textes weniger Arbeit.

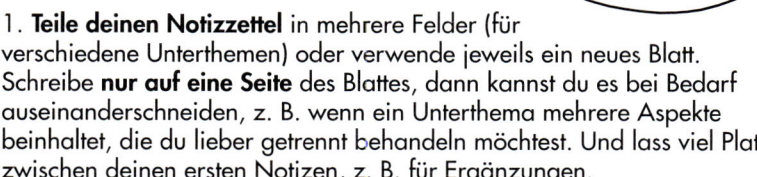

Ni sí, ni no, sino todo lo contrario.

1. **Teile deinen Notizzettel** in mehrere Felder (für verschiedene Unterthemen) oder verwende jeweils ein neues Blatt. Schreibe **nur auf eine Seite** des Blattes, dann kannst du es bei Bedarf auseinanderschneiden, z. B. wenn ein Unterthema mehrere Aspekte beinhaltet, die du lieber getrennt behandeln möchtest. Und lass viel Platz zwischen deinen ersten Notizen, z. B. für Ergänzungen.

2. Lege fest, wie die einzelnen Aspekte deiner Meinung nach zusammenhängen, z. B. ob sie logisch aufeinander folgen, einer den anderen erklärt, oder ob sie Gegensätze bilden. Meistens kommen mehrere dieser **Zusammenhänge** in einem Text vor. So ist eine Meinungsäußerung häufig in Gegensätzen gegliedert; innerhalb des Blocks mit den Argumenten dafür und dagegen jedoch gibt es logische Argumentationsketten und auch Erklärungen. (Zur Anordnung und dem inneren Zusammenhang von Argumenten vgl. auch S. 29.)
Für die Kennzeichnung dieser Zusammenhänge kannst du **Zeichen** verwenden; dies geht schnell und ist übersichtlich. Schreibe diese Zeichen immer nur mit Bleistift, damit du sie ändern kannst (z. B. wenn dir noch ein Aspekt einfällt).

3. Meist ergibt sich aus den inhaltlichen Zusammenhängen auch schon die **Reihenfolge**, in der du deine Argumente im Text verwenden kannst. Halte diese trotzdem fest, z. B. mit Zahlen und / oder Buchstaben. Falls ein Aspekt nicht in deine Argumentationskette passt, überlege dir, wie wichtig er ist. Kann er vielleicht entfallen? Oder musst du deine Gliederung ändern?

4. Schreibe deine **Gliederung** noch einmal auf ein Blatt. (Falls deine Planung anhand der Stichwortzettel übersichtlich genug ist oder du unter Zeitdruck stehst, kann dieser Arbeitsschritt entfallen.)

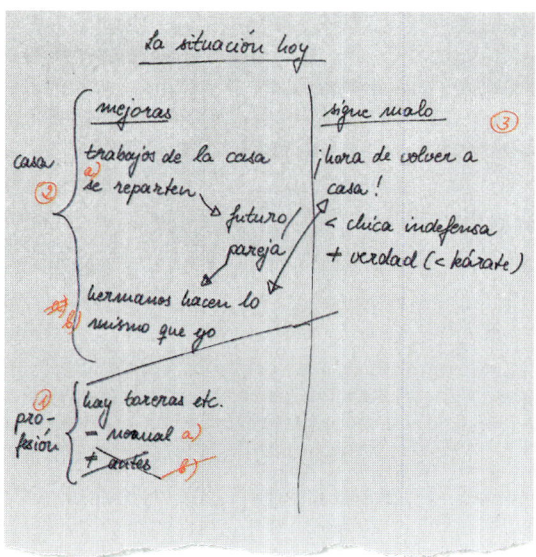

¡Ahora vosotros!

1. Identificad los signos que se utilizan en el ejemplo de al lado. Buscad otros signos útiles o alternativas para éstos.

2. En grupos discutid una de las siguientes afirmaciones del texto 3B y ordenad vuestros argumentos:
a) Lo importante es vivir el momento.
b) Tenemos el derecho de buscar nuestra propia identidad.
c) El principal obstáculo para tener una buena relación con los padres es que éstos subestiman a los jóvenes.

Notizen, wie sie Rebeca für ihren Leserbrief geschrieben haben könnte (vgl. S. 63)

UNIDAD 4

A   En el principio fue el maíz

Los chibchas eran un pueblo que vivía en el norte de los Andes, hoy territorio colombiano. Vivían en su mayoría de la agricultura, pero también hacían hermosas figuras de oro. Esta historia cuenta cómo los chibchas conocieron el maíz.

5   Hace mucho tiempo en la comunidad de los chibchas había gran miseria. La familia de Piracá sufría hambre. Piracá, por supuesto, estaba muy preocupado y se dijo lo siguiente: «Cambiaré las últimas mantas de algodón que tengo por oro. Con el oro podré hacer algunas
10   figuras de nuestros dioses y después las venderé. Así tendremos algo de comer».

Piracá habló con su mujer: ella estuvo de acuerdo. A la mañana siguiente, Piracá fue al mercado y cambió sus mantas por granos de oro. «Ya tengo suficientes
15   granos de oro para realizar mi trabajo» —pensó contento a la vuelta.

Pero de repente, un pájaro negro cruzó el cielo, bajó y le arrebató la bolsa con los granos de oro.

Piracá se enfureció:
20   —¡Vuelve!— gritó al pájaro—. ¡Devuélveme el oro!

El pájaro huyó y dejó caer los granos de oro. Cuando Piracá se lanzó a recogerlos, apareció un hombre de barba larga que llevaba una túnica blanca y andaba descalzo. Piracá se preguntó: «¿Será Bochica,
25   el dios de la civilización? ¿Qué estará haciendo aquí?

—Espera, Piracá —le dijo el dios—. No recojas ese oro. Mira, enterraré los granos de oro, pero te daré un regalo mejor.

—¿Qué harás, Bochica? —preguntó Piracá asusta-
30   do—. De nada servirá el oro, si está enterrado.

—Piracá —respondió Bochica—, no te enojes y ten confianza. Escucha lo que te voy a decir: volverás dentro de quince días a este mismo lugar y encontrarás una sorpresa.

—Mientras tanto mi familia y yo moriremos de hambre —exclamó Piracá—. Y muchas otras familias tampoco tienen nada de comer, Bochica. Ellos también morirán.

35   —No moriréis. Ya te dije, Piracá, vuelve dentro de quince días —respondió Bochica y desapareció.

Después de los quince días, Piracá volvió al lugar de su encuentro con Bochica. Allí encontró abundantes y hermosas plantas con gruesos granos de color amarillo. Era el maíz.

Desde aquel momento la familia de Piracá y muchas otras cultivaron el maíz, y el
40   hambre desapareció para siempre de la comunidad chibcha.

Mito muisca, Colombia

---

3 hermoso muy bonito – **7 por supuesto** claro que sí – **8 una manta** Decke, Stoff – **14 un grano** pequeña parte de maíz, de trigo y de otras plantas que se mete en la tierra y de la que nace una nueva planta – **17 de repente** de un momento a otro, sin preparación – **un pájaro** animal que sabe volar (*fliegen*) – **el cielo** lugar sobre la tierra donde están el sol, las nubes… – **18 arrebatar algo a alguien** quitarle algo con violencia – **19 enfurecerse** (-zco) empezar a sentir rabia – **22 lanzarse** *aquí:* losstürzen – **23 la barba** los pelos que crecen en la cara de los hombres – **27 enterrar** (-ie-) meter en la tierra – **28 un regalo** cosa que se da a alguien, p. ej. para su cumpleaños – **31 enojarse** sich ärgern – **38 abundantes** muchos

Ejercicios

1 ¡Por dios! *(G § 46)*

Continúa las siguientes frases con por *o* para. *Utiliza la información del texto para terminarlas.*

1. La familia de Piracá sufría hambre …
2. Piracá cambió las mantas de algodón …
3. Quería hacer figuras de oro …
4. Bochica tomó los granos de oro …
5. Le prometió a Piracá una sorpresa …
6. A los 15 días Bochica cambió los granos de oro …
7. Las plantas del maíz fueron una sorpresa …
8. La vida de los chibchas cambió …

2 Bochica conoce el futuro *(G §§ 44, 45)*

El dios Bochica ve la miseria de los chibchas y quiere ayudarlos. Cuando observa que Piracá quiere cambiar las mantas por oro para hacer figuras y venderlas, hace un plan. Y sabe cómo reaccionará Piracá, porque es un dios.
Reescribe el texto «En el principio fue el maíz» desde la perspectiva de Bochica y como una acción en el futuro. (Empieza en la línea 12.)

Piracá hablará con su mujer: ella …   ▶ ***Continúa.***

3 El maíz, base de la vida

Aquí tienes información sobre el maíz. Ordénala y escribe un texto. Cuidado con los tiempos del verbo. (Para preparar un texto, ver p. 68.)

el maíz cultivarse hace muchísimo tiempo – granos más viejos que se han conservado: 4000 años – llegar los españoles: cultivarse maíz por todo el continente – ser la comida principal – prepararse muchas comidas con él: tortillas, arepas, empanadas, postres, crispetas – tambien bebidas: mazamorra (bebida dulce) y chicha (bebida alcohólica) – utilizarse para hacer medicinas – en 1520 los españoles llevar el maíz a España – planta ornamental – comerse también en Europa – la costumbre de comer maíz en Latinoamérica continuar actualmente – entrar a Latinoamérica mucho trigo también

una arepa *Gericht aus Mais, Eiern und Butter*
una empanada Teigtasche, Pastete – **crispetas** *(lat.am.)* Popcorn

4 Dios dirá *(G §§ 44, 45)*

Los dioses ayudaron a los chibchas, pero también les dieron reglas de comportamiento. Utiliza el futuro para expresar mandamientos o prohibiciones. (… Gebote oder Verbote)

Ejemplo: No mataréis. Los hombres no quitarán…

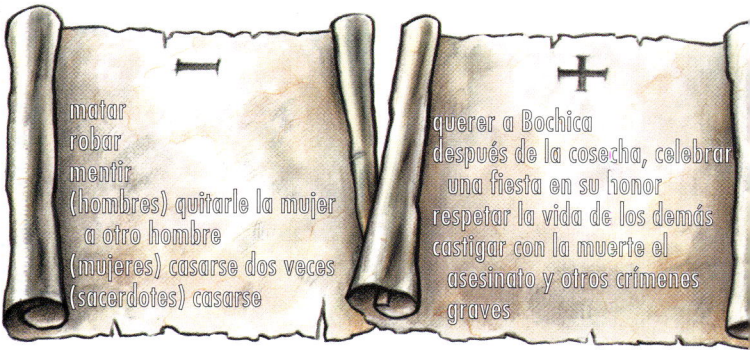

matar
robar
mentir
(hombres) quitarle la mujer a otro hombre
(mujeres) casarse dos veces
(sacerdotes) casarse

querer a Bochica
después de la cosecha, celebrar una fiesta en su honor
respetar la vida de los demás
castigar con la muerte el asesinato y otros crímenes graves

robar stehlen – **mentir** (-ie-/-i-) lügen

5 En todos los tonos

Hay también otras posibilidades para expresar órdenes, prohibiciones, deseos, etc.

a) Búscalas y haz una lista. Si no te acuerdas bien, mira el índice del libro o el libro de gramática. (… das Inhaltsverzeichnis…)

b) ¿Qué podrían decir estas personas en las siguientes situaciones? ¿Cuál de las posibilidades de la parte a) del ejercicio te parece la más adecuada? ¿Por qué?

6 Todo saldrá bien   *(G §§ 44, 45)*

Durante los quince días que tienen que esperar, Piracá y su mujer piensan y piensan… Piracá es un pesimista, pero su mujer, que es muy optimista, intenta tranquilizarlo. Tú eres la mujer de Piracá. Responde utilizando el futuro. (… ihn zu beruhigen …)

Ejemplo: *Piracá*: En quince días podríamos morir de hambre.
→ *La mujer*: No te preocupes, no moriremos.

no te preocupes/claro que sí/claro que no/ya verás/por supuesto

1. Cuando uno tiene que esperar, el tiempo pasa lentamente.
2. Nuestros amigos no podrán ayudarnos.
3. ¿Y si Bochica no vuelve?
4. ¿Y si no me acuerdo del lugar adonde tengo que volver?
5. Alguien podría quitarnos el oro enterrado.
6. No encontraré nada ni a nadie en ese lugar.
7. Tengo miedo de que Bochica se enoje.

7 ¿Qué será?   *(G §§ 44, 45)*

Trabajad en parejas. Mirad la foto de al lado. A pregunta por un detalle que le parece interesante y B no sabe, pero formula una hipótesis. (Podéis preguntar también por la edad de la figura, por el material de que está hecha, por su origen…)

Ejemplo:
—¿Qué está haciendo esta persona?
—No sé, estará comiendo. —¿Quién es?
▶ *Continuad.*

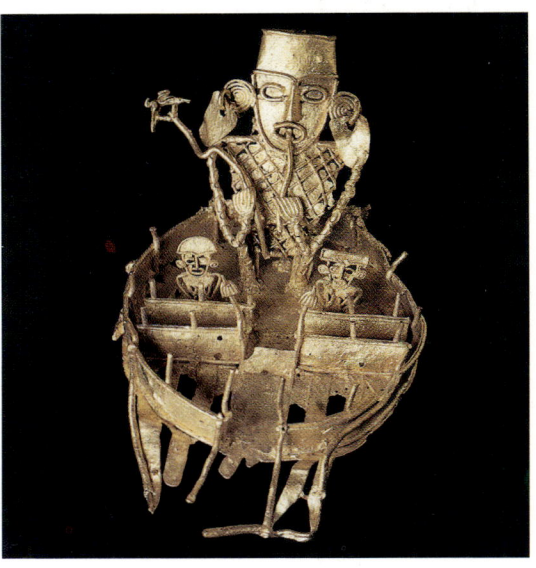

B La fiesta ajena

No me gusta que vayas —le había dicho la madre—. Es una fiesta de ricos.

—Yo voy a ir porque estoy invitada —dijo Rosaura—. Y estoy invitada porque
5 Luciana es mi amiga. Y se acabó.

Ella iba casi todas las tardes a la casa de Luciana y preparaban juntas los deberes mientras su madre hacía la limpieza. Toma-
ban la leche en la cocina y se contaban
10 secretos. A Rosaura le gustaba enorme-
mente todo lo que había en esa casa. Y la gente también le gustaba.

—Yo voy a ir porque va a ser la fiesta más hermosa del mundo, Luciana me lo
15 dijo. Va a venir un mago con un mono y todo. Si no voy me muero —murmuró, casi sin mover los labios.

El día de la fiesta antes de salir, Rosaura se miró en el espejo, con el vestido blanco y el pelo brillándole, y se vio lindísima. Entró 20 a la fiesta, saludó a Luciana y le preguntó por el mono. Luciana puso cara de conspiradora.

—Está en la cocina —le susurró en la oreja—. Pero no se lo digas a nadie porque 25 es un secreto.

Rosaura quiso verificarlo y entró en la cocina. Era la única que tenía permiso, la señora Inés se lo había dicho. «Vos sí pero ningún otro, son muy revoltosos, capaz que 30 rompen algo». Rosaura, en cambio, no rompió nada. Ni siquiera tuvo problemas con la jarra de naranjada, cuando la llevó desde la cocina al comedor, como se lo había pedido la señora Inés. 35

Una niña rubia, de moño, le dijo a Rosaura:

—¿Y vos quién sos?

—Soy amiga de Luciana —dijo Rosaura.

—No —dijo la del moño—, vos no sos 40 amiga de Luciana porque yo soy la prima y conozco a todas sus amigas. Y a vos no te conozco.

—Y a mí qué me importa —dijo Rosau-ra—, vengo todas las tardes con mi mamá y 45 hacemos los deberes juntas.

—Eso no es ser amiga —dijo la del moño—. ¿Vas al colegio con ella?

—No.

—¿Y entonces de dónde la conocés? 50

Rosaura se acordaba perfectamente de las palabras de su madre. Respiró hondo:

—Soy la hija de la empleada —dijo.

Su madre se lo había dicho bien claro: «Si alguno te pregunta, vos le decís que sos 55 la hija de la empleada».

—Qué empleada —dijo la del moño—. ¿Vende cosas en una tienda?

---

ajeno *aquí:* de los otros – 2 **rico** quien tiene mucho dinero – 9 **la leche** bebida blanca que producen las vacas – 15 **un mago** Zauberer – **un mono** Affe – 17 **los labios** parte exterior de la boca – 19 **un vestido** Kleid – 23 **una conspiradora** Verschwörerin – 24 **susurrar** flüstern – 27 **verificar** ver si algo es verdad – 31 **romper** zerbrechen – 32 **ni siquiera** nicht einmal – 33 **una jarra** Krug – 36 **un moño** *(lat. am.)* Schleife – 52 **respirar** atmen – **hondo** tief – 58 **una tienda** lugar donde se venden cosas, p. ej. una panadería o un supermercado

—No —dijo Rosaura con rabia—, mi
60 mamá no vende nada, para que sepás.
—¿Y entonces cómo es empleada? —
dijo la del moño.
Pero en ese momento se acercó la señora
Inés y le dijo a Rosaura: «¿No podrías
65 ayudar a servir las salchichitas, ya que
conocés la casa mejor que nadie?»
—Viste —le dijo Rosaura a la del moño.
Fuera de la del moño, todos los chicos le
encantaron. La que más le gustaba era
70 Luciana, después, los varones. Ella salió
primera en la carrera de embolsados y
todos los varones la querían en su equipo
para los otros juegos. A Rosaura le pareció
que nunca en su vida había sido tan feliz.
75 Pero faltaba lo mejor. Primero, la torta:
la señora Inés le había pedido ayuda para
servir la torta y Rosaura se divirtió muchísimo porque todos los chicos se le vinieron
encima y le gritaban «dámela, dámela». A
80 Luciana y a los varones les dio los pedazos
más grandes, y a la del moño una tajadita
que daba lástima.
Después de la torta llegó el mago. Adivi-
naba las cartas y hacía muchas otras cosas.
85 La prueba final era la más emocionante. Un
chico tenía que tener al mono en brazos y
el mago lo iba a hacer desaparecer.
—¿Al chico? —gritaron todos.
—¡Al mono! —gritó el mago.
90 El mago llamó a un gordito, pero ese
tenía miedo. Después miró, una por una,
las caras de todos. Y señaló a Rosaura.
No tuvo miedo. Ni con el mono en brazos, ni cuando el mago hizo desaparecer al
95 mono, ni al final, cuando el mago hizo ondular su capa roja sobre la cabeza de Rosaura,
dijo las palabras mágicas… y el mono
apareció otra vez entre sus brazos. Todos
los chicos aplaudieron y el mago le dijo:
100 —Muchas gracias, señorita condesa.

Cuando su madre vino a buscarla, fue lo
primero que le contó.
Su madre le dio un coscorrón y le dijo:
—Mírenla a la condesa.
Pero se veía que también estaba contenta. 105
Y ahora estaban las dos en el hall porque
un momento antes la señora Inés, muy
sonriente, había dicho: «Espérenme un
momentito».
Ahí la madre pareció preocupada. 110
—¿Qué pasa? —le preguntó a Rosaura.
—Y qué va a pasar —le dijo Rosaura—.
Que fue a buscar los regalos para los que
nos vamos.
Y le explicó el asunto de los regalos. Lo 115
sabía bien porque había observado a los que
ya se habían ido. Cuando se iba una chica,
la señora Inés le regalaba una pulsera.
Cuando se iba un chico, le regalaba un yo-
yo. A Rosaura le gustaba más el yo-yo, pero 120
eso no se lo contó a su madre. Le daba vergüenza ser la única distinta.
La señora Inés acababa de entrar al hall
con dos bolsas. Se acercó a donde estaban
ella y su madre. Tenía una sonrisa muy 125
grande y eso le gustó a Rosaura. La señora
Inés la miró, después miró a la madre, y dijo
algo que a Rosaura la llenó de orgullo. Dijo:
—Qué hija que se mandó, Herminia.
Por un momento, Rosaura pensó que a 130
ella le iba a hacer los dos regalos: la pulsera
y el yo-yo. Pero no se los dio. La señora
Inés no buscó nada en las bolsas. Buscó
algo en su cartera.
En su mano aparecieron dos billetes. 135
—Estos te los ganaste. Gracias por todo,
querida.
Rosaura sintió que la mano de su madre
se apoyaba sobre su hombro. Instintivamente se apretó contra el cuerpo de su 140
madre. Nada más. Salvo su mirada. Su
mirada fría, fija en la cara de la señora Inés.

Liliana Heker. «La fiesta ajena.» in: *Los bordes de lo real*, 1991 (fragmento adaptado)

65 **una salchichita** Würstchen – 68 **fuera de** außer – 69 **encantar** gustar muchísimo – 70 **un varón** hombre, chico – 71 **la carrera de embolsados** *(lat.am.)* Sackhüpfen – 80 **un pedazo** Stück, Teil – 81 **una tajadita** Scheibchen – 82 **que da lástima** *aquí:* muy, muy pequeño – 83 **adivinar** erraten – 90 **un gordito** Dickerchen – 96 **una capa** Umhang – 100 **una condesa** Gräfin – 103 **un coscorrón** *aquí:* Kopfnuss – 106 **el hall** [xo:l] entrada de una casa grande – 108 **sonriente** lächelnd – 115 **un asunto** Sachverhalt – 118 **una pulsera** Armband – 128 **el orgullo** Stolz – 129 **que se mandó** *aquí:* muy buena – 134 **una cartera** *(lat.am.)* Handtasche – 135 **un billete** Geldschein – 136 **ganarse algo** merecerlo – 139 **apoyarse** *aquí:* ponerse – 140 **apretarse contra** (-ie-) sich drücken an – 141 **salvo** außer

Ejercicios

1 Los sentimientos de Rosaura

a) Lee el texto «La fiesta ajena» hasta la línea 129. Explica por qué le pareció a Rosaura que nunca en su vida había sido tan feliz. Utiliza las expresiones de la casilla.

ser feliz; estar contento / orgulloso* / satisfecho; tener ganas de

Ejemplo:
Rosaura estaba muy contenta porque ganaba en los juegos.

b) Explica también lo que la ponía triste. (No es necesario que utilices todas las expresiones.)

llorar; sufrir; sentirse triste; sentir rabia; darle vergüenza

c) Ahora lee el resto del texto. Haz una o dos frases más con las expresiones de la parte a) o b) del ejercicio. Utiliza las que te parezcan más adecuadas para describir los sentimientos de Rosaura al final de la fiesta.

d) Formad grupos y leed todas las frases que habéis hecho para la parte c) y discutid si está contenta Rosaura o no. Buscad frases en el texto para justificar una u otra opinión. Podéis utilizar las ideas de la parte a) y b), pero hay también otras. (… um die eine oder andere Meinung zu belegen …)

2 Teatro

En «La fiesta ajena» hay muchos diálogos. En grupos reescribid otras partes del texto también en forma de diálogo para tener una escena coherente y después representadla. Para ayudaros:
– Elegid las partes del texto que os parezcan las más adecuadas. Si no queréis representar toda la acción, tenéis que estar preparados para justificar vuestra decisión. (… eure Entscheidung zu begründen.)
– Podéis añadir otras personas, invitados, por ejemplo, para que todos los que quieran participar tengan un papel.
– Podéis además hacer otros episodios, inventar otro final, continuar después del final del fragmento…

3 Entre líneas

a) El texto te puede decir cosas que no están escritas expresamente… si lees entre líneas. ¡Inténtalo! (Para ayudarte: Lee otra vez la estrategia «Entender textos mejor II», p. 34.)

1. ¿Por qué le dice la madre a Rosaura que debe decir que es la «hija de la empleada»?
2. ¿Qué piensa la prima de Luciana de Rosaura? ¿Y Rosaura de ella?
3. ¿Qué piensan los otros chicos y chicas de Rosaura?
4. ¿Por qué está la madre tan contenta cuando viene a buscar a Rosaura?

b) Explica el título del texto de la misma manera. ¿Qué piensas?: ¿para quién fue la fiesta en casa de Luciana una «fiesta ajena»? ¿Por qué?

👁 4 El español de Hispanoamérica

a) Ya conoces algunas diferencias entre el español de España y el español de Hispanoamérica. ¿Cuáles?

b) Fíjate en las frases en las líneas 38–43, 50, 55–56, 59–60, 64–66. ¿Cómo se forma la segunda persona del singular del presente? ¿Qué pronombres se utilizan?

c) En el mapa de al lado, los países en los que se utiliza esta forma de hablar están de color rojo. Identifícalos con la ayuda del mapa de la página 194 .

d) Escribe las frases de la parte b) del ejercicio en español de España.

5 ¿A que no lo adivinas?   (Wetten, dass du es nicht errätst?)   (G § 48)

Aquí tienes algunas frases enigmáticas. Pero con la información del texto las entiendes. Pon los sustantivos o frases (subordinadas) correspondientes en lugar de los pronombres para explicar su significado. Explica también la función gramatical de los pronombres.

Ejemplo: Luciana se lo dice.
→ Luciana (le) dice a Rosaura que va a ser la fiesta más hermosa del mundo.
Se es pronombre de objeto indirecto y reemplaza (*ersetzt*) un objeto indirecto femenino; *lo* es pronombre de objeto directo neutro y reemplaza una frase / una subordinada de estilo indirecto.   ▶ **¡Ahora tú!**

1. La madre se lo ha dicho.
2. Rosaura y Luciana siempre se los cuentan.
3. Luciana se lo susurra en la oreja.
4. La chica del moño no se lo cree.
5. La señora Inés se las hace servir.
6. Rosaura se la da.
7. El mago se lo perdona.
8. Rosaura piensa que la señora Inés se los va a dar.
9. Pero la señora Inés se los da.

> ¡Qué práctico!: *se* tiene tres funciones gramaticales diferentes, y *lo* dos.

⇒ 6 Eso es ser amigo/amiga   (G § 48)

Con una amiga / un amigo se hacen cosas que no se hacen con otras personas.

a) Forma frases como en el ejemplo para explicar lo que es un amigo / una amiga.

Ejemplo:
Prestar* el Cd favorito → Uno no le presta el Cd favorito a todo el mundo, pero a un amigo/una amiga sí se lo presta.

contar secretos – proponer salir juntos – pagar la entrada del cine – pedir ayuda – perdonar tonterías – explicar los deberes difíciles – mostrar su cuarto – presentar a su familia

b) Y para ti, ¿qué es ser amigo/amiga? Escribe 3 frases más.

7 Y los regalos... (G § 48)

a) Todos los invitados quieren ver los regalos de Luciana, así que los abre. Los niños empiezan a preguntar y Luciana responde.

Ejemplo: —¿Quién te regaló/ha regalado los libros? —Me los regaló/ha regalado Eduardo.
▶ *¡Ahora tú!*

b) Uno de los invitados no se ha enterado de que Luciana había empezado a abrir los regalos. Entonces le pregunta a la prima de Luciana:

Ejemplo: —¿Quién le regaló/ha regalado los libros? —Se los regaló/ha regalado Eduardo.
▶ *¡Ahora tú!*

8 Lo que pasó en la fiesta (G § 49)

Después de la fiesta, Rosaura le cuenta todo a su abuela. Aquí tienes algunos fragmentos de lo que le dice. Forma frases en el pretérito pluscuamperfecto y utiliza una conjunción adecuada. Puedes cambiar el orden de las partes, si es necesario.

Ejemplo:
Luciana invitarme a la fiesta / (yo) ir a la fiesta.
→ Fui a la fiesta porque Luciana me había invitado.

> adonde / aunque / como / cuando / después de que / donde / porque / que

1. (yo) ir a la cocina / el mago meter el mono en la cocina.
2. (yo) llevar la naranjada al comedor y servir las salchichitas / la señora Inés pedírmelo
3. (yo) cortar la torta / servirla
4. (nosotros) comer todos la torta / venir el mago
5. el hombre con el mono vestirse de mago / empezar el espectáculo
6. nadie ver / desaparecer el mono
7. (yo) ayudar al mago / llamarme «señorita condesa»
8. (yo) querer el regalo / la señora Inés darle un regalo a cada niño
9. la señora Inés darme dos billetes / sacarlos de su cartera
10. (yo) ayudar mucho / no querer dinero

Estrategia: Escribir textos

Bevor du ans Schreiben gehst, hast du den Inhalt deines Textes geplant (vgl. dazu S. 68). Wie dieser sollte auch die sprachliche Ausarbeitung vorbereitet werden. Die Zeit, die du in die Planung investierst, gewinnst du wieder: durch weniger Arbeit und Stress beim Schreiben, durch eine übersichtlichere Arbeit, durch weniger Korrekturen …

1. Sprachliche Vorbereitung

a) Notiere dir alle **wichtigen Wörter und Ausdrücke**, die zum Thema gehören, dann hast du sie beim Schreiben deines Textes schnell parat. Hierbei können z. B. auch deine **Vokabelnetze** gute Dienste leisten. Oder du verfasst deinen **Stichwortzettel auf Spanisch**, zumindest so weit, wie dir die Begriffe gleich auf Spanisch einfallen. Verlass dich nicht darauf, dass du dich an ein Wort auch später wieder erinnern wirst; besonders in Prüfungssituationen solltest du dir diesen unnötigen Stress ersparen.

b) Überlege dir, welche **Redemittel** du zur Verbindung der einzelnen Textteile brauchst. Diese lernst du am besten auswendig, dann brauchst du beim Schreiben nicht lange darüber nachzudenken. Dies ist besonders bei Prüfungsarbeiten wichtig, wenn du unter Zeitdruck stehst. (Bei Hausaufgaben kannst du die Liste mit den Redemitteln auch neben deine Arbeit legen, so lange du sie noch nicht auswendig kannst.)

2. Das Verfassen des Textes

a) Bei Hausarbeiten u. Ä. solltest du zuerst eine **Fassung auf Konzeptpapier** schreiben, da du sicher beim Schreiben nachträglich noch manches ändern und korrigieren willst.

b) Bei Prüfungsarbeiten hast du dazu normalerweise keine Zeit. Aber auch **Korrekturen** können sauber und übersichtlich sein:
– Wenn du ein Wort ändern/verbessern willst, **streiche es einmal** waagerecht **durch** und schreibe das neue Wort über die Zeile. Versuche nicht das Wort zu überschreiben: dann kann deine Lehrerin oder dein Lehrer oft den Fehler und die Verbesserung nicht unterscheiden!
– Schreibe **Ergänzungen** unter den Text und kennzeichne die Stellen, zu denen sie gehören, mit einer fortlaufenden Nummerierung. Dies ist übersichtlicher, als sie zwischen die Zeilen zu schreiben.

c) Vergiss nicht einen **Einleitungs-** und einen **Schlusssatz** (vgl. S. 29).

d) Nimm dir immer die Zeit, deinen Text noch einmal **durchzulesen** und achte dabei besonders auf Fehler, die du häufig machst.

3. Zeiteinteilung

So wichtig Planung und Vorbereitung auch sind, muss dir trotzdem noch genügend Zeit für den Text selber bleiben.
Probiere aus, wieviel Zeit für welchen Arbeitsschritt für dich sinnvoll ist.

El plan es bueno y el texto, ¿qué?

C Querido Florian

Ciudad de México a 21 de julio de 1.998

Querido Florian:

Muchas gracias por tu carta. Me alegró mucho recibir noticias tuyas y supe muchas cosas nuevas e interesantes sobre tu vida en Alemania. No te pude responder enseguida
5 por los exámenes que tuve el mes pasado, pero ahora estoy de vacaciones y tengo tiempo para escribirte sobre mi vida y mi país, para que te den ganas de venir. Te prometí también unas fotos, para que tú y tu familia se hagan una idea de nosotros. Se las envío con esta carta. Algunas son un poco viejas, pero no importa.
En tu carta anterior querías saber cuántos éramos en la familia. Pues, como ya ves en
10 las fotos, tengo un hermano y una hermana, los dos mayores que yo.
Mi hermano Daniel estuvo un tiempo trabajando en los Estados Unidos, en San Diego. Él se fue como tantos otros mexicanos porque la situación económica en México era muy difícil. Nos contó que se había encontrado con muchos hispanos y que hoy en algunas ciudades el español es de nuevo la lengua más importante. Seguro que no sabías que el
15 sur de los EE.UU. formaba parte de México hasta el siglo pasado. Daniel ya volvió a México y encontró trabajo en un hotel en Cancún. Mi mamá está muy contenta y el otro día dijo que Daniel había vuelto a tiempo, porque fue cuando la situación estaba mejorándose. Pero parece que ya viene otra crisis. ¡Ojalá no pierda su empleo!
Mi hermana Paty, que tiene 19 años, va a la UNAM, la universidad más grande y más
20 antigua de Latinoamérica. Yo también quiero estudiar ahí. Mi mamá no trabaja y mi papá trabaja en PEMEX. Claro, también tengo que hablarte de uno más de la familia: nuestro perro Farú.
Me habías preguntado en tu carta si la ciudad de México era bonita. Claro que sí, ya verás. Cuando vengas, visitaremos el Zócalo y los murales de Rivera y un domingo
25 iremos a Xochimilco. Como escribiste que te gustaba el fútbol, también podemos ir a un partido en el estadio Azteca. A mí también me gusta y vi todos los partidos del Mundial de Francia. Aquí todos estábamos muy tristes cuando perdimos contra ustedes, ¡sobre todo porque habíamos jugado mejor! Hasta mi madre y mi hermana pensaban así, y eso que ellas no saben mucho de fútbol. Se lo puedes preguntar cuando vengas. Ya verás lo que

30 te responden.

Es cierto que la ciudad de México es bonita, pero también se dice que es la ciudad más grande y más contaminada del mundo. No sé si es verdad, pero lo que sé es que el tráfico sí es un problema muy serio. Siempre hay muchísimos coches en las calles, no te lo puedes ni imaginar. Para reducir el tráfico y la contaminación, cada día de la semana

35 ciertos coches no tienen permiso para circular. Y los transportes públicos siempre están llenísimos. ¡Es un lío! Pero eso lo vas a ver tú mismo, porque para ir al colegio tenemos que tomar el camión y el metro.

¿Te conté que el uniforme de nuestro colegio eran pantalones azul oscuro y camisa blanca? En una de las fotos nos ves a mí y a mis compañeros en uniforme durante una

40 excursión. No te rías, que tú también lo vas a tener que hacer, porque vas a ir al colegio conmigo, ¿no?

Nosotros también podemos hacer una excursión. Se lo propuse a mis papás y dijeron que tendrían tiempo y que nos podrían llevar a Taxco. Es una ciudad con mucha plata y cerca están las ruinas de Xochicalco, muy lindas, con influencia tolteca y maya. Nos

45 llevarían con gusto y nos las mostrarían, pues los dos son de allí y la conocen muy bien. Yo también viví en Taxco de chiquitito, pero como mi papá no encontró trabajo, nos trajo a toda la familia a la ciudad de México cuando yo tenía tres años.

Bueno, Florian, espero con gusto tu visita.

Saludos a ti y a tu familia.

Miguel

50

Pequeño glosario mexicano
UNAM Universidad Nacional Autónoma de México
PEMEX Petróleos Mexicanos, empresa muy importante para la economía mexicana
el Zócalo plaza grande en el centro de ciudades mexicanas
Xochimilco barrio de Ciudad de México, adonde a los mexicanos les gusta ir los domingos
Taxco ciudad colonial a 160 km al sur de Ciudad de México
tolteca pueblo muy poderoso que vivió hace unos 1000 años en la meseta central

Ejercicios

1 México y los EE.UU.

Miguel dice que
el sur de los EE.UU.
formaba parte de México.

a) Mira el mapa con atención: ¿Cuáles son los estados de los EE.UU. que
en el pasado eran parte del mundo hispano? ¿Cómo puedes verlo en el mapa?

b) Infórmate sobre la historia de México y verifica si tus suposiciones acerca del
territorio mexicano son exactas. ¿Cuándo perdió México estas zonas y por qué?

2 ¡Qué interesante es México!

a) En grupos leed otra vez la carta de Miguel y haced una lista de los aspectos que
menciona de su país. (… die er erwähnt …)

b) Elegid cada uno de vosotros un aspecto que os interese especialmente. Formad
nuevos grupos según los aspectos que habéis elegido. Cada grupo deberá buscar más
información sobre su tema y presentarlo en clase.

3 Los padres siempre quieren saber todo.   (G § 53)

Los padres de Florian también tienen muchas preguntas. En
grupos formulad las preguntas que creéis que ellos puedan hacer
y escribidle una carta a Miguel. Utilizad las siguientes expresiones
(y otras que se os ocurran): (… die euch einfallen.)

Mis padres	me preguntaron	si
	querían	saber	quién
	tienen que		qué
			cómo
			cuántos

No olvidéis las fórmulas
de saludo, de despedida o para saludar
a otras personas. Mirad, por
ejemplo, en las páginas
12/13 y 78/79.

4 Noticias van, noticias vienen. *(G § 53)*

A la clase de español le interesa mucho el viaje de Florian a México y quiere saber todo lo que Miguel contó en su carta.
Elige 10 frases del texto que te parezcan importantes y formula el relato de Florian. Utiliza el estilo indirecto. Aquí tienes una lista de verbos con los que puedes introducir las frases.

> contar / decir / escribir / explicar / informar / preguntar / proponer / responder

Ejemplo: Miguel me escribió que tenía dos hermanos.

5 El que sabe, sabe. *(G § 51)*

a) Florian no conoce bien las costumbres mexicanas, así que le pide consejo a su profesora de español. Ponte en el lugar de la profesora y responde a las preguntas.

Ejemplo: —¿Le tengo que llevar un regalo a la abuela de Miguel? —Sí, llévaselo.

1. —¿Tendré que darles todas las mañanas un beso a la madre y la hermana de Miguel?
   —Sí, creo que tendrás …
2. —¿Les puedo decir a los padres de Miguel si no me guste la comida? —Sí, …
3. —¿Les puedo pedir las llaves de la casa? —No, no creo que …
4. —¿Les tendré que explicar la gramática a Miguel y a sus compañeros? —No, …
5. —¿Debería llevarles información sobre Alemania a los profesores? —No, …
6. —¿Cree que los padres de Miguel nos mostrarán las ruinas de Xochicalco? —Claro, …
7. —¿Cree que nos permitirán hacer excursiones solos? —No, …   **una llave** Schlüssel

b) La profesora también quiere saber algunas cosas. Responde tú en lugar de Florian.

1. ¿Tú ya les has mandado fotos?
2. ¿Ya le has dicho a Miguel que él también puede venir a visitarte?
3. ¿Ya te ha dicho Miguel qué quiere que le lleves?
4. ¿Ya os han mandado los padres de Miguel fotos de ellos?
5. ¿Te has comprado una guía de México?
6. ¿Te ha escrito Miguel cuántos son en la familia?
7. ¿Ya os ha contado qué hacen sus padres?
8. No te olvides de enviarnos una postal de México.

🎧 6 La maleta

a) Escuchad la canción de Rubén Blades en la cinta y buscad en grupos las respuestas a estas preguntas:

1. ¿Por qué ha ido a Nueva York la persona de la que habla la canción?
2. ¿Por qué quiere irse de allí?
3. ¿Qué prefiere de su tierra?

b) ¿Qué creéis?: ¿ha tenido experiencias parecidas Daniel, el hermano de Miguel?

 **7 Regalitos para todo el mundo** (G §§ 48, 51)

Formad grupos. Imaginaos que una persona del grupo se va a México y que va a traerles a los otros regalitos. Preguntadle qué os va a traer de la manera más cortés posible. (…möglichst höflich.) La persona que se va puede responder positiva o negativamente, según lo prefiera, pero tiene que dar razones por las cuales no quiere traer algo. Aquí tenéis una serie de productos de México que muchas veces se regalan. Elegid vosotros.

Ejemplo:
—¿Podrías traerme un …? —Sí, claro que te lo voy a traer. / No, no puedo traértelo, es que …

una caja

un cesto

un bolso

un instrumento tradicional de música

un sombrero

una máscara

dulces

un anillo

pendientes

8 En México (G § 52)

Dos semanas más tarde, Florian está hablando con sus nuevos compañeros mexicanos de su viaje a México. Escribe lo que les cuenta (desde su punto de vista). Para hacer una buena historia, puedes cambiar el orden de las frases y completarla con otras. Cuidado con los tiempos del verbo.

1. Florian tiene un poco de miedo de viajar en avión.
2. Miguel y Florian se conocen en 1997 por carta.
3. La familia de Miguel sabe que el avión de Florian tiene retraso porque los padres de Florian le llaman.
4. Florian va a la sala de espera internacional en el aeropuerto y ahí sabe que el avión tiene dos horas de retraso.
5. En la sala de espera conoce a dos chicos que también van a México por primera vez.
6. Florian no sabe qué hacer durante esas dos horas que tiene que esperar.
7. Con la noticia del retraso, Florian tiene más miedo que antes.
8. Florian todavía no conoce México.
9. Tampoco sabe lo que va a encontrar allí.
10. Florian va en avión a México.

Miguel y yo nos conocimos en 1997 por carta. ▶ *¡Continúa!*

el retraso Verspätung

¡Así se dice!

Texte gliedern	
das Thema vorstellen	Os quiero hablar de/sobre/acerca de los aztecas. Mi trabajo trata de los hispanos en EE.UU.
einen Text oder eine Reihe von Argumenten beginnen	Primero/en primer lugar/para empezar voy a describir la situación en el pasado.
weitere Aspekte nennen	Después/luego/en segundo, tercer, … lugar/para continuar explico las mejoras de los últimos años.
einen Text/eine Reihe von Argumenten beenden	Por último/en último lugar/para terminar quiero mostrar/señalar algunas posibilidades para el futuro.
Textelemente verbinden	
Erklärungen und Erläuterungen	Muchos hispanos viven en EE.UU. porque hay/por los problemas económicos en Latinoamérica. Son muchos, por eso/por esta razón/así que hablan español entre ellos. Es decir que/o sea que algunos no aprenden inglés. Además las clases son en español en ciertos lugares.
neue Aspekte einführen *Argumente abwägen*	Por un lado/por una parte eso es bueno, por otro lado/por otra parte crea problemas.
Gegensätze ausdrücken	Eso les gusta a algunos, mientras que otros piensan que sus hijos se benefician sólo si hablan inglés. Aunque tampoco quieren que olviden su lengua. Otros, en cambio/sin embargo, hablan las dos lenguas perfectamente.

Y de postre

En la escuela indígena

Este cuadro hecho de lana y que mide unos 60 centímetros es típico de la cultura Huichol, un pueblo indígena que vive en el oeste de México. Los huicholes muestran en los cuadros sus mitos, sus realidades y también sus esperanzas.
El gobierno mexicano espera que los niños indígenas aprendan español también. Aquí se puede ver a los niños huicholes en la clase de español. En la pizarra, el profesor les ha escrito las palabras en huichol y su traducción al español.

un cuadro Bild – **la lana** Wolle – **medir** (-i-) messen – **una pizarra** Tafel

Estrategia: Comunicarse sin problemas

Mit einigen Tricks kannst du im Ausland auch dann mitreden, wenn du nicht jedes Wort kennst.

– **Drücke** das, was du sagen willst, **auf andere Weise aus** und umgehe so das fehlende Wort.

– **Frage** nach unbekannten Begriffen
… und verwende dann das neue Wort gleich,
damit es sich einprägt.

> ¿Qué es esto? / ¿Cómo se llama esto?
> ¿Cómo se dice *(dt, engl … Wort)* en español?

– Auch beim Sprechen kannst du dir die Tatsache zunutze machen, dass manche Wörter in verschiedenen Sprachen ähnlich sind. Du kannst also Wörter aus dem Deutschen, Englischen oder einer anderen dir bekannten Sprache **an Stelle des unbekannten Wortes** verwenden, und mit etwas Glück verstehen es deine Gesprächspartner. Aber Vorsicht: Es gibt auch viele sogenannte „falsche Freunde" (= Wörter, die ähnlich klingen, aber etwas anderes bedeuten). Wenn die Anwesenden also belustigt oder befremdet reagieren, solltest du nach einer anderen Möglichkeit suchen, dein Anliegen auszudrücken. Frage auch nach, was du wirklich gesagt hast.

– Verwende **Umschreibungen**. Hierfür brauchst du passende
Oberbegriffe, die näher bestimmt werden (z. B. durch Adjektive,
Objekte, Nebensätze, besonders Relativsätze), z. B.
el lugar donde se pueden enviar cartas y postales (→ Postamt),
una fruta pequeña y roja con algo duro dentro (→ Kirsche)
Auch Gesten oder kleine Zeichnungen können bei Umschreibungen hilfreich sein.

> **Allgemeine Oberbegriffe**
> una persona / cosa que
> el lugar donde / adonde
> el hecho de que
> la acción en la que
> el suceso / acontecimiento (*Geschehen, Ereignis*) cuando

> ¿Por qué no me saludan con un beso? ¿Estarán enfadados conmigo?

Häufig ist es bei Auslandsaufenthalten nicht nur die Sprache, in der man sich nicht so richtig „zuhause" fühlt, sondern auch **Verhaltensweisen und Gewohnheiten**. Leider kann man vieles im Unterricht nicht lernen, weil die Gewohnheiten und Höflichkeitsregeln in den einzelnen spanischsprachigen Ländern sehr unterschiedlich sein können. Was kannst du also überhaupt tun, um nicht ständig in in irgendwelche Fettnäpfchen zu treten?

– **Informiere** dich, z. B. indem du deine/n Briefpartner/in oder deine/n Spanischlehrer/in fragst (wie Florian in Übung 5, S. 81). Nützliche Tipps findest du häufig auch in Reiseführern.

> **Verhaltensweisen erfragen**
> ¿Qué se hace en esta situación?
> ¿Qué hacéis / hacen para …?
> Y aquí, ¿cómo …?

– **Beobachte**, wie die Leute sich in bestimmten Standardsituationen (Begrüßung, Abschied, Einladung …) verhalten.

– Achte darauf, wenn dein Verhalten auf **Irritation oder Verärgerung** stößt, erkläre ggf., weshalb du etwas getan hast, und entschuldige dich, wenn nötig.

> **Sich entschuldigen**
> Perdón / Perdone / Perdona
> Lo siento (*es tut mir leid*)
> Ha sido / Fue un malentendido (… *Missverständnis*)
> Lo he hecho / Lo hice sin querer / sin mala intención (…*böse Absicht*)
> No quería ofenderle / les / te / os (… *verletzen*)

> **Verhaltensweisen erklären**
> Lo que quería decir / hacer era …
> Es que en Alemania …
> Lo he hecho / hice porque …

UNIDAD 5

A ¡Ésa no soy yo!

Creo que fue en los años setenta cuando
Michael Jackson se convirtió en el ídolo de
los jóvenes y cuando la televisión puso de
moda en México el peinado al estilo «afro».
5 Entonces yo, como muchas otras mexicanas,
con la idea de estar a la moda, me hice el
permanente de rizos. Cuando salí del salón
de belleza me sentía como artista de cine:
atraía las miradas de los demás, hombres y
10 mujeres, pero notaba una sonrisa en muchos
de ellos y temía que me encontraran algo
rara. A partir de ese momento cada vez que
me veía en el espejo, mi reacción era la
misma: ¡ésa no soy yo! Entonces prefería
15 no verme y pensar: «al fin los que me ven
son los demás.»

SIN ACNE TE VES MUCHO MEJOR

EL MEDICO DERMATOLOGO TIENE LA SOLUCION

*esa imagen
femenina …
en la
publicidad*

«Para ser bella hay que sufrir»

No es que tuviera complejo de fea, pero me
parecía injusto – y me lo sigue pareciendo –
que los seres humanos quisiéramos tener 20
un único tipo de mujer en el universo: 90-
60-90, de por lo menos 1.70 mts., al estilo
de la muñeca Barbie, y que sólo tuviéramos
como modelos las estrellas de cine europeas
o norteamericanas (blancas al fin). 25
No tenía complejo de fea, pero me había
dejado engañar por la moda y por los medios de comunicación (TV, cine y revistas),
por esa imagen femenina de la mujer blanca,
delgada y alta, más o menos como las que 30
aparecen todavía en grandes carteles de
publicidad. Esperaba que con tal o cual
corte quedara así de guapa y atractiva como
una modelo. No quedaba yo satisfecha con
esos cortes, que sí me hacían sufrir, porque 35
las substancias químicas que en esa época
utilizaban quemaban la cabeza. Aunque las
demás dijeran: «te quedó bien», me repetía
yo delante del espejo: ¡ésa no soy yo!

---

4 **el peinado** forma de llevar el pelo – 7 **el permanente (*mex*) /la permanente** Dauerwelle – **el rizo** Locke –
8 **la belleza** hecho de ser guapo y atractivo – 11 **encontrar (+ *adj*) a alguien** pensar que alguien es como dice
el adjetivo – 18 **un complejo de feo, -a** Minderwertigkeitskomplex, weil man hässlich ist – 24 **una estrella**
aquí: artista de cine muy conocido – 30 **delgado** ↔ gordo – 33 **un corte** forma de hacerse cortar el pelo – 34 **una
modelo** mujer que presenta la moda – 36 **quemar** destruir (como) por el fuego – 38 **quedar bien a una persona** la persona está muy guapa así

«Luchando contra la naturaleza»

40 No sólo sufrí con frecuencia esas torturas en los salones de belleza, sino que también me maquillaba todos los días de la semana. Cuando en la oficina sorprendía a alguna
45 compañera de trabajo que estaba maquillándose, decía: «estoy luchando contra la naturaleza». Creo que aunque se diera cuenta de lo que decía, continuaría luchando de esa forma hasta que consiguiera una piel clara
50 y una imagen seductora. Intentaba darse un aspecto distinto al suyo y, sobre todo, parecido al de las modelos, aunque se gastara buena parte de su sueldo en ello. Si mis amigas en el trabajo hablaban de ese tema, resul-
55 taba que la ropa estrecha y los productos «de belleza» no sólo eran caros, sino que no las hacían felices. «Como a mí» pensaba.

¡Cómo disfrutaba de los fines de semana, sin maquillaje, aunque algunas amigas no
60 me entendieran, pero sobre todo sin los malditos tacones de los hermosos y finos zapatos! La persona que se ponga zapatos con tacones me dará la
65 razón, pero en esa época no pensaba que con los tacones te deformaras la columna vertebral y soportaba valientemente que me dolieran los
70 pies después de bailar toda la noche con, en mi caso, más de 50 kg. sobre cinco diminutos dedos. Ahora que pienso en ello me digo:
75 «¿Cómo fue posible que soportara tantos años ese martirio? y ¿cómo pueden tantas mujeres depender tanto de la moda, de una
80 imagen ajena?»

Años más tarde llegó por fin el momento en que, harta de todo ese disfraz europeizado, renuncié al maquillaje, a los cortes de pelo y a los peinados «permanentes» y me dejé crecer 85 el pelo oscuro y lacio. Empecé a ponerme zapatos de tacón medio, y no me importaba que todos me vieran «como era»: bajita y morena.

Un día hice de intérprete para un grupo 90 de turistas italianos. Ese día oí una frase cortés de labios de una italiana mayor hacia un joven del grupo: «Fíjate en ésta que es más típica». Entonces comprendí que no era necesario que cubriera con cremas y pei- 95 nados mi «típica» imagen; comprendí que era mestiza y me sentía orgullosa de serlo.

Si con y sin maquillaje sigo siendo yo, feliz, sin prejuicios raciales y sociales, entonces me reconozco en el espejo y 100 puedo sonreír contenta: ¡ésa sí soy yo!

Laura R. Carro-K. *ila latina*, septiembre 1996
(texto revisado con el permiso de la autora)

43 **maquillarse** cubrir la cara con productos cosméticos para hacerla más guapa – 44 **sorprender** ← sorpresa – 47 **darse cuenta** enterarse – 49 **claro** ↔ oscuro – 50 **seductor** verführerisch – 52 **gastar(se)** utilizar mucho dinero (para comprar) – 54 **resultar** sich herausstellen – 55 **estrecho** eng – 61 **maldito** verflixt, verflucht – **un tacón** Absatz – 62 **un zapato** Schuh – 67 **deformar(se)** cambiar la forma natural – **la columna vertebral** Wirbelsäule – 68 **soportar** sufrir con paciencia – 73 **diminuto** muy pequeño – **un dedo** Zehe – 83 **un disfraz** ropa o maquillaje que se lleva para no ser reconocido – **europeizado** (*aquí pejor.*) que imita a los europeos – **renunciar a algo** ya no querer utilizarlo o hacerlo más – 86 **lacio** (*del pelo*) sin rizos – 88 **bajito** ↔ alto – 92 **cortés** amable – 94 **comprender** entender – 99 **un prejuicio** Vorurteil

Ejercicios

1 Esa sí es Laura

a) Describe el aspecto (físico) de Laura y su «imagen ideal».

b) Haz una lista de lo que hacían Laura y sus compañeras de trabajo hace algunos años para gustarle a la gente. ¿Les gustaba hacerlo? ¿Por qué (no)?

c) ¿Por qué cambió Laura un día? ¿Cómo se siente desde ese momento?

2 La moda no incomoda

a) ¿Qué significan las siguientes expresiones?:
– una mujer «al estilo de la muñeca Barbie» (l. 22–23)
– «luchando contra la naturaleza» (l. 46–47)
– «ese disfraz europeizado» (l. 83)

b) ¿Por qué habla Laura de prejuicios raciales y sociales (l. 99)? (Piensa en los modelos que quería seguir y en que ella es mestiza. ¿Cúal será la opinión general sobre los indígenas?)

c) Explica el título del texto.

3 ¿Quién será?

a) Haz una lista de las palabras y expresiones que sirven para describir a una persona.

b) Formad grupos. Cada grupo elige a una persona que todos conozcáis (músicos, estrellas de cine, etc.) y la describe. Los otros grupos adivinan quién es. Para la descripción, utilizad las expresiones que habéis encontrado en la parte a) del ejercicio.

4 ¡Increíble, pero cierto!   (G §§ 54, 55)

Laura habla con sus amigas de la época cuando querían gustarle a la gente a toda costa.

> querer que / (no) creer que /
> importar que / molestar que /
> estar orgulloso de que... etc.

a) Ponte en el lugar de Laura y haz las frases que les dirige a sus amigas. Utiliza verbos y expresiones como los de la casilla de arriba para empezar tus frases. No olvides utilizar el imperfecto de subjuntivo cada vez que sea necesario. Puedes tomar las ideas del texto «Ésa no soy yo» o añadir las tuyas, pero tienen que estar de acuerdo con las experiencias de Laura. (... oder anfügen ...)

Ejemplo: Quería que me encontraras / encontraráis / encontraran guapa.

b) Laura también habla de todo lo que cambió después. Forma frases como en la parte a) del ejercicio.

Ejemplo: Deseaba que todos me aceptaran como era.

5 ¿Por qué lo hiciste? *(G §§ 54, 55)*

Ya has aprendido varias conjunciones que se utilizan siempre o a veces con el subjuntivo. Búscalas y forma frases sobre Laura y lo que hizo para estar guapa. Puedes utilizar los resultados del ejercicio 1b).

Ejemplo:
Laura se hizo la permanente de rizos para que todos los demás la miraran.

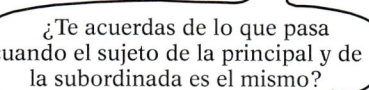

¿Te acuerdas de lo que pasa cuando el sujeto de la principal y de la subordinada es el mismo?

6 Y qué dirán...

a) Mira las ilustraciones que acompañan al texto «Ésa no soy yo». ¿Qué te parece?: ¿Confirman lo que escribe Laura o no? Justifica tu opinión.

b) Elige una de las ilustraciones y escribe un diálogo entre las personas presentes o un monólogo de una de ellas. Utiliza las experiencias de Laura y tus resultados de la parte a) de este ejercicio para escribir unas 10 frases.

7 Todo era mucho mejor. *(G §§ 54, 55)*

Un abuelo se queja de la juventud de hoy. ¿Qué dice? Utiliza ser / estar + adjetivo *o* me parece + adjetivo. *Puedes inspirarte en la foto, en el poema de Gabriel Celaya en la página 67, preguntar a tus padres o abuelos, etc.*

Ejemplo:
Antes no estaba permitido que las chicas llegaran a casa después de las 10, hoy en cambio es normal que lleguen más tarde.

⫸ 8 Para ser bella hay que sufrir

a) ¿Cómo es esto de la belleza y de la moda en tu país / pandilla? ¿Hay también un ideal? ¿Cómo es? ¿Es el mismo para los chicos y las chicas?

b) Escribe en un texto de unas 15 a 20 frases tu opinión sobre el tema «Para ser bella hay que sufrir». Para ayudarte (ver también p. 68 y 77):

– Escribe tus ideas en diferentes hojas o en diferentes lugares de una hoja. Deja mucho espacio entre tus notas. (… viel Platz …)
– Determina las relaciones que hay entre las ideas (consecuencia, contraste, explicación…) y apúntalas con signos, cifras… (Bestimme …)
– Piensa en palabras importantes para el tema y para unir frases.
– No escribas directamente en el cuaderno.
– Cuando hayas terminado el texto, léelo otra vez y fíjate especialmente en los errores que haces con frecuencia.

Estrategia: Trabajar con el diccionario monolingüe

Wie im zweisprachigen Wörterbuch findest du im einsprachigen:
1. das Stichwort, das u. a. die richtige Schreibung angibt
2. die Wortklasse oder grammatische Kategorie
3. eine oder mehrere Bedeutungen sowie Erklärungen zu deren Unterscheidung
4. Hinweise auf übertragene Bedeutungen oder Stilebenen
5. wichtige oder typische Wortverbindungen (Kollokationen) sowie Redewendungen, die das Stichwort enthalten
6. (bei Verben) Hinweis auf ein Konjugationsmuster
7. Synonyme, Antonyme, Wörter mit ähnlicher Bedeutung u. e. m.

▶ **¡Ahora tú!** *¿Qué símbolos o letras utiliza el fragmento del diccionario de al lado para indicar estas informaciones?*

luz |lúθ| **1** *f.* Forma de energía que produce un brillo que permite ver: *la ~ entraba por la ventana; en esta sala hay poca ~; la ~ impresiona nuestras retinas;* ~ **artificial**, la que despiden objetos o aparatos hechos por el hombre: *apaga el tubo fluorecente, que no me gusta la ~ artificial;* ~ **eléctrica**, la producida mediante energía eléctrica: *la ~ eléctrica es limpia y cómoda;* ~ **natural**, la producida por el Sol: *los colores se ven mejor con la ~ natural.* ⇔ **sombra. 2** Objeto o aparato que emite esa forma de energía: *se ha fundido la ~ del cuarto de baño; apaga las luces del coche.* **3** *fam.* Energía eléctrica: *el precio de la ~ ha vuelto a subir este año; esos focos gastan mucha ~.* **4** Espacio abierto en una pared que deja pasar esa forma de energía: *esta casa tiene pocas luces;* ~ **cenital**, la que entra por un espacio

luces. ■ **a todas luces**, de manera clara y segura: *ha sido, a todas luces, una injusticia.* ■ **dar a** ~, expulsar el feto a su madre: *en el hospital, dio a ~ en el taxi.* ⇒ **parir.** ■ **sacar a la** ~, publicar un texto u obra: *en 1605 sacó a la ~ la que sería su más famosa obra.*

Diccionario para la enseñanza de la lengua española. Barcelona: Biblograf

Weshalb überhaupt mit einem einsprachigen Wörterbuch arbeiten?
– In der **Umschreibung** befinden sich oft **zusätzliche Informationen** über die Verwendungsweise; sie sind zudem meist genauer.
– Einsprachige Wörterbücher enthalten meist ausführlichere **Beispielsätze**, die ebenfalls Aufschluss über die Verwendung geben und sich zudem leichter einprägen als grammatische Angaben, z. B. bei Verben, die mit bestimmten Präpositionen gebraucht werden.
– Umschreibungen, Beispielsätze, Redewendungen usw. enthalten **Wortschatz**, den du häufig beim Schreiben eines Textes verwenden kannst, z. B. um die Ausdrucksweise zu variieren.
– Und schließlich: Bei manchen **Prüfungen** ist nur ein einsprachiges Wörterbuch erlaubt.

✗ Es ist nicht wichtig, wenn du in den Erklärungen oder Beispielsätzen des einsprachigen Wörterbuchs **nicht jedes Wort kennst**. Wenn du die Bedeutung des nachzuschlagenden Wortes nicht verstehst, weil die Erklärung mehrere unbekannte Wörter enthält, versuche diejenigen herauszufinden, die für die Definition besonders wichtig sind (z. B. die Oberbegriffe) und **schlage nur diese** auch **nach**.

✗ Beim Schreiben eines Textes profitierst du am meisten, wenn du mit **beiden Wörterbüchern** arbeitest: Du schlägst im zweisprachigen Wörterbuch nach, wie das gesuchte Wort auf Spanisch heißt und überprüfst zusätzlich mit Hilfe des einsprachigen, ob es für deinen Kontext auch passt.

▶ **¡Ahora tú!**
1. *Decide con la ayuda de los fragmentos del diccionario, si la palabra* estrecho *se puede utilizar en las siguientes frases. Primero utiliza sólo el fragmento del diccionario alemán-español. Después controla tus resultados con el diccionario monolingüe. ¿Hay diferencias? ¿Te ha ayudado la información del diccionario monolingüe? ¿En qué?*

1. Este vestido me está ~.
2. En un sentido ~ esta expresión no se puede utilizar aquí.
3. Siempre he tenido una relación muy ~ con mi hermano.
4. La carretera es tan ~ que no pueden pasar dos coches.

2. *Traduce la frase siguiente con la ayuda del diccionario monolingüe español:*
Los campesinos pobres se armaron para recuperar las tierras que los ricos les habían arrebatado.

es·tre·cho, ·cha |estrétʃo, tʃa| **1** *adj.* Que es poco ancho; que es delgado: *la calle es tan estrecha que puedo tocar los dos edificios a la vez; las mujeres suelen tener la cintura más estrecha que las caderas.* ⇔ **amplio, ancho. 2** Que aprieta o es demasiado ajustado; que es demasiado pequeño para su uso: *los zapatos me están estrechos; ¿no te parece estrecha esta habitación para una cama de matrimonio?* **3** *fig.* Que es fuerte o intenso: *tenemos una relación muy estrecha; sometieron al sospechoso a una estrecha vigilancia.* **4** *adj.-s. desp. fig.* Que no se presta fácilmente a tener relaciones sexuales; que tiene ideas conservadoras en relación con el sexo: *esa chica es una estrecha, no me dio ni un beso.* – **5** **estrecho** *m.* Parte de mar poco ancha que separa dos partes de tierra: *el ~ de Gibraltar está entre España y Marruecos.*

Diccionario para la enseñanza de la lengua española. Barcelona: Biblograf

estrecho, a [-tʃo-] **1.** *adj* eng, schmal; *(apretado)* eng; *(íntimo)* eng, vertraut; **2.** *m* Meerenge *f.*

eng *adj* estrecho/a; *(Kleidung)* ajustado/a; *(Sinn, Bedeutung)* estricto/a; *(Horizont)* limitado/a; *(Freundschaft, Verhältnis)* íntimo/a; *etw* ~ **sehen** tomar algo por lo trágico; **das darf man nicht zu ~ sehen** no hay que tomarlo demasiado en serio.

Standardwörterbuch Spanisch – Pons. Stuttgart: Klett

B ¡Tierra y libertad!

En 1910, cuando llegaron los meses de la cosecha, los campesinos estaban desesperados. Las tierras comunales habían sido cercadas por los hacendados, no había dónde cultivar en todo Morelos. La decisión fue radical: tiraron las cercas y se pusieron a sembrar. El ejército los reprimió. Decidieron levantarse en armas.

5 En distintos puntos del país, pequeños grupos de indios y peones tomaron tierras de las haciendas y sembraron bajo la protección de sus armas. Muchos pueblos invadieron y recuperaron las tierras que en años anteriores les habían arrebatado. Así empezó la Revolución Mexicana.

Los jefes revolucionarios más conocidos eran Pancho Villa, Emiliano
10 Zapata y Venustiano Carranza.

Zapata nació en un pueblo de Morelos en 1883 en una familia de humilde origen indio. A los ocho o diez años vio cómo todo un barrio era destruido por los hacendados que usurparon las tierras de la gente sin que fueran castigados.
15 Cuentan que Zapata entonces dijo a su madre: «Cuando sea grande, voy a recuperar las tierras.»

Los revolucionarios vencieron en algunas regiones y finalmente tomaron la capital en 1915. Sin embargo, las luchas continuaron muchos años más porque los jefes revolucionarios estaban desunidos.
20 Diferentes presidentes subieron al poder y prometieron mejorar la situación de los campesinos e indígenas.

Los terrenos, montes y aguas que hayan sido usurpados entrarán en posesión de los pueblos o ciudadanos que puedan demostrar
25 que eran suyos.
La inmensa mayoría de los pueblos y ciudadanos mexicanos no poseen terreno y sufren los horrores de la miseria. No pueden mejorar en nada su condición social ni
30 dedicarse a la industria o a la agricultura, porque las tierras, montes y aguas están monopolizados en unas cuantas manos. Por esta causa se expropiarán, con indemnización, a los poderosos propietarios, para
35 que mejore la situación de los mexicanos.

Fragmento del Plan de Ayala que fue proclamado por Emiliano Zapata el 25 de noviembre de 1911.

2 **comunal** que pertenece a la comunidad o al pueblo – **cercar** umzäunen – **un hacendado** Großgrundbesitzer – 3 **Morelos** provincia al sur de Ciudad de México – **tirar** niederreißen – **ponerse a** empezar a – **sembrar** (-ie-) meter granos (p. ej. de cereales) en la tierra – 4 **un ejército** Heer – **reprimir** unterdrücken – 5 **un peón** Tagelöhner, Landarbeiter – 7 **recuperar** volver a tener lo que se tenía antes – 14 **usurpar** tomar lo que no le pertenece a uno – 17 **vencer** ganar en una lucha o guerra – 20 **el poder** Macht – 24 **un ciudadano** un habitante – 27 **poseer** tener (en su posesión) – 30 **dedicarse a** trabajar en – 33 **expropiar** enteignen – **una indemnización** Entschädigung

¿Y cómo es la situación hoy, casi un siglo más tarde?

«Desde hace 501 años nuestras comunidades están abandonadas, nunca han recibido luz, ni han conocido carreteras, ni agua corriente. Tenemos que caminar siete u ocho horas a pie con el café, el maíz, el frijol… Si tuviéramos, por lo menos, una brecha, podríamos sacar los productos más fácilmente.»

Por eso, para muchísimos mexicanos está claro que, si Zapata viviera, continuaría la lucha a su lado.

Zapata fue asesinado, pero su frase de «tierra y libertad» no ha muerto. Hoy las pintadas de «Zapata vive, la lucha sigue» han inundado México. Zapata vuelve a cabalgar junto a un pueblo en armas, pobre y sin tierras. En Chiapas los indios vuelven a armarse.

Diferentes grupos están luchando en varias regiones de México contra el gobierno. Aquí explican miembros del EZLN (Ejército Zapatista de Liberación Nacional) sus razones para entrar en la lucha armada.

La capitán Maribel tenía sólo 15 años cuando decidió integrarse en el EZLN: «Yo me sentía triste ante la situación de la gente. Entonces decidimos yo y mi hermano que era mejor tomar el camino de la lucha, para que los jóvenes de hoy no sean como los de mañana. Tenemos que ser hoy los jóvenes soldados para que mañana puedan ser maestros y doctores».
«No nos da miedo morir. Muchos han muerto de hambre y enfermedades en los pueblos. Nosotros decimos que es como si siempre estuviéramos en la guerra. Ahorita nos morimos si nos matan. Los que han muerto… pues sí, nos duele, pero era necesario que alguien se muriera, que alguien diera su vida para lograr la libertad y la justicia que no existen en este país. Es más doloroso ver a los niños morirse de enfermedades curables, que el gobierno dice que ya no existen. Durante todo ese tiempo que estuvimos luchando pacíficamente sin obtener nunca nada, se nos murieron muchos, pero muchos niños. Y esto es muy doloroso, y por eso nos decidimos a esto.»

Dicen que si el gobierno les ayudara, no estarían en guerra. La mayoría de los que luchan por los derechos de los indígenas tomarían la misma decisión, si tuvieran que elegir otra vez. Sin embargo, sueñan con el fin de la lucha.

«Si se acabara la guerra, me gustaría hacer lo que siempre me ha gustado: algo que sirva para mi pueblo. Si esto se acabara, quizás trabajaría en algo que tengo que aprender todavía o en algo que ya sepa hacer. Yo espero simplemente un futuro o una sociedad mejor que lo que estoy viviendo. Que todos tengan lo suficiente, educación y comida.»

Guiomar Rovira. ¡*Zapata vive!* La rebelión indígena de Chiapas contada por sus protagonistas. 1994.
(fragmentos adaptados)

39 **la luz** Licht – 41 **el frijol** Bohne – 42 **una brecha** camino pequeño – 46 **una pintada** *slogan* escrito en las paredes de casas, puentes, etc. – 47 **inundar** *aquí:* estar en todas partes – **cabalgar** ir a caballo – 52 **integrarse en** hacerse miembro de – 59 **un maestro** profesor (en una escuela primaria) – 65 **lograr** conseguir – 66 **curable** que se puede curar (*heilen*) – 67 **pacíficamente** sin utilizar violencia – **obtener** (-tengo) conseguir

Ejercicios

1 Así empezó la Revolución

En grupos de tres, leed otra vez el texto «¡Tierra y libertad!» y elegid uno de los siguientes temas. Luego informad a los otros grupos de vuestras soluciones.

a) ¿Por qué hubo una revolución en México en 1910?
b) ¿Cómo empezó la Revolución Mexicana?
c) Comparad la Revolución de 1910 con la situación que se vive en México hoy.

2 La voz pasiva   (G § 58)

a) Busca las frases en voz pasiva del texto «¡Tierra y libertad!».

b) Repítele a tu compañero o compañera el contenido de las frases que encontraste con tus propias palabras. (… den Inhalt …)
¿Te acuerdas? La voz pasiva se utiliza en textos escritos y formales. La voz activa (también la tercera persona del plural o la «pasiva refleja») es la forma oral.

3 La Revolución   (G § 58)

En este dibujo tienes más información sobre la Revolución Mexicana. Escribe un texto de unas 10 a 15 frases. Utiliza la voz pasiva (o una de las formas que puedes utilizar en su lugar) cada vez que sea posible. Cuidado con los tiempos y modos de los verbos.

Ejemplo: En 1910, Porfirio Díaz fue elegido presidente de México.

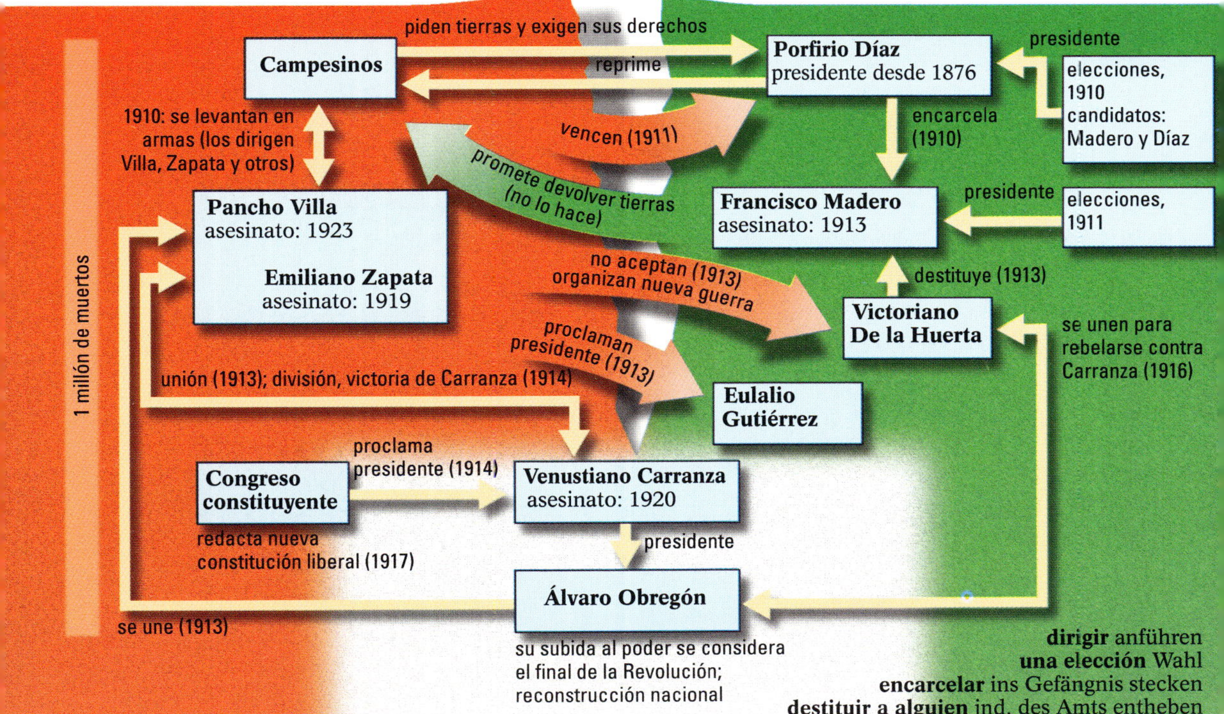

Campesinos

piden tierras y exigen sus derechos

Porfirio Díaz
presidente desde 1876

presidente

elecciones, 1910
candidatos: Madero y Díaz

reprime

1910: se levantan en armas (los dirigen Villa, Zapata y otros)

vencen (1911)

encarcela (1910)

promete devolver tierras (no lo hace)

Pancho Villa
asesinato: 1923

Emiliano Zapata
asesinato: 1919

Francisco Madero
asesinato: 1913

presidente

elecciones, 1911

no aceptan (1913) organizan nueva guerra

destituye (1913)

1 millón de muertos

proclaman presidente (1913)

Victoriano De la Huerta

se unen para rebelarse contra Carranza (1916)

unión (1913); división, victoria de Carranza (1914)

Eulalio Gutiérrez

Congreso constituyente

proclama presidente (1914)

Venustiano Carranza
asesinato: 1920

redacta nueva constitución liberal (1917)

presidente

se une (1913)

Álvaro Obregón

su subida al poder se considera el final de la Revolución; reconstrucción nacional

dirigir anführen
una elección Wahl
encarcelar ins Gefängnis stecken
destituir a alguien jnd. des Amts entheben
una constitución Verfassung

4 Leyendas sobre Emiliano Zapata   *(G § 59)*

Emiliano Zapata sigue siendo un héroe para muchos mexicanos, y hay muchas historias sobre él. Forma frases sobre ellas. Utiliza los verbos en la casilla y la tercera persona del plural.

contar / decir / opinar / prometer

ser un héroe de la Revolución Mexicana – luchar por los campesinos – morir por traición – no estar muerto – ir a volver – ayudar a los pobres – mandar comida en tiempos de hambre – castigar a los ricos – proteger a los indígenas   **una traición** Verrat

5 Para una vida mejor   *(G § 56)*

a) Estos últimos años, campesinos e indígenas hacen oír su voz para exigir sus derechos. Aquí están algunas de sus reivindicaciones. Forma frases como en el ejemplo. (… ihrer Forderungen …)

defender / exigir / esperar / pedir / querer / reclamar

+SUELDOS MEJORES - MISERIA

REPARTICIÓN DE LA TIERRA DE LAS HACIENDAS = JUSTICIA

VIDA EN PAZ SÓLO SI CALLAN LAS ARMAS

MÁS HOSPITALES, MENOS MUERTOS

SIN CARRETERAS NO PODEMOS VENDER

PRECIOS JUSTOS PARA NUESTROS PRODUCTOS PARA GANARNOS LA VIDA

DEVUÉLVANNOS LAS TIERRAS: NO QUEREMOS MORIR DE HAMBRE

RESPETO A LOS INDÍGENAS FIN DE LAS INJUSTICIAS

SÍ A LAS ESCUELAS, NO AL ANALFABETISMO

Ejemplo:
Los campesinos exigen que se les paguen sueldos mejores para que no vivan en la miseria.

b) En una reunión en un pueblo habla mucha gente sobre su situación y sobre lo que podría mejorarse. Forma frases condicionales y utiliza el material de la parte a).

Ejemplo: Si se nos pagaran sueldos mejores, no viviríamos en la miseria.

c) Forma 5 frases condicionales más con la información de la página 90.

6 Ponte en su lugar   *(G § 56)*

En el mundo pasan muchas cosas que apenas nos podemos imaginar… Intenta ponerte en el lugar de las siguientes personas y di lo que harías. Trabajad en parejas. Una persona pregunta y la otra responde.

1. Un campesino mexicano vive en la miseria por el monopolio de los hacendados.
2. Tu hermano tiene una enfermedad grave pero curable y no hay dinero para ir al médico.
3. Un joven indio no puede estudiar porque trabaja todo el día y no encuentra dinero para comprar libros, pero sueña con salir adelante.
4. Un hacendado vive en la capital, ha trabajado mucho para comprar lo que tiene, y los campesinos quieren quitarle sus tierras.
5. El pueblo donde vives no tiene ni agua corriente, ni luz, ni carretera, y tú y tu familia tenéis que trabajar muchísimo y, sin embargo, vivís muy mal.

Ejemplo: —¿Qué harías si fueras un campesino mexicano y vivieras …?
           —Si yo fuera un campesino … lucharía … / me tomaría …

salir adelante
es zu etw. bringen

C Nuestra América

🎧 1. La maldición de Malinche

Del mar, los vieron llegar
mis hermanos emplumados,
eran los hombres barbados,
de la profecía esperada.

5 Se oyó la voz del monarca
de que el dios había llegado
y les abrimos la puerta,
por temor a lo ignorado.

Iban montados en bestias,
10 como demonios del mal,
iban con fuego en las manos
y cubiertos de metal.

Sólo el valor de unos cuantos
les opuso resistencia,
15 y al mirar correr la sangre
¡se llenaron de vergüenza!

Porque los dioses ni comen
ni gozan con lo robado,
y cuando nos dimos cuenta…
20 ya todo estaba acabado.

Y en ese error entregamos
la grandeza del pasado
y en ese error nos quedamos…
¡trescientos años esclavos!

25 Se nos quedó el maleficio
de brindar al extranjero
nuestra fe, nuestra cultura,
nuestro pan, nuestro dinero.

Y les seguimos cambiando
30 oro por cuentas de vidrio
y damos nuestras riquezas
por sus espejos con brillo.

Hoy, ¡en pleno siglo veinte!,
nos siguen llegando rubios
35 y les abrimos la casa,
y los llamamos amigos.

Pero, si llega cansado
un indio de andar la sierra,
lo humillamos y lo vemos
40 como extraño por su tierra.

¡Tú, hipócrita, que te muestras
humilde ante el extranjero,
pero te vuelves soberbio
con tus hermanos del pueblo!

45 ¡Oh, maldición de Malinche!
enfermedad del presente,
¿cuándo dejarás mi tierra?,
¡cuándo harás libre a mi gente!

Gabino Palomares

Quitlauhtique

8 **ignorar** no saber o conocer – 13 **el valor** calidad de una persona que es valiente – 14 **oponer resistencia** (opongo) sich widersetzen – 15 **correr** *aquí:* fließen – 18 **gozar con** disfrutar de – **robar** tomar algo aunque no le pertenece – 21 **entregar** *aquí:* perder – 24 **un esclavo** Sklave – 25 **un maleficio** (böser) Zauber – 26 **brindar** ofrecer – 30 **la cuenta** perla – 38 **la sierra** montañas – 39 **humillar** demütigen – 40 **un extraño** persona que no es miembro de la comunidad o del pueblo – 41 **un hipócrita** Heuchler – 43 **soberbio** hochmütig – 48 **hacer libre** poner en libertad

2. La conquista de México

«Descubierta» en 1492 por Cristóbal
50 Colón, América sufrió muchísimo. La conquista fue una época llena de crueldades.
Los conquistadores que llegaron después
de Colón (por ejemplo Hernán Cortés a
México, Francisco Pizarro a Perú) no sólo
55 les quitaban el oro a los indígenas (y los
mataban cuando no les parecía suficiente)
sino que también los hacían trabajar en
condiciones muy duras en las minas o en
los campos de tabaco, azúcar, etc. Además
60 muchos de ellos morían de las enfermedades que los conquistadores habían llevado.

La cultura de los aztecas era muy
avanzada. Poseían abundantes conocimientos, por ejemplo, de astrología y matemáti-
65 cas. Además eran constructores extra-
ordinarios. Construida en medio de un
lago, Tenochtitlan, la capital azteca, cuyos
edificios eran mucho más altos que los
edificios europeos de la época, sorprendió
70 a los españoles.

Los aztecas acogieron amablemente a
Cortés y a sus soldados. Según su fe, el dios
Quetzalcoatl, cuyo aspecto (alto, blanco,
con barba) era más o menos parecido al de
75 los españoles, se había ido al este hace
muchísimo tiempo. Una profecía decía que
volvería. Los aztecas esperaban su vuelta
para la época en la que Hernán Cortés y sus
soldados llegaron al territorio azteca por el
80 Océano Atlántico.

Los caballos traídos por los soldados
asustaron a los indígenas. Estos animales,
desconocidos para los aztecas, fueron,
junto con las mejores armas, la causa de la
85 victoria española sobre los indígenas, cuyo
número era mucho más elevado.

Malinche también tuvo un papel importante en esa victoria. Ella era una princesa
maya cuyo pueblo había sido conquistado
90 antes por los aztecas. Regalada a Cortés,
aprendió español, fue su intérprete, su
mujer y madre de uno de sus hijos. Por esta
razón los aztecas la acusaron de traición.

México, cuyas materias primas hoy, igual
95 que en aquel tiempo, siguen siendo abundantes, tiene también tierras muy fértiles.
En la actualidad es el sexto productor
mundial de petróleo, el cuarto de maíz y
café y el primero de plata. Pero a los
100 españoles del siglo XVI les interesaba sobre
todo el oro. Muchas veces les daban a los
indios perlas de vidrio o cosas que parecían
valiosas, pero que no lo eran, mientras que
les quitaban el oro y otras materias primas
105 de muchísimo valor.

Hoy en día es la
«economía mundial»,
es decir, grandes
empresas en su
110 gran mayoría
norteamerica-
nas y europeas,
las que deciden
los precios de las
115 materias primas
y de los produc-
tos agrícolas.
Hace unos
años, sus
120 bajos precios
fueron una de las
razones de la
insolvencia de
México, cuya
125 economía de-
pende en gran
parte de las
materias primas
y de los produc-
130 tos agrícolas.

49 **descubrir** encontrar lo que no se conocía – 50 **la conquista** acción de tomar un país con violencia y
contra la voluntad de los habitantes – 51 **la crueldad** acción de una persona a la que le gusta hacer sufrir a
otros – 58 **duro** difícil de soportar – 63 **avanzado** entwickelt, fortschrittlich – 65 **un constructor** quien sabe
construir (*bauen*) muy bien – 93 **una traición** Verrat – 94 **la materia prima** Rohstoff – 96 **fértil** (*de la tierra*)
dónde puede crecer mucha fruta y muchos cereales – 103 **valioso** que tiene mucho valor – 123 **la insolvencia** situación en la que uno no puede pagar sus deudas

Ejercicios

1 Mis hermanos emplumados

a) ¿Qué información sobre el «yo lírico» (= la figura que parece hablar de ella misma) de «La maldición de Malinche» puedes sacar de la canción? (Para ayudarte: Busca sobre todo las frases donde utiliza determinantes posesivos de la 1ª persona.)

b) ¿De qué época(s) habla?

c) ¿Qué pasa cuando una persona como el «yo lírico» encuentra
1. a un extranjero?   *2. a un indio?*

2 La enfermedad del presente

a) Compara el encuentro de los «hermanos emplumados» y los «hombres barbados» (l. 1–24) con el de «nos(otros)» y los «rubios que siguen llegando» (l. 25–36).

b) Explica el título de la canción.

 ### 3 Ahora dilo tú

Resume cada una de las 12 estrofas de la canción con una frase y con tus propias palabras. Si tienes problemas: el texto «La conquista de México» y las ilustraciones te ayudarán a encontrar el significado.

4 Descubierto   (G § 60)

a) Busca en el texto 2 los participios pasados y completa la frase que está escondida tras este participio. (… die sich hinter diesem Partizip verbirgt).

Ejemplo: Descubierta en 1492 por Cristóbal Colón, América sufrió muchísimo.
→ América fue descubierta por Cristóbal Colón. América sufrió muchísimo.

b) ¿Por qué crees que se utilizan estos participios?

c) Explica de la misma manera las formas y el funcionamiento de cuyo, -a *en el texto.*

5 El pasado presente   (G § 60)

a) Describe lo que ves en el dibujo de la siguiente página. Elige unos diez verbos de los que están debajo del dibujo o busca otros y forma frases con participios pasados como en el ejemplo.

para describir un dibujo	
en el dibujo	hay
en el centro	se encuentra
Al fondo (*Hintergrund*)	se pueden ver
a la izquierda / derecha	vemos
al lado │ de…	aparece/n
delante	
detrás	

Ejemplo: Hay una gran ciudad situada en medio de un lago.

b) Forma también frases sobre los acontecimientos representados en el dibujo. Utiliza participios pasados que reemplazan a una subordinada. (… über die Ereignisse …)

Ejemplo: Vencidos por los españoles, los indígenas sufrieron mucho.

acusar – asesinar – asustar – castigar – construir – destruir – exportar – humillar – ignorar –
mandar – matar – proteger – quemar – regalar – respetar – robar – situar – vencer – vestir

6 Puntos de vista

*Aquí tienes dos puntos de vista muy diferentes sobre la conquista de América, uno
latinoamericano y otro europeo. Resúmelos en un texto. (Puedes añadir ideas tuyas,
si quieres.) Utiliza varios recursos estilísticos (p. ej. estilo indirecto, subordinadas relativas, causales o adversativas, participios) para el texto. (… verschiedene Stilmittel …)*

los aztecas / Moctezuma (el rey azteca) / un azteca	los españoles / Hernán Cortés / un soldado español
un pueblo pacífico – poseer una cultura importante – los españoles invadieron el país – tomar la ciudad por engaño – robar las figuras de oro – destruir la fe – hacernos esclavos – asesinar a personas indefensas – sacrificio de hombres por orden de los dioses – Moctezuma nuestro rey	los aztecas peligrosos y crueles – traer la verdadera fe y la cultura europea – descubrir el país – conquistar la ciudad – Cortés regala oro y objetos de valor a sus hombres – enseñar a trabajar a los indígenas – castigarlos – proteger a las víctimas de los sacrificios – Fernando e Isabel reyes del Nuevo Mundo

Los aztecas afirmaron … / acusaron a los españoles …
Los españoles defendieron … / querían …

un rey König

👥 7 Frases cuyas partes se entrelazan (G § 61)

Trabajad en parejas. A lee las dos frases de la casilla izquierda y B las une con la forma correcta del pronombre relativo cuyo.

Ejemplo: Los españoles querían obtener mucho oro. Los indígenas no conocían el valor del oro.	*Ejemplo:* Los españoles querían obtener mucho oro, cuyo valor los indígenas no conocían.
1. El dios Quetzalcoatl se había ido hacía mucho tiempo. Los aztecas esperaban su llegada.	1. El dios Quetzalcoatl, cuya llegada esperaban los aztecas, se había ido hacía mucho tiempo.
2. Los aztecas tenían abundantes conocimientos de astrología y de matemáticas. Su cultura era muy avanzada.	2. Los aztecas, cuya cultura era muy avanzada, tenían abundantes conocimientos de astrología y de matemáticas.
3. Los españoles llegaron con armas. Los aztecas no conocían el efecto de esas armas.	3. Los españoles llegaron con armas, cuyo efecto los aztecas no conocían.
4. Los españoles engañaban con cosas de vidrio a los indígenas. El brillo del vidrio les gustaba a los indígenas.	4. Los españoles engañaban a los indígenas con cosas de vidrio, cuyo brillo les gustaba (a los indígenas).
5. Malinche era una princesa azteca. Sus servicios de intérprete eran muy importantes para Cortés.	5. Malinche, cuyos servicios de intérprete eran muy importantes para Cortés, era una princesa azteca.
6. Los aztecas tenían muchos más soldados que los españoles. Su ejército fue vencido.	6. Los aztecas, cuyo ejército fue vencido, tenían muchos más soldados que los españoles.
7. Hoy en día los mexicanos exportan materias primas. Sus precios cambian constantemente.	7. Hoy en día los mexicanos exportan materias primas, cuyos precios cambian constantemente.

el efecto Wirkung

8 No todo lo que brilla es oro

a) *Describe los dibujos: ¿quiénes son las personas?, ¿dónde se encuentran?, ¿qué hacen?*

b) *¿Qué o a quién crees que critica el dibujante?*

un salvaje Wilder

9 Un milagro económico

La caricatura en la página 95 es de 1995. El autor (un canadiense) la titula «el fundamento de un milagro económico».
a) *¿Cómo veía el autor la situación económica en México?*
b) *Busca información sobre la situación actual: ¿la caricatura sería la misma hoy?, ¿qué es parecido y qué ha cambiado?*

un milagro Wunder

¡Así se dice!

<table>
<tr><td colspan="2">Historische Ereignisse beschreiben</td></tr>
<tr><td>Lebensdaten angeben</td><td>Zapata nació en Morelos en 1883. Murió / Fue asesinado / Lo mataron en 1919.</td></tr>
<tr><td>Beginn und Ende historischer Ereignisse</td><td>La Revolución empezó / comenzó en 1910 y terminó en 1920. Duró desde 1910 hasta 1920 / 20 años. Las luchas continuaron. Durante mucho tiempo / siglos muchos indígenas vivieron en la miseria. Desde hace 5 años / Desde 1994 hay luchas armadas en Chiapas.</td></tr>
<tr><td>Ursachen benennen</td><td>Muchas guerras tienen varias causas / su origen en el pasado / se deben a hechos en el pasado.</td></tr>
<tr><td>Veränderungen aufzeigen</td><td>En esa época, el país cambió profundamente. El país sufrió una crisis. La situación económica (no) mejoró. Un nuevo presidente subió al poder. El país se convirtió en una sociedad moderna.</td></tr>
<tr><td>Errungenschaften und Ergebnisse</td><td>Los campesinos lucharon por «tierra y libertad», pero no las lograron / obtuvieron / consiguieron. El resultado fue aproximadamente 1 millón de víctimas. Hoy en día / En la actualidad / Actualmente sigue habiendo muchos problemas sociales.</td></tr>
</table>

Y de postre

El Día de los Muertos en México

A principios de noviembre se celebra en México, como en muchos países, el Día de los Muertos. Pero en México es una alegre fiesta familiar, pues se cree que los muertos vuelven ese día para hacer lo que más les gustaba en su vida.

el cementerio Friedhof – **una tumba** Grab
una calavera Totenkopf

Las familias van al cementerio y preparan una especie de fiesta en la que los muertos son los invitados principales. Para ellos decoran las tumbas con sus objetos personales, les llevan su comida y bebida favoritas y, si son niños, dulces especiales como esqueletos de mazapán o calaveras de chocolate o azúcar. Durante la fiesta, los muertos, al igual que el resto de la familia, tienen su sitio con comida y bebida. Se habla, se bebe y se canta, todos felices porque creen que sus familiares muertos están con ellos. Cuando la fiesta termina, se comen lo que no han querido sus «invitados» y vuelven a casa contentos.

A Encuentro de tres culturas

La Edad Media en España se caracterizó por la convivencia de tres culturas: la árabe, la cristiana y la judía. Este verano un grupo de jóvenes de estas tres culturas
5 está viajando por España, invitados por el Ministerio de Cultura. Ahora están en Toledo. Visitando la ciudad, descubren un mundo que ha desaparecido.

Juan José: Escuchad un momento, chicos.
10 Esta iglesia se llama Santa María la Blanca, es de los siglos XII y XIII, y fue una sinagoga. En esa época, después de vivir unos cuatro siglos bajo la dominación árabe, los cristianos avanzaron en
15 la Reconquista. Toledo también pasó a ser una ciudad cristiana, pero los judíos y los árabes siguieron viviendo en la ciudad. ¿Alguien sabe hasta cuándo se quedaron en la Península?

20 *Rosa:* Sí, hasta 1492, el año en que Colón descubrió América. Y no se habrían ido, si los Reyes Católicos no hubieran conquistado
25 Granada a principios de ese año, y hubieran

expulsado a los últimos árabes y, después, a los judíos.

Miriam: Sí, en Israel hay muchos sefardíes que guardan todavía la llave de su 30
antigua casa en Toledo. Pensaban que algún día podrían volver.

Rosa: ¿Quiénes son los sefardíes?

Miriam: Son los judíos procedentes de España. Al tener que irse de la Península 35
emigraron a países del Mediterráneo y vivieron allí conservando sus tradiciones y su idioma, el sefardí.

Juan José: Sí, es interesantísimo: el sefardí todavía es como el castellano del siglo 40
XV, con palabras de los diferentes lugares a los que los sefardíes tuvieron que emigrar. Pero igual que ellos se llevaron el castellano, los árabes nos dejaron muchas palabras, 45
por ejemplo, azúcar, algodón, azul, ojalá, alcohol, Guadalquivir, Andalucía, álgebra… Pero, bueno, ahora 50
vamos a entrar a ver la iglesia.

Mahmut: ¡Es preciosa!, pero a mí me parece más un edificio árabe que judío.
55 Fijaos en los arcos, son como los de la Mezquita de Córdoba.

David: Pero los ornamentos son judíos, ¿no, Juan José?

Juan José: Es muy interesante lo que
60 estáis diciendo. Mahmut, ¿sabes que ese arco, el de herradura, pasó aquí, en la Península, al arte árabe? Era un elemento del arte visigodo, o sea, cristiano. Es decir que en este edificio se ve la
65 espiritualidad judía mezclada con elementos árabes y cristianos. También en muchas iglesias podéis ver ornamentos árabes. Un símbolo maravilloso, ¿no os parece?: las diferentes culturas
70 crean obras extraordinarias trabajando juntas, pero no sólo en arte, también en filosofía, en matemáticas y en otras ciencias. Toledo, por ejemplo, fue famoso por su Escuela de Traductores…

75 *Mahmut:* Sí, yo he leído que los árabes o los judíos traducían las obras al español y, después, los cristianos las traducían al latín. Así se conocieron en Europa obras científicas árabes y se re-
80 descubrieron otras obras griegas de medicina, de filosofía…

David: ¡Qué complicado!, textos griegos traducidos al árabe, traducidos al español y traducidos al latín…

85 *Juan José:* Sí, ¿verdad? Pero la Europa medieval habría sido muy diferente, y seguiría siéndolo, si no se hubieran descubierto los textos griegos y árabes. Y sólo en España fue posible hacer ese
90 trabajo, porque sólo aquí vivían en paz estas tres culturas.

Diego: ¡Qué bonito!… y todos fueron felices y comieron perdices. Al oíros hablar, se podría creer que no había
95 problemas en esa época. Si todo hubiera sido tan fácil, los cristianos no habrían luchado contra los árabes y no los habrían expulsado, a ellos y a los judíos.

Juan José: Sí, hubo épocas de mucho
00 fanatismo religioso en las que se sufrió mucho, sobre todo los judíos. Pero en

general se puede decir que la convivencia fue pacífica, mejor que en el resto de Europa por lo menos.

David: Oye, Mahmut, ¿a ti por qué te gusta 105 tanto la historia? Al fin y al cabo todo esto apenas tiene que ver con nosotros.

Mahmut: No sé, simplemente me gusta. Y sí tiene algo que ver con nosotros. Estando aquí, entendemos mejor nuestra 110 cultura y vemos cómo los problemas actuales no son tan distintos a los de entonces: hubo épocas de discordia, pero también de entendimiento. Es bueno saber que la convivencia de diferentes 115 culturas puede ser algo muy positivo y no sólo origen de conflictos.

Miriam: Además, si 120 no hubiéramos venido a lo mejor habríamos tenido que estudiarlo para algún examen 125 y, yo por lo menos, lo habría olvidado poco después. Así no se nos va a olvidar nunca. 130

David: Para mí, lo bueno de este viaje es que, al volver a Israel, tendré un amigo a quien muy probablemente nunca habría conocido 135 allí.

Rosa: ¿No os conocíais antes?

David: No, claro que no. Si me hubiera encontrado con él en Israel, habría desconfiado de él. Pero ahora creo que 140 podemos vivir juntos, que la tolerancia es posible.

Mahmut: Oye, ¿y no creéis que tomando un café vivimos la tolerancia tanto como visitando monumentos? Diego, Rosa, 145 vosotros que sois españoles: ¿hay algún lugar moderno en Toledo?

Rosa: Me temo que no. Aquí hasta los bares son antiguos.

Ejercicios

1 Mahmut, Miriam y los otros

a) ¿Quiénes son las personas que aparecen en el texto «Encuentro de tres culturas»? ¿De qué país / países vienen?

b) El texto habla de las tres culturas que convivían en la España medieval. Recoge la información sobre ellas en tres listas.

c) En grupos elegid una de las tres culturas y buscad más información sobre ella para hacer una presentación en clase.

2 Todo habría sido diferente   (G §§ 63–65)

Completa las frases con la información del texto.

1. La Europa medieval habría sido muy diferente, si …
2. El intercambio cultural no habría sido posible, si …
3. Si la convivencia hubiera sido siempre pacífica, …
4. Si los Reyes Católicos no hubieran conquistado Granada, …
5. Miriam habría olvidado todo enseguida, si …
6. David no habría conocido a Mahmut, si …
7. Si David se hubiera encontrado con Mahmut en Israel, …

 ### 3 ¿Qué habría pasado si...?   (G §§ 63–65)

¿Qué habría sido diferente si las tres culturas no hubieran convivido en España en aquella época? ¿Qué le faltaría a España, a Europa, a la cultura árabe o judía? Busca en el texto información para formar unas 5 a 10 frases. Si tú sabes algo más sobre este tema, puedes formar frases con tu propia información.

Ejemplo:
Si los árabes no hubieran estado en España, los europeos probablemente no habrían conocido el ajedrez.

el ajedrez Schach(spiel)

 ### 4 España en la época de Alfonso el Sabio

Escucha los fragmentos de un programa de la radio española sobre España durante el reinado de Alfonso X el Sabio (1221–1284) y resume la información más importante sobre uno de los siguientes temas:
1. La convivencia de cristianos y árabes durante la Edad Media: ¿Cómo fue en general? ¿Fue siempre igual? Justifica tu opinión.
2. El papel de los judíos.
3. El funcionamiento de la Escuela de Traductores de Toledo.

5 Si lo hubiera sabido... (G §§ 63–65)

a) ¿Qué (no) habría pasado, si las personas de estas escenas hubieran actuado de forma diferente? Piensa también en lo que ha pasado poco antes del momento descrito en los dibujos y en lo que va a pasar después. Forma, por lo menos, tres frases (condicionales) para cada escena.

Ejemplo: Si no hubiera entrado en la tienda, … ▶ ***Continúa.***

b) *Cuenta una de las escenas desde el punto de vista de una de las figuras.*

6 Al leer el texto otra vez (G § 62)

En el texto «Encuentro de tres culturas» aparecen gerundios e infinitivos que, igual que los participios pasados, pueden estar en lugar de frases subordinadas. Búscalas y di cuál es su función gramatical (= la subordinada que sustituyen). (… die sie ersetzen.)

7 Boabdil, último rey de Granada (G § 62)

Reescribe las siguientes frases utilizando el gerundio o el infinitivo.

1. Los árabes conquistaron la Península Ibérica rápidamente y la llamaron al-Andalús.
2. Se interesaron mucho por las artes y las ciencias y así convirtieron Córdoba en el centro intelectual más importante de Europa.
3. Pero como no estaban muy unidos entre ellos, perdieron tierras poco a poco.
4. Los cristianos lucharon durante ocho siglos y lograron reconquistar gran parte de la Península.
5. En la segunda mitad del siglo XV reinó Boabdil, el último rey árabe, y ya sólo poseía el Reino de Granada.
6. Los Reyes Católicos conquistaron Granada y consiguieron así terminar la Reconquista.
7. Boabdil se vio vencido, tuvo que darles la llave de la ciudad a los Reyes Católicos y lloró.
8. Su madre le vio llorar y le dijo: Llora como una mujer lo que no has sabido defender como un hombre.

Estrategia: Traducir textos del español al alemán

Manchmal musst du Texte nicht nur sinngemäß wiedergeben, sondern genau übersetzen. Dies ist jedoch nicht gleichbedeutend damit, jedes spanische Wort einfach durch ein deutsches zu ersetzen.

1. Übersetzen kann man nur, wenn man weiß, worum es geht. **Lies** deshalb immer zuerst **den ganzen Text**, auch wenn du nur einen Teil übersetzen musst. Du findest so u. U. Informationen, die dir helfen, anscheinend rätselhafte Textstellen zu verstehen. Dabei ist es nicht wichtig, dass du jedes Wort verstehst.

2. Kläre die **Bedeutung möglichst vieler Wörter** in der Textstelle, die du übersetzen sollst, z. B. durch **Erschließung** mit den bekannten Techniken (aus dem Kontext, aus anderen dir bekannten Sprachen, aus der Wortfamilie, etc.) oder durch **Nachschlagen im Wörterbuch** (s. dazu S. 89 und *Línea uno*, S. 83). Verwende aber nicht zu viel Zeit auf diese Arbeit. Manches wird auch noch beim Schreiben der Übersetzung klar. Und besonders bei Prüfungsarbeiten ist es besser, einige Wörter auszulassen, als keine Zeit mehr für die Übersetzung selbst zu haben.

3. Fertige zuerst eine **Rohfassung** an, die noch Lücken oder auch vorläufige Übersetzungen enthalten kann. **Markiere** die Stellen, bei denen du noch **unsicher** bist, damit du dich gezielt mit ihnen beschäftigen kannst. Schreibe nur in jede zweite Zeile, damit du Platz zum Korrigieren hast.

Darauf solltest du besonders achten:
– **mehrdeutige Wörter**: Bei der Übersetzung ist nur wichtig, was sie in diesem Kontext bedeuten.
– **bildhafte Ausdrücke** und **Redewendungen**: Meist kann man sie nicht wörtlich übersetzen. Suche stattdessen nach einer passenden deutschen Redewendung.
– **spezifische Konstruktionen** des Spanischen, z. B. „pasiva refleja" oder verkürzte Nebensätze. Da es sie im Deutschen nicht gibt, kann man sie auch nicht Wort für Wort übersetzen. Versuche zu verstehen, was gemeint ist, dann kannst du es auch richtig wiedergeben.
– **verschachtelte Sätze**: Dabei kann es nötig sein, den Satz zu analysieren. Z. B. muss man wissen, auf welches Substantiv sich das Relativpronomen „que" bezieht, damit man es richtig übersetzen kann.

Allgemeine Grundregel: „So frei wie nötig, so nah am Text wie möglich"
Was dies bedeutet, musst du für jeden Text neu entscheiden. Grundsätzlich gilt: Es ist nicht nur erlaubt, sondern manchmal unerläßlich, bei komplizierten Sätzen in der Übersetzung Teilsätze gegenüber dem Original umzustellen, damit auch im deutschen Text die Beziehungen noch klar werden und das Ganze natürlich klingt.

4. Arbeite zunächst **nur mit deiner Übersetzung** weiter und überprüfe, ob der Text wirklich **deutsch** klingt. Wenn möglich, lass vor der Überprüfung etwas Zeit vergehen, damit du das Original nicht mehr im Kopf hast, oder gib deine Übersetzung einer anderen Person zum Lesen. (Das kann auch jemand sein, die nicht Spanisch spricht.) Wer den Originalwortlaut nicht kennt, dem fallen Unstimmigkeiten oder unpassende Ausdrücke im deutschen Text leichter auf.

Aus dem logischen Zusammenhang des Inhalts ergibt sich bei der Arbeit am deutschen Text manchmal auch die (wahrscheinliche) Bedeutung von Lücken. **Verbessere** dann deine Übersetzung.

5. **Kontrolliere** deinen deutschen Text noch einmal am Original und schreibe ihn dann **ins Reine**.

▶ *¡Ahora tú!* Traduce las líneas 1 a 8 del texto «Encuentro de tres culturas».

UNIDAD 6

B ¡Que llegue la paz!

 La película *Las bicicletas son para el verano* nos lleva con la familia de Luis, un chico de 15 años, al Madrid de los difíciles años de la Guerra Civil. Ésta empezó en julio de 1936 con un golpe de estado de los militares contra la joven república española. Fueron dos los bandos que lucharon: por un lado los
5 nacionalistas, de ideología conservadora, que temían una revolución social y entre los que se encontraban desde monárquicos hasta grupos fascistas como la Falange. Y por el otro lado los republicanos, un conglomerado de ideologías diferentes: desde republicanos liberales hasta comunistas y anarquistas. Uno de los últimos es el primo de Luis, Anselmo. Es con él con quien Luis y su padre hablan en la siguiente escena.

10 *Padre:* Pero, ¿a tí, en general, qué te parece todo esto? Porque…, claro,
    como de la radio no puede uno fiarse.
Anselmo: Pero no ves cómo les hemos sacudido… Pero si esto se va a acabar
    enseguida. Les hemos parado, no han pasado… Y la repercusión inter-
    nacional. ¡No veas!… Porque los fascistas se lo han jugado todo a tomar
15   Madrid, y no lo han tomado, y ahora no saben qué hacer. Y además,
    Francia va a abrir la frontera y entonces obtendremos todo lo que
    queramos: armas, víveres, lo que sea. Pero, pero… si esto es cuestión de
    días. La paz está al caer. Una paz cojonuda…

Padre: ¿Sabes lo de tu primo Antonio? Le dieron el paseo.
20 *Anselmo:* Casi no le conocía. ¿Quién?, ¿los de Falange?
Padre: No, bueno, no. No se sabe.
Anselmo: ¡Pero cómo que no se sabe, pero si era un obrero, un carpintero…!
Padre: Sí, pero como trabajaba en un convento…, además era muy religioso…
Anselmo: Un equivocao, hombre, un equivocao. Pero si los curas y los
25   militares se han vendido al capital para hacer la puñeta a los de siempre…
    ¡Pero si eso …, si eso lo ve hasta un ciego! ¿Y tú no trabajas todavía?
Luis: Bueno, sí, trabajo con mi padre en las bodegas. En cuanto acabe esto,
    pues a estudiar…
Anselmo: Oye, me parece cojonudo lo de vuestra colectivización. ¡En Aragón
30   hasta la tierra! ¡Sí señor, hay que trabajar! Primero a crear riqueza y luego a
    disfrutarla. ¡Que trabajen las máquinas! Cuando la Sociedad Libertaria esté
    en marcha, entonces la jornada de trabajo cada vez más corta y la gente: ¡al
    campo, al cine, a disfrutar con los chavales y con las gachises…! Pero, oye,
    pero sin hostias de matrimonio, familia, documentos, juez, ni cura… No,
35   no. ¡Libertad en todo…! Cada cual a su aire, y la propiedad: ni tuyo, ni mío;
    y la educación: igual para todos, ¡eso por descontado! Tú, Luisito, todos los
    libros que quieras, para que luego enseñes a los demás trabajadores. ¡Que
    ahí está la madre del cordero! ¡Va a ser una paz cojonuda!
Padre: ¡Una paz cojonuda!

---

3 **un golpe de estado** acción (muchas veces del ejército) de tomar ilegal y violentamente el poder de un país – 5 **conservador** konservativ – 11 **fiarse de** (-ío) confiar en – 12 **sacudir** verprügeln – 13 **la repercusión** Wirkung – 17 **los víveres** Lebensmittel – **una cuestión** problema, asunto – 18 **cojonudo** geil – 22 **un obrero** trabajador – **un carpintero** Schreiner – 23 **un convento** Kloster – 24 **un equivoca(d)o** Irregeleiteter – **un cura** sacerdote – 25 **el capital** *aquí:* la gente muy rica y poderosa – **hacer la puñeta a alguien** (*vulg*) jdn. schikanieren – 26 **un ciego** persona que no ve – 27 **una bodega** tienda de vino – 32 **la jornada de trabajo** tiempo que se trabaja en un día – 33 **un chaval** (*fam*) chico – **una gachí** (*fam, viejo*) chica – 34 **hostias de** (*vulg*) *aquí:* los malditos – **el matrimonio** boda – 36 **por descontado** *aquí:* seguro – 38 **un cordero** Lamm

40 Los ciudadanos deseaban la paz, pero ésta parecía alejarse cada vez más. A lo mejor si los gobiernos fascistas no hubieran apoyado a los nacionalistas, la paz habría llegado antes, o si el bando republicano hubiera recibido más ayuda del extranjero… Sin embargo, la guerra continuaba y fue en Madrid donde más tiempo se sufrió el asedio y el hambre…

Madre: ¡Que llegue la paz! ¡Que llegue la paz! Si no, vamos a comernos unos a otros.

45 *Padre:* Mira, si las potencias democráticas hubieran ayudado, hace dos años que esto estaría liquidado…

Madre: Si los revolucionarios no hubieran hecho tantas barbaridades al principio, …

Padre: Sí, coño, pero quién tenía razón…

Madre: No lo sé, no lo sé.

50 Por fin, el 1 de abril de 1939 terminó la guerra. El general Franco con sus tropas nacionalistas venció y convirtió España en una dictadura. Si con esa victoria todo hubiera terminado, la vida habría podido volver a la normalidad. Pero en ese momento callaron las armas, no los conflictos políticos ni las revanchas.

Luis: ¿Sabes, papá? ¡Parece mentira! Antes de la guerra, un día Pablo y yo paseábamos por aquí… hablábamos de novelas, de películas de guerra… Y en un momento nos
55 pusimos a imaginar una batalla. Ya sabes, aquí jugando. Los dos estábamos de acuerdo en que, aquí, nunca podía haber una guerra ¡Figúrate!

Padre: Sí, se ve que todo puede ocurrir… Eh, oye Luis, yo… yo quería decirte una cosa. ¿Sabes? Es posible que me detengan…

Luis: ¿Por qué, papa?

60 *Padre:* Pues, hombre, no lo sé… pero están deteniendo a mucha gente, ¿sabes? Y como yo fundé un sindicato y nos incautamos de las bodegas y…

Luis: Pero era para asegurar el abastecimiento, era un asunto de trabajo, no de política.

Padre: Ya, ya, a lo mejor no pasa nada, ¿no? Pero están deteniendo a muchos, ya te digo, por cosas así. Yo lo que quisiera es que…, ¡va, va!…, es que tú no te asustaras, ¿eh? Figúrate
65 cómo se pondrían tu madre y tu hermana, las pobres, pues tú tendrías que animarlas…

Luis: Sí, pero no sé cómo…

Padre: Pues hombre, pues les dices que, al fin y al cabo, una boca menos…

Luis: ¡Qué cosas tienes! ¡Y mamá que estaba tan contenta porque había llegado la paz!

Padre: Es que no ha llegado la paz, Luis, ha llegado la victoria.

Las bicicletas son para el verano. 1984 (fragmentos)

---

41 **apoyar** dar ayuda – 43 **un asedio** Belagerung – 45 **una potencia** país muy poderoso – 46 **liquidar** solucionar, terminar – 47 **una barbaridad** acción violenta, cruel – 48 **¡coño!** (*vulg*) verdammt! – 53 **una mentira** hecho de no decir la verdad – 54 **una novela** Roman – 55 **una batalla** lucha armada entre dos ejércitos – 56 **figurarse** imaginarse – 57 **ocurrir** passieren – 58 **detener a alguien** (*de la policía*) quitarle la libertad – 61 **un sindicato** asociación de trabajadores – **incautarse** beschlagnahmen – 62 **asegurar** hacer seguro – **el abastecimiento** Versorgung – 65 **ponerse** *aquí:* sich aufregen – **animar** Mut machen

Ejercicios

1 Expresiones y alusiones

a) Traduce las expresiones siguientes sin la ayuda del diccionario:

1. ¡No veas! (l. 14)
2. Se lo han jugado todo a tomar Madrid. (l. 14/15)
3. Eso lo ve hasta un ciego. (l. 26)
4. Cada cual a su aire. (l. 35)
5. Ni tuyo ni mío. (l. 35)
6. Ahí está la madre del cordero. (l. 38)
7. Parece mentira. (l. 53)

b) Explica lo que quieren decir las personas con las siguientes frases.

1. Le dieron el paseo. (l. 19)
2. Los curas y los militares se han vendido al capital. (l. 25)
3. Que llegue la paz. Si no, vamos a comernos unos a otros. (l. 44)
4. ¡Qué cosas tienes! (l. 69)
5. Es que no ha llegado la paz, ha llegado la victoria. (l. 70)

2 Los sueños de Anselmo

a) Anselmo sueña con una sociedad mejor, a la que llama «Sociedad Libertaria». ¿Cómo la describe?

b) ¿Cómo cree Anselmo que va a continuar la guerra? ¿Cómo fue realmente?

c) ¿Por qué no se puede saber quién mató a Antonio?

d) Según el texto, ¿de qué lado político crees que estaba el padre de Luis? ¿Por qué va a ser detenido?

3 Nacionalistas y republicanos

¿Qué caracteriza a los dos bandos que lucharon en la Guerra Civil española? Toma información del texto y de los carteles para describirlos. (Intenta saber también de qué subgrupo estás hablando.)

4 La Guerra Civil

Elegid 10 de las siguientes nociones y construid con ellas un cartel en el que resumáis los hechos más importantes de la Guerra Civil. Podéis también utilizar flechas y dibujos para expresar las relaciones entre las nociones.
(... Pfeile ... zwischen den Begriffen.)

la colectivización – los conflictos – el extranjero – el general Franco – el golpe de estado – la Guerra Civil – el hambre – la iglesia – Madrid – los nacionalistas – la paz – los problemas sociales – la República – los sindicatos – el 1 de abril

🎧 5 Vamos a comernos unos a otros

En la cinta tienes otra escena de la película «Las bicicletas son para el verano»: una conversación entre Luis, su hermana Manolita (que tiene un niño pequeño), su padre (que también se llama Luis) y su madre (Dolores).

1. ¿Por qué quiere la madre hablar con toda la familia?
2. ¿Quién se ha tomado la cucharada de lentejas?
3. ¿Es una vergüenza lo que ha pasado? ¿Por qué (no)?

una cucharada ein Löffel voll
las lentejas Linsen

👥 6 Diálogo sobre la guerra

En parejas o grupos imaginaos la situación siguiente: En el verano de 1939, una persona llega del extranjero a Madrid y se encuentra con Luis y su familia.
Haced un diálogo entre esta persona y uno o varios de los personajes que aparecen en el texto «¡Que llegue la paz!». La persona del extranjero no sabe nada de lo que pasó en España en esos tres años y les hace muchas preguntas, reflexiona sobre lo que habría hecho ella o lo que podría haber sido diferente. Utilizad la información del texto (y, si tenéis, otra sobre la época) para las respuestas.

7 Si la paz hubiera llegado antes... *(G §§ 63–65)*

Completa las siguientes frases según el contenido del texto «¡Que llegue la paz!».

1. Si los gobiernos fascistas no hubieran apoyado a los nacionalistas, …
2. Si las potencias democráticas hubieran ayudado, …
3. Si los revolucionarios no hubieran hecho tantas barbaridades al principio, …
4. Si Francia hubiera abierto las fronteras, …
5. Si la paz hubiera llegado antes, …
6. Si Luis se hubiera imaginado que en España podría haber una guerra, …
7. Si con la victoria de los nacionalistas todo hubiera terminado, …
8. Si el padre de Luis no hubiera sido miembro de un sindicato, …

8 ¡Ojalá no lo hubiera hecho! *(G §§ 63–65)*

Elige dos de las siguientes afirmaciones e imagina lo que habría podido ser diferente, y en qué circunstancias. Escribe por lo menos 5 frases para cada afirmación. Intenta variar no sólo las frases principales, sino también las subordinadas (condicionales).

a) (yo) No tenía dinero.
b) El verano pasado no pudimos ir a España.
c) Sólo pensaba en sí mismo.
d) Nunca habían visto a una persona como Angélica.

sí mismo, -a sich selbst

9 Las bicicletas son para el verano (G § 68)

a) Traduce las siguientes frases al alemán. Fíjate especialmente en los artículos determinados: ¿qué diferencias encuentras entre el alemán y el español?

La Guerra Civil empezó en julio de 1936. La guerra es siempre algo horroroso. La familia Álvarez vive en el Madrid de los años 30. Luis tiene los ojos oscuros y el pelo rubio. Le gusta jugar al fútbol. Todos escuchan la radio para tener noticias de la guerra. Y todos desean la paz. Pero los deseos son los deseos y la realidad es la realidad.

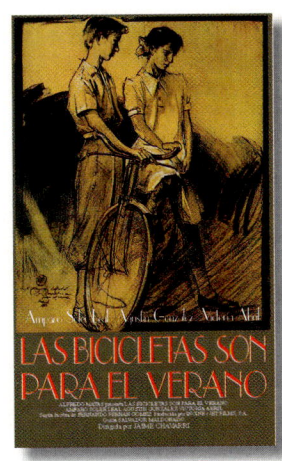

b) Traduce las siguientes frases al español. Fíjate otra vez en los artículos determinados y piensa en lo que has aprendido en la parte a) del ejercicio.

Charito hat dunkle Haare und schöne Augen, und Luis verliebt sich in sie. Liebe (*amor, m*) ist schön, aber nicht immer einfach. Charito macht immer Ausflüge mit dem Fahrrad. Herr Álvarez verspricht Luis ein Fahrrad, aber dann beginnt der Bürgerkrieg. Krieg ist Krieg und Fahrräder sind Fahrräder. Im April 1939 endet der Krieg und Luis hofft, dass er jetzt das Fahrrad bekommt (= dass man ihm jetzt das Fahrrad gibt), weil Fahrräder für den Sommer sind.

10 Es esto lo que yo quiero (G § 66)

Reacciona a lo que dicen las personas como si fueras la persona a la que se dirigen. La información entre paréntesis te ayuda. Destaca el elemento subrayado.
(… Hebe das unterstrichene Element hervor.)

Ejemplo:

> Juan, ¿qué no puedes beber: zumo de tomate o leche?

> *(No puedes beber leche.)*

> Es leche lo que no puedo beber.

▶ *¡Ahora tú!*

① ¡Vais a España estas vacaciones! Barcelona es tan bonita… Nosotros estuvimos el año pasado allí y…

(Vosotros no queréis ir a Barcelona sino a Madrid.)

② ¿Tú eres español, verdad?

(Tú eres alemán, tu madre es española.)

③ ¡No me ayudáis nada en la casa! Siempre estáis jugando al ordenador…

(A ti no te gusta nada jugar al ordenador, a tu hermano sí.)

④ ¿Os venís con nosotros al cine esta tarde?

(Va tu amiga María, tú no puedes y dices por qué.)

⑤ Me encantaría ir a Barcelona a ver el museo de Dalí…

(El museo de Dalí está en Figueras, y en Barcelona está el museo Picasso.)

⑥ Mayo es un mes precioso…

(Tú has nacido en mayo.)

UNIDAD 6

C La unidad en la diversidad

1. Símbolo de la unidad

El Rey de España es hoy el Jefe del Estado de una nación moderna de treinta y seis millones de habitantes que, apreciando su tradición, mira con fe y con optimismo hacia el porvenir.
La Monarquía española se ha comprometido desde el primer día a ser una institución abierta en la que todos los ciudadanos tengan un sitio holgado para su participación
5 política sin discriminación de ninguna clase y sin presiones indebidas de grupos sectarios y extremistas. La Corona ampara a la totalidad del pueblo y cada uno de los ciudadanos, garantizando a través del derecho, y mediante el ejercicio de las libertades civiles, el imperio de la justicia.
La Monarquía hará que, bajo los principios de la democracia, se mantengan en España
10 la paz social y la estabilidad política, a la vez que se asegure el acceso ordenado al Poder de las distintas alternativas de Gobierno, según los deseos del pueblo libremente expresados. La Monarquía simboliza y mantiene la unidad de nuestra nación, resultado libre de la voluntad decidida de incontables generaciones de españoles, a la vez que coronamiento de una rica variedad de regiones y pueblos, de la que nos sentimos orgullosos.

Discurso del rey Juan Carlos I en el Congreso de EE.UU., junio 1976 (fragmentos)

2. España: una monarquía parlamentaria

15 Después de la muerte del general Franco en 1975 empezó un proceso de democratización en España, dirigido por el rey don Juan Carlos I. En 1978, los españoles aprobaron su actual constitución que define a España como un estado social y democrático de derecho. Su forma política es la monarquía parlamentaria. La constitución describe también las instituciones políticas más importantes y su funcionamiento.

20 **el Rey**   **el Gobierno central**

– Jefe del Estado y su más alto representante
– corona hereditaria
– nombra al Presidente del Gobierno a propuesta del Congreso de los Diputados y
25 a los ministros a propuesta del Presidente del Gobierno
– decreta la disolución del Parlamento a propuesta del Presidente del Gobierno

– dirige la política interior y exterior del 30 país
– compuesto por
 ° el Presidente del Gobierno
 ° los ministros (a propuesta del Presidente del Gobierno) 35
– es responsable ante el Congreso de los Diputados

Las Cortes Generales (parlamento)
se componen de dos cámaras:

40 **El Congreso de los Diputados**

– aproximadamente 350 miembros
– elegidos por sufragio universal, libre,
directo y secreto por los españoles
mayores de 18 años por 4 años
45 – elige al Presidente del Gobierno
– vota las leyes
– controla al Gobierno

El Senado

– participa en la legislación
– compuesto por 50
° 4 representantes de cada provincia
elegidos por los habitantes de la
provincia mayores de 18 años por 4 años
° 1 senador por Comunidad Autónoma y
otro más por cada millón de habitantes 55
nombrado por los parlamentos de las
Comunidades Autónomas por 4 años

Las Comunidades Autónomas

ANDALUCÍA   ARAGÓN   CANARIAS   CANTABRIA   CASTILLA-LA MANCHA

CASTILLA Y LEÓN   CATALUÑA   COMUNIDAD DE MADRID   COMUNIDAD FORAL DE NAVARRA   COMUNIDAD VALENCIANA

EXTREMADURA   GALICIA   ISLAS BALEARES   LA RIOJA   PAÍS VASCO

PRINCIPADO DE ASTURIAS   REGIÓN DE MURCIA

– tienen competencias en asuntos internos,
por ejemplo organización de las 60
instituciones, economía, protección del
medio ambiente o asistencia social
– cada una con Parlamento (elegido por
los mayores de 18 años que viven en la
Comunidad Autónoma) y Gobierno 65
regionales

Vocabulario de esta página y de la página anterior *(ver también el ejercicio 1 de la siguiente página)*

la diversidad hecho de que existen muchas cosas diferentes – 2 **apreciar** valorar – **el porvenir** futuro – 4 **holgado** ↔ estrecho – 5 **indebido** no adecuado – 6 **la Corona** *aquí:* el Rey – **amparar** proteger – **la totalidad de** todos los – 7 **a través de** por, con la ayuda de – **mediante** a través de, por – **las libertades civiles** die bürgerlichen Rechte – 8 **el imperio** poder, autoridad – 9 **mantener** conservar – 10 **a la vez** al mismo tiempo – **asegurar** hacer seguro – **el acceso** Zugang – 11 **libre** ← libertad – 13 **el coronamiento** Krönung – 16 **dirigir** organizar, determinar e influenciar – **aprobar** expresar acuerdo con – 17 **la constitución** Verfassung – 22 **hereditario** que pasa a los hijos después de la muerte de los padres – 23 **nombrar** ernennen – 24 **un diputado** miembro del parlamento – 27 **la disolución** Auflösung – 32 **componerse** estar formado – 42 **el sufragio universal** sistema en el que todos los ciudadanos mayores tienen el derecho de participar en las elecciones – 46 **votar** (no) aprobar

Ejercicios

 1 Ambigüedades y falsos amigos *(Zweideutigkeiten …)*

Busca la traducción alemana de las siguientes palabras con la ayuda del diccionario (monolingüe). Cuidado con los diferentes significados. Elige el que sea adecuado al contexto.

1. comprometerse (l. 3) – 2. la discriminación (l. 5) –
3. el ejercicio (l. 7) – 4. los principios (l. 9) –
5. una alternativa (l. 11) – 6. decidido, -a (l. 13)

> El ejercicio de las libertades civiles no es lo mismo que un ejercicio de español.

2 Unidad, diversidad, justicia

a) ¿Cómo caracteriza el Rey a su nación?

b) ¿Qué tiene que hacer y qué quiere hacer la Monarquía / la Corona, según don Juan Carlos?

c) ¿Qué valor tiene el pueblo para el rey? ¿Por qué, según su opinión, es tan importante?

3 Más allá del texto

a) ¿En qué podría pensar el Rey cuando habla de «presiones indebidas de grupos sectarios y extremistas?» (l. 5–6) (Piensa, por ejemplo, en lo que has aprendido en la Unidad 3C sobre el País Vasco o en la Unidad 6B sobre la Guerra Civil.)

b) ¿Qué quiere decir don Juan Carlos cuando dice que la unidad de la nación es el «coronamiento de una rica variedad de regiones y pueblos» (l. 13–14)?

4 El rey y la constitución

Cuando don Juan Carlos dio este discurso, España todavía no era una democracia y no tenía constitución. Sin embargo, algunos de los ideales del rey (que eran también los de muchos españoles) se reflejaron después en la constitución.
¿Cuáles son las instituciones y derechos mencionados en el texto «España: una monarquía parlamentaria» que corresponden a las palabras de don Juan Carlos?

5 Las instituciones alemanas

a) En grupos comparad las instituciones españolas con las alemanas: ¿qué tienen en común y en qué son diferentes?

b) En grupos o con toda la clase preparad un cartel con la explicación de las instituciones políticas alemanas más importantes. Podéis tomar «España: una monarquía parlamentaria» como modelo. Podéis también mostrar las relaciones entre diferentes instituciones con líneas y flechas… e ilustrar vuestro cartel con fotos o dibujos.

6 «Una obra hecha entre todos»

Escucha el fragmento de un programa de radio sobre la constitución española y responde a las preguntas:

1. ¿Cuándo se votó el proyecto de constitución en el Congreso de los Diputados? ¿Cuándo fue aprobado por el pueblo español?
2. ¿Cómo fue el voto: favorable, en contra, abstención? ¿Hubo una gran diferencia entre el voto del Congreso y del pueblo español?
3. ¿Cuáles fueron las razones por las que todos los líderes parlamentarios hicieron, en general, juicios favorables del texto constitucional?
4. Resume algunas de las razones que los diputados dieron para votar sí o no en la discusión parlamentaria.

la abstención Stimmenthaltung – **un juicio** Urteil

Los primeros presidentes del gobierno de la España democrática: Felipe González , Adolfo Suárez, José María Aznar y Leopoldo Calvo Sotelo.

7 La formación de palabras

Ya conoces algunos prefijos que te pueden ayudar a entender palabras desconocidas (ver p. 56). En los textos de la Unidad 6C aparecen varios sufijos que te pueden ayudar de la misma manera. A diferencia de los prefijos, los sufijos cambian en general la función de la palabra. (Hacen, por ejemplo, de un verbo un sustantivo.) (… Vorsilben … Nachsilben …)

a) Explica el significado de las siguientes palabras y la función del sufijo.

Ejemplo: «Incontable» (l. 13) viene del verbo «contar» (*zählen*) y es «unzählig» (nicht zählbar) en alemán. El sufijo -(a)ble hace de un verbo un adjetivo.

1. unidad, diversidad, totalidad (l. 6), variedad (l. 14)
2. participación (l. 4), disolución (l. 27), protección (l. 61)
3. coronamiento (l. 13), funcionamiento (l. 19)

8 En alemán

a) Analiza las dos últimas frases del discurso del rey. Busca la frase principal y las subordinadas y determina la relación entre la principal y las subordinadas (di qué función tienen o de qué palabra dependen). Fíjate también en los participios.

b) Traduce las dos frases al alemán. (Para algunos consejos, mira la página 104.)

9 ¿Qué piensas tú?

Escribe un texto de unas 10 a 15 frases en el que das tu opinión sobre uno de los siguientes temas. (Consejos para expresar tu opinión y para escribir un texto: p. 68 y p. 77.). Ilustra tu opinión con ejemplos concretos.

a) La monarquía no es una forma política adecuada para el siglo XXI.
b) Las regiones y los pueblos con sus diferencias son la riqueza de un país.
c) La discriminación ya no existe en los países modernos.

¡Así se dice!

Das politische System eines Landes beschreiben	
Staatsform	Este país / estado es / se entiende como / se define como una monarquía (parlamentaria) / una democracia / una dictadura / un estado democrático de derecho.
Institutionen	El rey / el presidente es el jefe / el más alto representante del estado. El gobierno decide / dirige la política . El parlamento propone y vota / aprueba las leyes.
Wahlen	Las elecciones se celebran cada 4 años. Los diputados son elegidos por sufragio universal y directo.
Bürgerinnen und Bürger	Los ciudadanos participan en la vida política. Eligen el parlamento. Discuten / Apoyan / (No) se interesan por / (No) aceptan / las decisiones del gobierno / los problemas sociales. Confían en / desconfían de la clase política.
politische Gliederung	El estado / país está compuesto por / formado por regiones / provincias / estados / Comunidades Autónomas.

Y de postre

Cuando Picasso pintó el «Guernica»

Pablo Picasso (nacido en 1881 en Málaga) era ya un pintor conocido, cuando a principios de 1937, el gobierno republicano le propuso hacer un cuadro para el pabellón español de la Exposición Internacional de París de ese verano. Picasso aceptó. Todavía no había decidido el tema, cuando el 26 de abril la Legión Cóndor alemana bombardeó la pequeña ciudad indefensa de Guernica (en vasco: Gernika) en el País Vasco. La ciudad quedó destruida y los 1654 muertos conmocionaron a la opinión pública europea, también al pintor que decidió hacer de este crimen el tema de su pintura. Realizó el cuadro monumental (3,5 x 7,8 m) en poco más de un mes. En él expresa al mismo tiempo el dolor de la población de Guernica y los horrores de la guerra en general.

un cuadro Bild, Gemälde – **conmocionar** erregen

Lektionsbegleitendes Vokabular

Das lektionsbegleitende Vokabular enthält nur den Lernwortschatz der jeweiligen Unidad. Dieser ist nicht vollständig identisch mit dem unbekannten Wortschatz der Lektionstexte, da bei authentischen Texten auf einige spezielle Wörter und Ausdrücke verzichtet wurde; diese sind im Lektionsteil jeweils am Ende des Textes übersetzt oder erklärt. Hier nicht aufgeführt sind außerdem diejenigen Wörter und Ausdrücke, die im Zusammenhang einer Übung erklärt sind sowie diejenigen, die mit den bekannten Lerntechniken erschlossen werden können. Die Erklärung der verwendeten Abkürzungen befindet sich auf S. 10.

Unidad 1

A: Los amigos de Granadilla escriben

hacer amigos	Freunde finden
una postal	eine Postkarte
prometer algo (a alguien)^{M1}	jdm. etw. versprechen
A ti te prometí una postal. (G § 5)	Dir habe ich eine Postkarte versprochen.
lo que^{M1} (G § 2)	(das,) was (Relativpron.)
Jesús recibió muchas postales, lo que le gustó.	Jesús bekam viele Postkarten, was ihm gefiel.
uno, una	eine/r; man
una deuda	die Schuld(en)
Lo que uno promete es deuda.	Was man verspricht, muss man auch halten.
desde (+ Ort)	von ... aus
Te escribo desde Vilafranca.	Ich schreibe dir aus Vilafranca.
la fiesta más típica de Cataluña (G § 1)	das typischste Fest Kataloniens
si (G § 4)	wenn, falls
Si vienes, vamos a ganar.	Wenn du kommst, werden wir gewinnen.
la plaza	der (Markt-)Platz
una torre	ein Turm
aparecer (-zco)	auftauchen, erscheinen
¿Qué tal si aparezco en Salamanca?	Wie wär's wenn ich in Salamanca auftauche?
Esta expresión no aparece en el texto.	Dieser Ausdruck kommt im Text nicht vor.

un día de éstos	dieser Tage, in der nächsten Zeit
Te voy a visitar un día de éstos.	Ich werde dich in den nächsten Tagen besuchen.
¿Qué tal te va?	Wie geht's dir denn so? Wie läuft's bei dir?
anoche	gestern Abend
un autobús	ein Bus, ein Autobus
ir en autobús	mit dem Bus fahren
una estación	ein Bahnhof
en la estación	am Bahnhof
(yo) quise (G § 3)	ich wollte (Indefinido)
un grado	ein Grad (Temperatur)
Aquí hace 41 grados.	Hier hat es 41 Grad.
serio, -a	ernst, ernsthaft
en serio	im Ernst
un lugar	ein Ort, eine Stelle
el/la peor (G § 1)	der/die/das schlimmste
En verano, el peor lugar es Sevilla.	Im Sommer ist Sevilla der schlimmste Ort.
P. D. (= posdata, f)	Nachschrift, P. S.
original	originell, außergewöhnlich
(yo) dije (G § 3)	ich sagte (Indefinido)
tío (fam)	Junge!, Mensch! (Anrede)
reír(se) (G §§ 3, 6)	lachen, sich amüsieren
un montón (fam)	unheimlich (viel)
Nos reímos un montón.	Wir haben uns unheimlich gut amüsiert.
una capea	nicht-professioneller Stierkampf, bei dem die Tiere nicht getötet werden
pocas veces	selten

ir a buscar a alguien	jdn. abholen
Te vamos a buscar a Toledo.	Wir werden dich in Toledo abholen.
la vuelta	der Rückweg, die Rückfahrt
a la vuelta	auf dem Rückweg, auf der Rückfahrt
un molino	eine Mühle
el viento	der Wind
un molino de viento	eine Windmühle
apetecer a alguien (-zco)	Lust zu etw. haben
¿Te apetece ir al cine?	Hast du Lust, ins Kino zu gehen?
¿qué hay?	wie geht's?
(no) … del todo	nicht ganz
No me va mal del todo.	Mir geht's gar nicht schlecht.
el carnet	der Ausweis
una moto	ein Motorrad
sacarse el carnet de moto	den Motorradführerschein machen

Medios de transporte — Verkehrsmittel

Mañana vamos **en autobús** a Gijón.	Morgen fahren wir **mit dem Bus** nach Gijón.
Irene llegó **en moto**.	Irene kam **mit dem Motorrad**.
Siempre voy **en bicicleta** al instituto.	Ich fahre immer **mit dem Fahrrad** zur Schule.
No tomó el autobús, sino que vino **en coche**.	Er nahm nicht den Bus, sondern kam **mit dem Auto**.

aprobar (-ue-) (un examen)	(eine Prüfung) bestehen
un torneo	ein Turnier
el voleiplaya	(der) Strandball
la semana que viene	nächste Woche
La semana que viene va a haber un torneo de voleiplaya.	Nächste Woche findet ein Strandballturnier statt.
la final	das Finale
tener unas pelillas (*fam*)	ein bisschen Geld übrig haben
pasar(se) (G § 6)	(kurz) vorbeikommen, herkommen
¿Por qué no te pasas?	Warum kommst du nicht 'mal vorbei?
pico	ein paar, einige; etwas

tres mil y pico metros	dreitausend und ein paar Meter
a las cinco y pico	um kurz nach fünf
un metro	ein Meter
un pico	ein Berg, ein Gipfel
el pico más alto de España	der höchste Berg/ Gipfel Spaniens
arriba (*adv*)	oben
He estado arriba.	Ich war (dort) oben.
impresionante	beeindruckend
Es otra cosa.	Das ist etwas ganz anderes.
una parte[M1]	ein Teil
una isla	eine Insel
turístico, -a	touristisch
o sea	das heißt
el surf	(das) Surfen
parecido, -a (a)	ähnlich (wie), vergleichbar (mit)
algo parecido	etwas Ähnliches

B: ¡Vamos a España!

Asterix en Hispania

ibérico, -a[M2]	iberisch
la Península Ibérica	die Iberische Halbinsel (Spanien + Portugal)
una época[M2]	eine Epoche, eine Zeit
en esa época	zu jener Zeit, damals
Francia *f*	Frankreich
cuando	als
Asterix está cerca de la frontera cuando ve algo raro.	Asterix ist in der Nähe der Grenze, als er etwas Seltsames sieht.
(estar) permitido, -a	erlaubt (sein)
aumentar	zunehmen, steigen
Los precios han aumentado.	Die Preise sind gestiegen.
desde (+ *Zeitpunkt*)	seit
desde el año pasado	seit letztem Jahr
todo el mundo	alle, jedermann
como sabe todo el mundo	wie jeder weiß, wie allgemein bekannt ist
un viajero	ein Reisender
continuar (algo) (continúo, G § 8)	(mit etw.) weitermachen, (etw.) fortsetzen
siguiente	folgende(r/s)
a (+ *Zeitpunkt*)	am
al día/a la mañana siguiente	am darauffolgenden Tag/Morgen

encontrarse (con alguien)	jdm. begegnen; sich (mit jdm.) treffen
Me encontré con él ayer en la calle.	Ich habe ihn gestern auf der Straße getroffen.
¿Nos encontramos en el café *La Rana*?	Treffen wir uns im Café *La Rana*?
el extranjero	das Ausland
cuando	(dann/jedesmal) wenn
cuando se está en el extranjero (G § 7)	wenn man im Ausland ist
en busca de	auf der Suche nach

Problemas del turismo

incontrolable	unkontrollierbar
destruir algo	etw. zerstören, etw. kaputtmachen
más de (+ *Zahl oder Mengenangabe*)	mehr als
más de un cuarto de los turistas	mehr als ein Viertel der Touristen
más de tres horas	mehr als drei Stunden
el 40 % (= por ciento) (G § 8)	40 %
el 40 % de las costas mediterráneas	40 % der Mittelmeer-küsten
ambiental	Umwelt-
un problema ambiental	ein Umweltproblem
económico, -a	wirtschaftlich (*adj*)
económicamente (G § 10)	wirtschaftlich (*adv*)
ser ambiental y económicamente interesante (G § 10)	unter Umwelt- und wirt-schaftlichen Gesichts-punkten interessant sein
probable	wahrscheinlich (*adj*)
probablemente[M1]	wahrscheinlich (*adv*)
primero, -a	erste(r/s), wichtigste(r/s)
la primera industria	der wichtigste Industrie-zweig
estimar	schätzen, einschätzen
se estima que (G § 7)	man schätzt, dass; es wird geschätzt, dass
viajar	reisen
un/una visitante extranjero, -a	ein/eine Besucher/in ausländisch
un billón (G § 8)	eine Billion
un sector	ein Sektor, eine Branche
aproximadamente	ungefähr (*adv*)
el éxito	der Erfolg

deberse a algo/ a alguien	auf etw./jdn. zurückzu-führen sein, etw./jdm. zu verdanken sein
El éxito se debe a sus esfuerzos.	Der Erfolg ist auf seine/ ihre Anstrengungen zurückzuführen.
en parte	zum Teil
una circunstancia	ein Umstand
el clima	das Klima
deber algo	etw. müssen, etw. sollen (*moralisch verpflich-tet sein*)

Obligaciones	Verpflichtungen
Por la noche **podemos** estar en el jardín, pero **no podemos** hacer ruido.	Wir **dürfen** uns nachts im Garten aufhalten, aber wir **dürfen** kei-nen Lärm machen.
No se **debe** dejar basura en la playa.	Man **darf** keinen Abfall am Strand zurück-lassen.
Tengo que subir a la habitación, porque en la piscina **no está permitido** comer.	Ich **muss** ins Zimmer hinaufgehen, weil man im Schwimmbad **nicht** essen **darf**.
Hay que trabajar para ser algo en la vida.	**Man muss** arbeiten, um es im Leben zu etwas zu bringen.

adecuado, -a	angemessen, geeignet
crear algo	etw. schaffen/erschaffen, etw. erzeugen
pues	denn
el carácter	das Wesen, die Art; der Charakter
Este chico tiene buen carácter.	Dieser Junge hat einen guten Charakter.
una fiesta de carác-ter tradicional	eine traditionelle Art von Fest
un contrato	ein Vertrag
breve	kurz (*zeitl.*)
una visita muy breve	ein sehr kurzer Besuch
finalmente	schließlich, endlich, zuletzt
feo, -a	hässlich
el ruido	der Lärm
ni	nicht einmal
No quiere ni verme.	Er/sie will mich nicht einmal sehen.

No tengo ni una peseta.	Ich habe nicht einmal eine Pesete.
un diente	ein Zahn
lavarse los dientes	sich die Zähne putzen
(estar) contaminado, -a	verschmutzt (sein) (*Umwelt*)
una lata	eine Dose, eine Büchse
(el) plástico	(das) Plastik
depender de	abhängig sein von, abhängen von
La solución de tus problemas sólo depende de ti.	Die Lösung deiner Probleme hängt nur von dir ab / liegt nur an dir.
Esta región depende del turismo.	Diese Region ist vom Tourismus abhängig.
exclusivo, -a	ausschließlich
preocupar a alguien	jdn. beunruhigen, jdm. Sorgen machen
La contaminación preocupa a mucha gente.	Die Umweltverschmutzung beunruhigt viele Leute.
Me preocupan mis padres.	Ich mache mir Sorgen um meine Eltern.
especial	speziell, besonders
una comida de cumpleaños especial	ein besonderes Geburtstagsessen
Especialmente en la Costa del Sol hay muchos turistas.	Besonders an der Costa del Sol gibt es viele Touristen.
largo, -a	lang (*zeitl. und räuml.*)
un río largo	ein langer Fluss
Esta película es larguísima.	Dieser Film dauert sehr lang.
a largo plazo	langfristig, auf lange Sicht
una actividad[M1]	eine Tätigkeit, eine Aktivität
el cambio	die Veränderung; das Auswechseln
notar algo	etw. bemerken
Los cambios se notan.	Man bemerkt die Veränderungen.
demostrar (-ue-) algo	etw. zeigen, etw. beweisen
Estas iniciativas demuestran lo que puede conseguirse.	Diese Initiativen zeigen, was man erreichen kann.
trabajar por algo	zugunsten von / für etw. arbeiten
trabajar por un futuro mejor	für eine bessere Zukunft arbeiten

actual	gegenwärtig, aktuell
actualmente (*adv*)	zur Zeit, augenblicklich

Complementos temporales	Zeitangaben
Desde el año pasado estudio en Madrid.	**Seit** letztem Jahr studiere ich in Madrid.
Empecé a buscar otro piso **hace** unos meses.	**Vor** einigen Monaten habe ich begonnen eine neue Wohnung zu suchen.
La semana pasada puse un anuncio en el periódico.	**Vergangene Woche** setzte ich eine Anzeige in die Zeitung.
Al día siguiente me llamó mucha gente.	**Am nächsten Tag** riefen mich viele Leute an.
Pero **actualmente** los pisos son muy caros.	Aber **zur Zeit** sind (die) Wohnungen sehr teuer.
Anoche un amigo me ofreció una habitación en su piso.	**Gestern Abend** bot mir ein Freund ein Zimmer in seiner Wohnung an.
Un día de éstos voy a ir a verla.	**In den nächsten Tagen** werde ich es mir anschauen.
A lo mejor voy a vivir con él **la semana que viene / la próxima semana** ya.	Vielleicht werde ich schon **nächste Woche** bei ihm wohnen.

intentar (hacer) algo	etw. (zu tun) versuchen
reducir algo (-zco)	etw. verringern, etw. reduzieren
la frecuencia	die Häufigkeit
una toalla	ein Handtuch
un europeo	ein Europäer
irónico, -a	ironisch
Irónicamente muchos turistas quieren en las vacaciones lo que tienen en su país.	Ironischerweise wollen viele Touristen in den Ferien das, was sie zu Hause haben.
muchas veces	oft
un producto	ein Produkt / Erzeugnis
un servicio	eine Dienstleistung
una asociación	eine Vereinigung, ein Verein
el respeto (a algo / alguien)	der Respekt (für etw. / jdn.)

una costumbre	ein Brauch, eine Gewohnheit
algo más que	(noch) mehr als, noch etwas anderes als
Los turistas quieren algo más que sol y playa.	Die Touristen wollen mehr als Sonne und Strand.
claramente (*adv*)	klar, deutlich (*adv*)
Eso se ve claramente.	Das sieht man deutlich.
propio, -a	eigen(e/r/s)
Tengo mi propia habitación.	Ich habe mein eigenes Zimmer.

C: ¿¡Bienvenidos?!

bienvenido, -a	willkommen

1. España es simpatía

la simpatía	die Sympathie
amable	freundlich, liebenswürdig
una forma	eine Form
la forma de ser	das Wesen, die (Lebens-) Art, der Charakter
beneficiar a alguien / algo	jdm./etw. nützen, jdm./ etw. zustatten kommen
El turismo beneficia a la región.	Der Tourismus nützt der Region.
crecer (-zco)	wachsen
El niño ha crecido mucho.	Das Kind ist sehr gewachsen.
El turismo crece todos los años.	Der Tourismus nimmt jedes Jahr zu.
cada vez (que)	jedesmal (wenn)
Cada vez que Sonia me visita, me trae algo.	Jedesmal, wenn Sonia mich besucht, bringt sie mir etwas mit.
cada vez (+ *Komparativ*)	immer (+ *Komparativ*)
El turismo crea cada vez más problemas.	Der Tourismus schafft immer mehr Probleme.
La ecología es cada vez más importante.	Der Umweltschutz wird immer wichtiger.
beneficiarse de algo	aus etw. Nutzen ziehen, von etw. profitieren
ello	das (da), jenes
Todos nos beneficiamos de ello.	Wir alle profitieren davon.
la economía	die Wirtschaft
Somos el pueblo con más amigos.	Wir sind das Volk mit den meisten Freunden.

2. Mallorca en peligro

desde hace (+ *Zeitraum*)	seit (+ *Zeitraum*)
Desde hace unos años, muchos alemanes viven en Mallorca.	Seit einigen Jahren leben viele Deutsche in Mallorca.
interesar a alguien	jdn. interessieren
Mallorca interesa a los alemanes.	Mallorca interessiert die Deutschen.
lógico, -a	logisch
el Mediterráneo	das Mittelmeer; der Mittelmeerraum
una tierra[M2]	ein Land, ein Gebiet
un terreno	ein Grundstück
pasear por un lugar	an einem Ort spazierengehen
único, -a	einzige(r/s)
la única persona en la isla	die einzige Person auf der Insel
por allí	dort, in dieser Gegend
¿Hay un café por allí?	Gibt es dort in der Nähe ein Café?
asustar a alguien	jdn. erschrecken
El ruido del autobús asustó al niño.	Der Lärm des Busses erschreckte das Kind.
poco a poco	langsam, nach und nach, allmählich
desaparecer (-zco)	verschwinden
Poco a poco desaparecen los pequeños pueblos.	Allmählich verschwinden die kleinen Dörfer.
un mapa	eine Landkarte
lo (+ *adj*) (G § 12)	das (+ *adj*)
Esto es lo triste.	Das ist das Traurige.
aceptar algo	etw. akzeptieren, etw. annehmen
aceptar un empleo poco interesante	eine wenig interessante Arbeitsstelle akzeptieren
aceptar la excusa de alguien	jds. Entschuldigung annehmen
una opinión	eine Meinung
Quiso saber nuestra opinión sobre el problema.	Er/sie wollte unsere Meinung zu dem Problem wissen.

3. En Mallorca como en casa

la radio	das Radio, der Rundfunk
afirmar algo	etw. behaupten
cambiar algo	etw. (ver-)ändern

Los alemanes no quieren cambiar sus costumbres.	Die Deutschen wollen ihre Gewohnheiten nicht ändern.
la comida	das Mittagessen
la cena	das Abendessen

Las comidas	**Die Mahlzeiten**
el desayuno	das Frühstück
la comida	das Mittagessen
la cena	das Abendessen
desayunar	frühstücken
comer	(zu Mittag) essen
cenar	zu Abend essen
tomarse algo	etw. zu sich nehmen (essen oder trinken)

reaccionar	reagieren
Reaccionó poco amablemente a mi pregunta.	Er/Sie reagierte ziemlich unfreundlich auf meine Frage.
mismo, -a	selbst, selber
¿Qué dicen los alemanes mismos?	Was sagen die Deutschen selbst?
ante	angesichts, vor, bei
una afirmación	eine Behauptung
¿Cómo reaccionan los alemanes ante esta afirmación?	Wie reagieren die Deutschen auf diese Behauptung?
una compañera	eine (Arbeits-)Kollegin
un ama de casa *f*	eine Hausfrau
me parece bien que (+ *subj*) (*G § 14*)	ich finde es gut/richtig, dass
molestar a alguien	jdn. stören, jdn. ärgern
Me molesta que no sepan español. (*G § 14*)	Es stört mich, dass sie nicht Spanisch sprechen.
estar mal que (+ *subj*) (*G § 14*)	schlecht/nicht richtig sein, dass
Está mal que no ayudes a tus amigos.	Es ist nicht richtig, dass du deinen Freunden nicht hilfst.
una zona	eine Gegend, eine Zone
un cartel	ein Plakat, ein Hinweisschild
¡Oiga!	Hören Sie 'mal!
que (*in Ausrufen*)	schließlich, doch
¡Que estamos en España!	Schließlich sind wir hier in Spanien!
tener miedo	Angst haben

Tengo miedo a los perros.	Ich habe Angst vor Hunden.
Tengo miedo de que perdamos nuestras costumbres.	Ich habe Angst, dass wir unsere Bräuche verlieren.
un extranjero	ein Ausländer
subir	steigen, hinaufgehen
Los precios suben.	Die Preise steigen.
realmente (*adv*)	wirklich (*adv*)
cierto, -a (*G § 15*)	sicher, bestimmt
en ciertas zonas	in manchen Gegenden
una situación	eine Situation
ambos, -as (*G § 15*)	beide
lo peor de todo	das Schlimmste/am Schlimmsten von allem
absurdo, -a	absurd
un medio de comunicación	ein Massenmedium
una imagen (*pl* imágenes)	ein Bild, ein Abbild
como	(in der Eigenschaft) als
Estuve en Palma como turista.	Ich war als Tourist in Palma.
la imagen de Mallorca como una región turística barata	das Bild von Mallorca als billige Touristenregion
un pueblo	ein Volk
(ser) abierto, -a	offen (sein) (*fig*), aufgeschlossen (sein)
un pueblo abierto	ein offenes/herzliches Volk
un jubilado	ein Rentner
injusto, -a	ungerecht
maravilloso, -a	wunderbar, wunderschön
natural	natürlich
una mezcla	eine Mischung
olé	*Ruf zur Aufmunterung beim Stierkampf*
sentirse (-ie-/-i-)	sich fühlen
Me siento español.	Ich fühle mich als Spanier.
Me siento triste.	Ich fühle mich traurig.
un día	eines Tages
Un día se quedaron.	Eines Tages blieben sie.
alegrarse de	sich freuen über
Me alegro de tu éxito.	Ich freue mich über deinen Erfolg.
Me alegro de que vivan aquí muchos alemanes.	Ich freue mich, dass viele Deutsche hier leben.

justo, -a[M1]	gerecht
¿verdad?	nicht wahr?
varios, -as (G § 15)	verschiedene, unterschiedliche, mehrere
Conozco varias culturas.	Ich kenne verschiedene Kulturen.
entenderse	einander (gut) verstehen
Claudio y yo nos entendemos muy bien.	Claudio und ich verstehen uns sehr gut.
integrarse (en)	sich integrieren (in), sich einfügen (in)
La nueva compañera se integró muy bien en la clase.	Die neue Mitschülerin hat sich sehr gut in die Klasse integriert.
respetar algo/a alguien	jdn./etw. respektieren
(ser) tolerante	tolerant (sein)

Unidad 2

A: ¡Bienvenidos a Andalucía!

Andalucía f	Andalusien
bienvenidos a Andalucía	willkommen in Andalusien
una página	eine Seite
en la página 25	auf Seite 25
abrir algo a alguien	etw. für jdn. öffnen
una mirada	ein Blick
por (G § 16)	für, wegen, durch
Por mis exámenes no vamos de vacaciones.	Wegen meiner Prüfungen fahren wir nicht in Urlaub.
Lo he sabido por ti.	Ich habe es durch dich erfahren.
la vista	die Sicht, das Sehen
estar a la vista de alguien/algo	in Sicht(weite) von jdm./etw. sein
unir (y/con)	verbinden, zusammenbringen
unir un grupo con otro	eine Gruppe mit einer anderen verbinden
unir pueblos y continentes	Völker und Kontinente verbinden
un continente	ein Kontinent
una religión	eine Religion

nacer[M2] (-zco)	geboren werden; entstehen
Nací el 26 de junio de 1980.	Ich wurde/bin am 26. Juni 1980 geboren.
El flamenco nació en Andalucía.	Der Flamenco entstand in Andalusien.
formar algo	etw. bilden/formen
un andaluz, una andaluza	ein/eine Andalusier/in
poblado, -a	bewohnt, bevölkert
Andalucía es la Comunidad Autónoma más poblada de España.	Andalusien ist die bevölkerungsreichste Autonome Region Spaniens.
oír algo (oigo)	hören
hacer oír algo	etw. hören lassen, erschallen lassen

Ver y oír	Hören und sehen
Juan **oyó** un ruido raro en el autobús. **Escuchó** con más atención.	Juan **hörte** im Bus ein seltsames Geräusch. Er **hörte** genauer **hin**.
Miró en el interior del autobús, pero a primera **vista** no **vio** nada.	Er **sah sich** im Bus **um**, aber auf den ersten **Blick sah** er nichts.
Empezó a **observar** a la gente: nadie pareció **notar** nada.	Er begann die Leute zu **beobachten**: Niemand schien etwas zu **bemerken**.
Finalmente su **mirada** se dirigió a un hombre – que sacó un teléfono móvil.	Schließlich fiel sein **Blick** auf einen Mann – der ein Handy hervorholte.

famoso, -a	berühmt
la historia	die Geschichte
el valor	der Wert
Esta información tiene muchísimo valor.	Diese Information ist sehr wertvoll.
El valor de la peseta ha aumentado.	Der Wert der Pesete ist gestiegen.
una vocación	eine Berufung
universal	universell, allgemein
por esta razón	deshalb, aus diesem Grund
electrónico, -a	elektronisch
la voluntad	der Wille

corresponder a algo/alguien — etw./jdm. entsprechen, zu etw./jdm. passen

Su nuevo trabajo corresponde a su formación. — Seine neue Arbeit entspricht seiner Ausbildung.

La voluntad de servicio corresponde a nuestro carácter/nos corresponde. — Der Wille zur Dienstleistung entspricht unserem Charakter/passt zu uns.

una viña — ein Weinstock
un olivo — ein Olivenbaum
(los) cereales — (das) Getreide
(el) azúcar — (der) Zucker
(el) algodón — (die) Baumwolle
(las) frutas — (die) Obst(sorten)
la pesca — die Fischerei
la minería — der Bergbau
el arte^M2 — die Kunst
religioso, -a — religiös

B: Cosas de familia

(las) cosas de familia — (die) Familienangelegenheiten

D. (= don^M2) — Herr (*vor männl. Vornamen, besonders höfliche Anrede*)

un cuñado — ein Schwager
una maleta — ein Koffer
hasta (+ *inf*) (*G § 19*) — bis
hasta llegar a Sevilla — bis wir nach Sevilla gekommen sind
una carretera — eine Straße
el que (*Relativpron.*) (*G § 22*) — der, die, das (*Relativpron.*)
la carretera, la que terminaron el año pasado — die Straße, diejenige, die sie im letzten Jahr fertig gestellt haben
pasar — hereinkommen
¡Pasa, pasa, hombre! — Mensch, komm doch herein!
No te quedes ahí. (*G § 20*) — Bleib nicht dort stehen.
una mujercita — *Diminutiv von* mujer, *meist als Koseform für Mädchen verwendet*

¡Cómo has crecido! Eres ya una mujercita. — Wie groß du geworden bist! Du bist ja schon eine richtige Dame!

(el) aspecto — das Aussehen, das Erscheinungsbild
tener buen aspecto — gut (gesund) aussehen
moverse (-ue-) — sich bewegen
para que (+ *subj*) (*G § 18*) — damit
Ven para que te dé un beso. (*G § 17*) — Komm her, damit ich dir einen Kuss geben kann.
¡Ay! — oh!, ach! (*Ausruf der Freude*)
la Virgen — die Jungfrau Maria
la alegría — die Freude, die Fröhlichkeit, die Heiterkeit
¡Ay, la Virgen, qué alegría! — Ach du lieber Gott, was für eine Freude!
D^a (= doña) — Frau, Dame (*vor weibl. Vornamen, besonders höfliche Anrede*)
los/las demás — die anderen, die Übrigen
vaya (*G § 17*) — *subjuntivo von* ir
encantado, -a (*formal*) — sehr erfreut (Sie kennen zu lernen)
gracias por — vielen Dank für
una invitación — eine Einladung
de nada — keine Ursache, gern geschehen

—Muchas gracias por la invitación. —De nada. — – Vielen Dank für die Einladung. – Keine Ursache.

un muchacho — ein Junge, ein junger Mann
una pared — eine Wand, eine Mauer
las fotos de la pared — die Fotos an der Wand
un caballo — ein Pferd
perdonar algo (a alguien) — (jdm.) etw. verzeihen
Perdone. (*G § 21*) — Entschuldigung./Bitte entschuldigen Sie.
la ropa — (die) Kleidung
antes de (*G §§ 18, 19*) — bevor
Antes de que te despidas, te quiero decir una cosa. — Bevor du dich verabschiedest, will ich dir etwas sagen.
Antes de ir a la discoteca, tengo que hacer los deberes. — Bevor ich in die Diskothek gehe, muss ich Hausaufgaben machen.
fijarse en algo/alguien — auf jdn./etw. achten, aufpassen
una caperuza — Kapuze, Haube

reconocer a alguien (-zco)	jdn. (wieder-)erkennen
Juan ha cambiado muchísimo: cuando lo vi la semana pasada, casi no lo reconocí.	Juan hat sich sehr verändert: Als ich ihn letzte Woche sah, hätte ich ihn fast nicht erkannt.
la Semana Santa	die Karwoche (*Woche vor Ostern*)
pasar de alguien a alguien	von jdm. zu jdm. weitergegeben werden
Esta tradición pasa de padre a hijo.	Diese Tradition wird vom Vater an den Sohn weitergegeben.
¡Di!	Sag!
tan	so; so sehr
¡Julio es tan amable!	Julio ist so nett!
preocuparse por algo/alguien	sich um jdn./etw. kümmern, sich Sorgen machen um jdn./etw.
No se preocupen por mí.	Kümmern Sie sich nicht um mich!
una sorpresa	eine Überraschung
contar algo^M1 (-ue-)	etw. erzählen
No me digas.	Was du nicht sagst! Sag bloß!
una noticia	eine Nachricht, eine Neuigkeit
dar la noticia	eine Neuigkeit bekannt geben
callar (algo)	schweigen, etw. verschweigen, etw. für sich behalten
¡Calla!	Psst!, Sei still!
sin que (+ *subj*) (G § 18)	ohne dass
Haz esto sin que los demás noten nada.	Tu das, ohne dass die anderen etwas bemerken.
mientras tanto	währenddessen, inzwischen
Don Pepe está de camino hacia Sevilla. Mientras tanto doña Marisa prepara la casa.	Don Pepe ist unterwegs nach Sevilla. Inzwischen bereitet doña Marisa das Haus vor.
nervioso, -a	nervös
la (primera) comunión	die Erstkommunion
pasar	vorübergehen, vergehen
La lluvia ya ha pasado y sale el sol.	Der Regen ist schon vorbei und die Sonne kommt wieder heraus.

El tiempo pasa muy deprisa cuando te diviertes.	Die Zeit vergeht sehr schnell, wenn du dich amüsierst.
hasta que (*G § 18*)	bis
Espera hasta que ya no llueva.	Warte bis es nicht mehr regnet.
Me fue mal hasta que encontré trabajo.	Mir ging es schlecht, bis ich Arbeit fand.
¿Cómo va todo?	Wie geht's denn so?

Bienestar — Wohlbefinden

¿Cómo está usted?	Wie geht es Ihnen?
¿Qué tal (te va)?	Wie geht's (dir)?
¿Qué hay? Cómo va todo?	Wie geht's denn so?
¿Cómo fue todo/ ¿Qué tal en Gijón?	Wie war's denn in Gijón?/Wie (er)ging's dir in Gijón?
No me va mal del todo.	Mir geht's (eigentlich) gar nicht schlecht.
¡Qué bien estás! ¡Qué buen aspecto tienes!	Wie gut du aussiehst!
Después de mi accidente estuve/ me fue muy mal, pero ahora estoy/ me va mejor.	Nach meinem Unfall ging es mir sehr schlecht, aber jetzt geht es mir besser.
Me siento muy bien, como nuevo.	Ich fühle mich sehr gut, wie neu(geboren).

un invernadero	ein Gewächshaus
un tomate	eine Tomate
(estar) casado, -a	verheiratet (sein)
El casado casa quiere.	Wer verheiratet ist, will sein eigenes Haus haben. (*span. Sprichwort*)
la boda	die Hochzeit
reservar algo	etw. reservieren
reservar un día para una excursión	einen Tag für einen Ausflug freihalten
reservar una habitación en un hotel	ein Zimmer in einem Hotel buchen
la fecha	das Datum
casarse	heiraten
José y Estrellita **se casan**.	José und Estrellita heiraten.
el día de la Ascensión	Christi Himmelfahrt (*Feiertag 40 Tage nach Ostern*)

Dios *m*^{M2}	Gott
¡Dios mío!^{M2}	Mein Gott!
dar alegría a alguien	jdm. eine Freude bereiten
llorar	weinen
dejar hacer algo a alguien	zulassen, dass jmd. etw. tut
Dejadme llorar.	Lasst mich (nur) weinen!
santo, -a	heilig
¡María Santísima!	Heilige Maria!, Um Gottes Willen!
la bisabuela	die Urgroßmutter
morir tranquilo, -a	ruhig/zufrieden sterben
cuando (+ *ind/subj*) (*G § 18*)	(erst) wenn, (dann) wenn
Cuando estemos casados, vamos a comprar una casa.	Wenn wir (erst) verheiratet sind, werden wir ein Haus kaufen.
traerse algo	etw. (schnell) herbringen
el fino	(trockener) Sherry

C: Sol, tierra, mar...

1. El río Guadalquivir

un naranjo	ein Orangenbaum
(la) nieve	(der) Schnee
(el) trigo	(der) Weizen

2. Andalucía hoy

la base (de algo)	die Basis, die Grundlage (von etw.)
la riqueza	(der) Reichtum
una fuente	eine Quelle
la energía	(die) Energie
el progreso	(der) Fortschritt
único, -a	einzigartig, besonders
una forma de vida única	eine einzigartige Lebensweise

3. Andalucía en cifras

una cifra	eine Ziffer, eine Zahl
la superficie	die (Ober-)Fläche
Andalucía es la segunda Comunidad Autónoma en superficie.	Andalusien ist die zweitgrößte Autonome Region.
variado, -a	unterschiedlich, vielfältig, abwechslungsreich
pasar (de un lugar) a un lugar^{M2}	weitergehen, (von einem Ort) an einen Ort gelangen

pasar de la montaña a la costa	vom Gebirge an die Küste fahren
un valle	ein Tal
húmedo, -a	feucht
desértico, -a	Wüsten-, sehr trocken

El paisaje

el campo, una ciudad, un pueblo
un río, el mar
la costa, una península, una isla
un pico, una montaña, una meseta, un valle
la selva, el desierto
una región húmeda/fría/caliente/desértica

tan ... como ... (*G § 26*)	(genau) so ... wie ...
En Andalucía llueve tan poco como en Marruecos.	In Andalusien regnet es so wenig wie in Marokko.
tanto	so sehr, so viel
No hables tanto.	Red nicht so viel!
tanto como ... (*G § 26*)	so viel/sehr wie ...
En algunas zonas llueve tanto como en Irlanda.	In einigen Gegenden regnet es so viel wie in Irland.
Marruecos *m pl*	Marokko
rápido, -a	schnell
un coche muy rápido	ein sehr schnelles Auto
más (*G §§ 23, 24*)	mehr, am meisten
Puedo nadar más rápidamente que tú.	Ich kann schneller schwimmen als du.
La población andaluza es la que crece más rápidamente.	Die andalusische Bevölkerung wächst am schnellsten
el paro	die Arbeitslosigkeit
estar en paro	arbeitslos sein
menos (*G §§ 23, 24*)	weniger, am wenigsten
ganar menos que alguien	weniger verdienen als jmd.
Manuel es el que gana menos.	Manuel verdient am wenigsten.
una tasa	ein Prozentsatz, eine Rate
un parado	ein Arbeitsloser
la tasa de parados	die Arbeitslosenquote
elevado, -a	hoch (*bei Zahlen, Mengen, etc.*)
una tasa de parados muy elevada	eine sehr hohe Arbeitslosenquote

entre	unter, bei
Esta cifra está entre las más altas de Europa.	Diese Zahl ist unter den höchsten in Europa.
el sector de servicios	der Dienstleistungssektor
la agricultura	die Landwirtschaft
principal	hauptsächlich, Haupt-
los principales productos	die Hauptprodukte
(el) aceite	(das) (Speise-)Öl
una oliva	eine Olive
(el) aceite de oliva	(das) Olivenöl
cultivar algo	etw. anbauen
cultivar algodón	Baumwolle anbauen
una cosecha	eine Ernte
a (+ *Zeitraum*)	pro (+ *Zeitraum*)
al año/día	pro/im Jahr, pro/am Tag
Con los invernaderos se consiguen varias cosechas al año.	Durch die Gewächshäuser erreicht man mehrere Ernten pro Jahr.
ocupar algo	etw. einnehmen, etw. ausfüllen
La estantería ocupa toda la pared.	Das Regal nimmt die ganze Wand ein.
ocupar el segundo lugar en importancia	am zweitwichtigsten sein
mientras que	während, wohingegen
La agricultura es muy importante, mientras que la minería es menos importante.	Die Landwirtschaft ist sehr wichtig, während der Bergbau weniger wichtig ist.
hoy en día	heutzutage
atraer algo/a alguien (atraigo)	etw./jdn. anlocken, etw./jdn. anziehen
el territorio	das (Staats-)Gebiet
una empresa	eine Firma, ein Unternehmen

Divisiones geográficas y políticas	Gebietsbezeichnungen (geograph. + polit.)
la superficie	die (Ober-)Fläche
un continente	ein Kontinent
un país	ein Land
el territorio	das (Staats-)Gebiet
una Comunidad Autónoma	eine Autonome Region (Spaniens)
una tierra	ein Gebiet, ein Land
una región	eine Region/Gegend
una zona	ein Gebiet, eine Region
un terreno	ein Grundstück

D: Un viaje horrible

horrible	entsetzlich, schrecklich
convertirse en (-ie-/-i-)	werden zu, sich verwandeln in
Luisa se ha convertido en una verdadera amiga.	Luisa ist zu einer echten Freundin geworden.
La rana se ha convertido en un joven guapísimo.	Der Frosch hat sich in einen wunderschönen jungen Mann verwandelt.
la inmigración	die Einwanderung
un/una inmigrante	ein/eine Einwanderer/in
africano,-a	afrikanisch
el paraíso	das Paradies
el hambre *f*	der Hunger
una guerra	ein Krieg
una aventura	ein Abenteuer
mortal	tödlich
embarcar	an Bord gehen, sich einschiffen
30 personas embarcaron en el «Reina Cristina» en Cádiz.	30 Personen gingen in Cádiz auf der „Reina Cristina" an Bord.
el silencio	die Stille, die Ruhe
en silencio	still, schweigend (*adv*)
Embarcaron en silencio.	Sie gingen schweigend an Bord.
una barca	ein Boot, ein Kahn
apenas	kaum (mehr als), nicht einmal
una barca de apenas 5 metros	ein Boot von kaum mehr als 5 Metern (Länge)
5 metros por 2	2 auf/mal 5 Meter
eran (G § 27)	sie waren (*Imperfecto*)
tenían (G § 27)	sie hatten (*Imperfecto*)
grueso,-a	dick, schwer
un abrigo	ein Mantel
un grueso abrigo	ein dicker/schwerer Mantel
un/una superviviente	ein Überlebender/eine Überlebende
vender algo	etw. verkaufen
así que	so dass, daher
No estaba contento de mi vida, así que pensé: tengo que cambiar algo.	Ich war mit meinem Leben unzufrieden und so dachte ich: ich muss etwas ändern.
tocar a alguien	an der Reihe sein

Había mucha gente en la panadería, pero por fin me tocó a mí.
In der Bäckerei waren viele Leute, aber endlich war ich an der Reihe.

un billete
eine Fahrkarte, ein Fahrschein

(estar) incluido, -a
eingeschlossen (sein), enthalten (sein)

En el precio de la entrada está incluida una bebida.
Im Eintrittspreis ist ein Getränk enthalten.

un pasaporte
ein Pass, ein Ausweis

levantarse (*de cosas*)
sich erheben, aufkommen (*von Dingen*)

Se levantó mucho viento.
Es kam starker Wind auf.

el aire
die Luft; *hier:* der Luftzug, der Wind

una ola
eine Welle

Buen tiempo	Mal tiempo
Hace buen tiempo: Aquí hace sol. Hace mucho calor y hace 39 grados. A veces aparecen algunas nubes y se levanta aire/viento.	Hace mal tiempo: Aquí no hace sol. Hace frío y llueve. A veces la lluvia se convierte en nieve. Cuando hace mucho viento, hay olas enormes en el mar.

acordarse de (-ue-)
sich erinnern an

No la he visto desde hace muchos años, pero me acuerdo bien de ella.
Ich habe sie seit vielen Jahren nicht gesehen, aber ich erinnere mich gut an sie.

un reloj
eine Armbanduhr

a las tres horas
nach drei Stunden

el medio
die Mitte

en medio de
inmitten von

con vida
lebend, lebendig

distinguir algo/ a alguien (de algo/ alguien)
etw./jdn. erkennen, etw./jdn. (von etw./jdn.) unterscheiden

Clara y su hermana son muy parecidas. Es difícil distinguir a una de la otra.
Clara und ihre Schwester ähneln sich sehr. Es ist schwierig, sie zu unterscheiden.

Distinguía a mis compañeros en medio de las olas.
Ich konnte meine Kameraden inmitten der Wellen sehen/erkennen.

(estar) muerto
tot sein

A las 8 horas todos estaban muertos.
Nach 8 Stunden waren alle tot.

llevar (+ *Zeitraum*)
sein, (Zeit) verbringen

Brahim llevaba 11 horas en el mar.
Brahim war 11 Stunden lang im Meer.

Llevo una semana aquí.
Ich bin seit einer Woche hier.

helado, -a
eiskalt, eisig

rescatar a alguien
jdn. retten, jdn. befreien

un barco
ein Schiff

quedar
(übrig) bleiben, (übrig) haben

Me quedaba poco tiempo.
Mir blieb nicht mehr viel Zeit.

Les quedaba poca agua.
Sie hatten nur noch wenig Wasser.

tener frío
frieren, kalt sein

Tenía mucho frío.
Mir war sehr kalt.

tragar algo
etw. schlucken, etw. hinunterschlucken

acompañar a alguien
jdn. begleiten

soñar (-ue-) con algo/alguien
von etw./jdn. träumen

El amigo de Brahim soñaba con llegar a Europa.
Brahims Freund träumte immer davon, nach Europa zu kommen.

Anoche soñé contigo.
Heute Nacht habe ich von dir geträumt.

de nuevo
wieder, noch einmal

Brahim lo va a intentar de nuevo.
Brahim wird es wieder versuchen.

matar a alguien
jdn. töten/umbringen

la muerte^M1/M2
der Tod

perseguir a alguien (-i-)
jdn. verfolgen

huir (huyo)
fliehen

la necesidad
die Not, die Notwendigkeit

quitar algo a alguien
jdm. etw. wegnehmen

Pablito le quitó la tarta a su hermana.
Pablito nahm seiner Schwester den Kuchen weg.

Los inmigrantes no les quitan el trabajo a los españoles.
Die Immigranten nehmen den Spaniern keine Arbeit weg.

un francés, una francesa
ein Franzose/eine Französin

E: Andalucía en fiesta

1. Semana Santa

una procesión	eine Prozession, ein Umzug
inmenso, -a	sehr groß, immens
(el) oro^M2	(das) Gold
un ojo	ein Auge
(el) vidrio	(das) Glas (als Material), die Glasscheibe
una botella de vidrio	eine Glasflasche
brillar	glänzen, leuchten
Los vasos brillan.	Die Gläser glänzen.
cubrir algo	etw. bedecken/zudecken
un miembro	ein Mitglied
(estar) vestido, -a de	gekleidet/verkleidet als
Pedro va a la fiesta vestido de torero.	Pedro geht als Torero verkleidet zum Fest gehen; marschieren
marchar	gehen; marschieren
vestido, -a (con)	bekleidet (mit)
Hacía calor, pero el chico estaba vestido con un abrigo.	Es war heiß, aber der Junge war mit einem Mantel bekleidet.
un pie	ein Fuß
descalzo, -a	barfuß
una espina	eine Dorne
cantar	singen
lento, -a	langsam
pasar	vorüberziehen
La procesión pasaba delante de la iglesia.	Die Prozession zog an der Kirche vorbei.
una banda de música	eine Musikkapelle, eine Band
alegre	fröhlich, lustig
una flor	eine Blume, eine Blüte
un son	ein Ton, ein Laut
bailar al son de la música	zum Klang der Musik tanzen
gritar	schreien, rufen
una representación	eine Darstellung
una escena	eine Szene
una figura	eine Figur
el pelo	die Haare, die Frisur
un hombro	eine Schulter
el estilo	der Stil

2. La Romería del Rocío

una parte	ein Ort, eine Gegend
gente de todas partes de España	Leute aus allen Teilen/Gegenden Spaniens

aunque (+ ind/subj) (G § 30)	obwohl; selbst wenn
Aunque el camino es largo, me gusta.	Obwohl der Weg lang ist, gefällt er mir.
Aunque lo afirmes cien veces, no es verdad.	Auch wenn du das 100 Mal behauptest, ist es nicht wahr.
extraordinario, -a	außergewöhnlich, hervorragend
parar	anhalten
Tuvimos que parar en la frontera.	Wir mussten an der Grenze anhalten.
tal	solch, so ein/e
Nunca he dicho tal cosa.	So etwas habe ich nie gesagt.
Te dicen que van a estar en tal lugar. (G § 29)	Sie sagen dir, dass sie da und da sein werden.
indiferente	gleichgültig, indifferent
dejar indiferente a alguien	jdn. gleichgültig/kalt lassen
odiar algo/a alguien	etw./jdn. hassen
un término	ein (Fach-)Ausdruck
a veces	manchmal
vivir (algo)	(etw.) erleben
el punto de vista	der Standpunkt; die Perspektive
externo, -a	äußerlich, äußere(r/s)
distinto, -a	andere(r/s), unterschiedlich
tratar (de algo) (a alguien)	(jdn.) (als etwas) behandeln
tratar amablemente/ de amigo a alguien	jdn. freundlich/als Freund behandeln
tratar un tema	ein Thema behandeln

Hablar de un texto I

El **autor trata** (en su nueva **obra**^M2) los problemas/la suerte de una familia de inmigrantes.	Der **Autor behandelt** (in seinem neuen **Werk**^M2) die Probleme/das Schicksal einer Immigrantenfamilie.
Escribe **de manera/ forma/con estilo** muy **realista**.	Er schreibt auf sehr **realistische Art/ Weise**/in einem sehr realistischen **Stil**.
Cuenta la **historia** desde el **punto de vista** de una chica pequeña.	Er **erzählt** die **Geschichte** aus der **Perspektive** eines kleinen Mädchens.

Así consigue **crear situaciones** divertidas y **escenas** irónicas.
So gelingt es ihm lustige **Situationen** und ironische **Szenen** zu **schaffen**.

Utiliza **imágenes** únicas/originales y **símbolos** muy variados.
Er verwendet einzigartige/originelle **Bilder** und abwechslungsreiche **Symbole**.

La **representación** fue un gran éxito.
Die **Aufführung** war ein großer Erfolg.

---

quien (*Relativpron.*) (G § 33)
der, die (*Relativpron.*)

Juan, a quien ella todavía no conocía, tocaba la guitarra.
Juan, den sie noch nicht kannte, spielte Gitarre.

dar de comer a alguien
jdm. zu essen geben

volver (-ue-) a hacer algo (G § 31)
etw. wieder tun

volver a ver a alguien
jdn. wieder sehen

al fin
schließlich

sentir algo (-ie-/-i-)
etw. fühlen/empfinden

una vergüenza
die Scham; die Schande

Aunque lloraba, la gente no sintió vergüenza.
Obwohl sie weinten, empfanden die Leute keine Scham.

es una vergüenza que (+ *subj*)
es ist eine Schande, dass

seguir (-i-) haciendo algo (G § 31)
etw. weiterhin tun

¿Sigues trabajando?
Arbeitest du immer noch?

El tiempo va a seguir siendo bueno.
Das Wetter wird weiterhin schön sein.

escéptico, -a
skeptisch

preguntarse algo
sich etw. fragen

Me pregunto si dice la verdad. (G § 29)
Ich frage mich, ob er/sie die Wahrheit sagt.

una manera
die Art und Weise

profundo, -a
tief (*auch fig*)

en el mar profundo
im tiefen Meer

un cambio profundo
eine tiefgreifende Veränderung

quizás
vielleicht

la fe
der Glaube

hacer hacer algo a alguien (G § 32)
jdn. veranlassen etw. zu tun

El nuevo profesor nos hace trabajar mucho.
Der neue Lehrer lässt uns viel arbeiten.

---

acercarse (a algo/ alguien)
sich nähern, näher kommen

Se acercó al cartel para ver mejor.
Er ging näher an das Schild heran, um besser zu sehen.

Javier se acercó.
Javier kam näher.

¡viva!
Er/sie lebe hoch!

3. La corrida

una corrida
ein Stierkampf

otra vez
noch einmal, wieder

criticar algo/a alguien
etw./jdn. kritisieren

defender algo/ a alguien (-ie-)
etw./jdn. verteidigen

Hablar

Acabo de **hablar** por teléfono con Mario.
Ich habe gerade mit Mario telefoniert/am Telefon **gesprochen**.

Me ha **contado** que Alex está en su casa.
Er hat mir **erzählt**, dass Alex bei ihm ist.

Me ha **propuesto** pasarme.
Er hat mir **vorgeschlagen** vorbeizukommen.

Yo le he **preguntado** dónde vive.
Ich habe ihn **gefragt**, wo er wohnt.

Ha empezado a **gritar**me y a **criticar**me:
Er hat angefangen, mich anzu**schreien** und zu **kritisieren**.

Es que hace dos meses le **prometí** verle, y todavía no he pasado.
Vor zwei Monaten habe ich ihm nämlich **versprochen** ihn zu besuchen und war noch nicht bei ihm.

Entonces ha **afirmado** que yo soy un mal amigo.
Dann hat er **behauptet**, dass ich ein schlechter Freund sei.

Le he **respondido** que esto no es verdad.
Ich habe ihm **geantwortet**, dass das nicht wahr ist.

Lo ha **repetido** varias veces.
Er hat es mehrmals **wiederholt**.

Alex me ha **dicho** lo mismo.
Alex hat mir das Gleiche **gesagt**.

No me han dejado **defender**me.
Sie haben mich nicht **verteidigen** lassen.

Pero al final, Mario me ha **explicado** cómo llegar a su casa.
Aber schließlich hat Mario mir **erklärt**, wie ich zu ihm (nach Hause) komme.

un ser viviente	ein Lebewesen
un sacrificio	ein Opfer, eine Opferfeier
nacional	national, zu einem Staat gehörend
la fiesta nacional	*Bezeichnung für den Stierkampf; auch* Nationalfeiertag
puro, -a	rein; echt, wahr
¡Qué aire tan puro hay aquí!	Wie rein die Luft hier ist!
Para muchos españoles, la corrida es arte puro.	Für viele Spanier ist der Stierkampf echte Kunst.
sufrir	leiden
Jesús sufrió mucho cuando sus padres se separaron.	Jesús litt sehr, als seine Eltern sich trennten.
una tontería	eine Dummheit, Unsinn
un encierro	*Fest, bei dem Kampfstiere durch die Straßen zur Arena laufen, und Jugendliche vor ihnen herrennen*
la tele	*kurz für* televisión
poner la tele(visión)	den Fernseher einschalten
la plaza (de toros)	die Stierkampfarena
una vaca	eine Kuh

Unidad 3

A: Jóvenes en el México del siglo XV

1. La educación

cortar	(ab-, zer-) schneiden
una muchacha	ein junges Mädchen, eine junge Frau
una tortilla	eine Tortilla (*in Lat.am. Nahrungsmittel auf Maisbasis, ähnlich wie Brot*)

2. Un día en el Calmecac

azteca	aztekisch
un/una azteca	ein/e Azteke/Aztekin
decidir (hacer) algo	etw. entscheiden, entscheiden etw. zu tun

hacerse (+ *profesión*)	etw. werden, einen Beruf ergreifen
Paco quiere hacerse profesor.	Paco will Lehrer werden.
un soldado	ein Soldat
un sacerdote	ein Priester
despertar a alguien (-ie-)	jdn. aufwecken
un compañero	ein Freund / Kamerad
un templo	ein Tempel / Gotteshaus
(el) maíz	(der) Mais
recoger algo	einsammeln, aufheben
Por favor, recoge los papeles que se han caído al suelo.	Hebe bitte die Blätter auf, die auf den Boden gefallen sind
castigar(se)	(sich) bestrafen
bañarse	ein Bad nehmen; schwimmen gehen
¿Vamos a bañarnos al mar o a la piscina?	Gehen wir im Meer oder im Schwimmbad schwimmen?
Cuando las casas no tenían cuarto de baño, la gente se bañaba menos.	Als die Häuser keine Badezimmer hatten, badeten die Leute nicht so oft.
un secreto	ein Geheimnis
(la) astrología^{M2}	(die) Astrologie
una ceremonia	eine Zeremonie / Feier
un dios	ein Gott
describir algo (a alguien)	(jdm.) etw. beschreiben
un hecho	eine Tatsache; ein Ereignis
Es un hecho que los aztecas vivían en México.	Es ist eine Tatsache, dass die Azteken in Mexiko lebten.
Los hechos de la vida azteca se describían en diferentes libros.	Die Ereignisse des aztekischen Lebens wurden in verschiedenen Büchern beschrieben.
sano, -a	gesund; bekömmlich
Comer fruta **es** muy sano.	Obst essen ist sehr gesund.
Si de verdad **estás** sano, no tienes que ir al médico.	Wenn du wirklich gesund bist, musst du nicht zum Arzt gehen.
alcohólico, -a	alkoholisch
el anochecer	die Abenddämmerung
al anochecer	bei Einbruch der Dunkelheit

prepararse (para algo/hacer algo) — sich vorbereiten (auf etw./darauf, etw. zu tun)

(ser) de noche — nachts (sein)

No vayas a ese barrio solo de noche. — Geh nachts nicht allein in diesen Stadtteil.

un monte — ein Berg

arrancar algo (de algo) — etw. (aus etw.) herausreißen

uno, -a a uno, -a — eine/r nach dem/der anderen

un miembro — ein Körperteil

la sangre — das Blut

(la) medianoche — (die) Mitternacht

una oreja — ein Ohr

el pecho — die Brust, der Oberkörper

4 una muñeca — eine Puppe

Los miembros — **Die Körperteile**

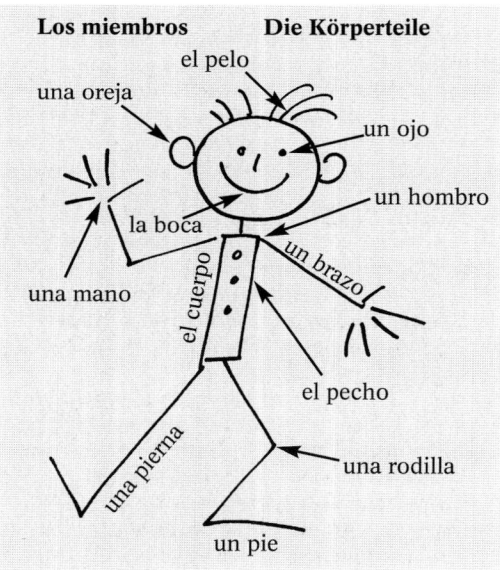

el pelo
una oreja
un ojo
la boca
un hombro
un brazo
una mano
el cuerpo
el pecho
una pierna
una rodilla
un pie

B: Rebeldes con causa

una causa — eine Ursache

detrás de — hinter

La oficina está detrás de la iglesia. — Das Büro ist hinter der Kirche.

andar detrás de alguien (fam) — hinter jdm. hersein

una pareja — ein Paar

La simpatía y el amor	**Die Sympathie und die Liebe**
ser amable	liebenswürdig sein
andar detrás de alguien (fam)	hinter jdm. hersein
querer a alguien	jdn. lieben
dar un beso a alguien	jdm. einen Kuss geben
abrazar a alguien	jdn. umarmen
tener novio/novia	einen festen Freund/ eine feste Freundin haben
ser una pareja	ein Paar sein

durar — dauern

La película dura dos horas. — Der Film dauert zwei Stunden.

(estar) embarazada — schwanger (sein)

quedar(se) embarazada — schwanger werden

abortar — abtreiben

probar algo (-ue-) — etw. (aus-)probieren

¿Has probado ya la tortilla? — Hast du schon einmal eine Tortilla probiert?

el peso — das Gewicht

perfecto, -a — perfekt, vollkommen

exigir algo/que (+ subj) (G § 36) — fordern, verlangen

Los padres exigen que los hijos sean perfectos. — Die Eltern verlangen, dass die Kinder perfekt sind.

Los jóvenes exigen respeto. — Die Jugendlichen fordern Respekt.

una niña — ein Mädchen (Kind, lat. am. auch: junge Frau)

quedarse en la calle hablando y bebiendo — redend und trinkend auf der Straße (zurück-)bleiben

un/una adolescente — ein/eine Jugendliche/r, ein Teenager

cotidiano, -a — täglich; alltäglich

Las discusiones cotidianas de sus padres les preocupan. — Die täglichen Diskussionen ihrer Eltern beunruhigen sie.

La vida cotidiana de un jóven no es fácil. — Das alltägliche Leben eines Jugendlichen ist nicht einfach.

enterarse de algo — etw. erfahren, etw. bemerken

Los padres no se enteran de lo que hacen sus hijos.
Die Eltern merken nicht, was ihre Kinder tun.

Me enteré de su accidente por el periódico.
Ich habe von seinem/ ihrem Unfall aus der Zeitung erfahren.

la mitad (de)
die Hälfte (von)

alejarse (de algo/ alguien)
sich entfernen (von etw./jdm.)

El conductor se alejó del lugar del accidente.
Der Fahrer entfernte sich vom Unfallort.

Tina se ha alejado de su novio desde que vive en otra ciudad.
Tina hat sich von ihrem Freund entfremdet, seit sie in einer anderen Stadt lebt.

totalmente (*adv*)
vollständig, vollkommen (*adv*)

desear algo/que (+ *subj*) (G § 36)
etw. wünschen, wünschen, dass

Te deseo mucha suerte.
Ich wünsche dir viel Glück.

Los jóvenes desean que la relación con sus padres sea buena.
Die Jugendlichen wünschen (sich), dass das Verhältnis zu ihren Eltern gut ist.

una relación (con)
eine Beziehung (zu), ein Verhältnis (zu)

estar basado,-a (en algo)
auf etw. beruhen, auf etw. basieren

Su éxito está basado en la paciencia.
Sein/ihr Erfolg beruht auf Geduld.

la confianza
das Vertrauen

temer algo/que (+ *subj*)
etw. fürchten, fürchten, dass

Claudio teme malas notas.
Claudio hat Angst vor schlechten Noten.

Temo que Ana María llegue tarde.
Ich fürchte, dass Ana María zu spät kommt.

pedir que (+ *subj*) (-i-) (G § 36)
verlangen/bitten, dass

El profesor pide que los alumnos hagan menos ruido.
Der Lehrer bittet, dass die Schüler, weniger Lärm machen.

confiar en alguien/ algo (confío)
jdm./etw. vertrauen

quejarse de algo/ de que (+ *subj*)
sich beklagen über etw./dass

El chico se queja de su hermano.
Der Junge beklagt sich über seinen Bruder.

El chico se queja de que su novia no lo entienda.
Der Junge beklagt sich, dass seine Freundin ihn nicht versteht.

Los amigos

la pandilla
die Clique

conocer a alguien
jdn. kennen(-lernen)

hacer amigos
Freunde finden

comunicarse fácilmente con otras personas
leicht mit anderen Menschen ins Gespräch kommen

entenderse bien
sich gut verstehen

encontrarse con alguien
jdn. treffen

tener una buena relación con alg.
zu jdm. ein gutes Verhältnis haben

confiar en alguien
Vertrauen zu jdm. haben

desconfiar de alguien (desconfío)
jdm. misstrauen

opinar (de algo/ que)
meinen/denken, dass; eine eigene Meinung haben/sagen

Mis compañeros no me dejan opinar.
Meine Klassenkameraden lassen mich nicht meine Meinung sagen.

¿Qué opinas (de esto)?
Was meinst du (dazu)? Was hältst du davon?

Opino que debemos terminar la discusión.
Ich bin der Meinung, dass wir die Diskussion beenden sollten.

un adulto
ein Erwachsener

controlar algo
etw. kontrollieren

constantemente (*adv*)
ständig (*adv*)

No me gusta tener que pedir dinero constantemente a mis padres.
Es gefällt mir nicht, dass ich meine Eltern ständig um Geld bitten muss.

reclamar algo/que (+ *subj*) (G § 36)
etw. fordern/fordern, dass

la libertad
die Freiheit

un obstáculo
ein Hindernis

subestimar algo/ a alguien
etw./jdn. unterschätzen

el rendimiento
die Leistung

un vicio
ein Laster

el sexo
das Geschlecht; der Sex

importar a alguien que (+ *subj*)
jdm. wichtig sein

Nos importa nuestra libertad.	Unsere Freiheit ist uns wichtig.
No me importa que lo hagas.	Es ist mir egal, dass du das tust.
un sentimiento	ein Gefühl
esperar algo/que (+ *subj*) (G § 36)	etw. erwarten/erhoffen; erwarten/hoffen, dass
un derecho (a)	ein Recht (auf)
Toda persona tiene derecho a trabajo y a decir su opinión.	Jeder Mensch hat das Recht auf Arbeit und (das Recht), seine Meinung zu sagen.
una palabra	ein Wort
simplemente (*adv*)	bloß, nur (*adv*)
Quiero simplemente que me dejes trabajar.	Ich will bloß, dass du mich arbeiten lässt.
tener mucho por aprender	(noch) viel zu lernen haben
la identidad	die Identität

... y la mala suerte

alejarse de alguien	sich von jdm. entfremden
quejarse de alguien	sich über jdn. beklagen
desconfiar de alguien	jdm. misstrauen
odiar a alguien	jdn. hassen
abandonar a alguien	jdn. verlassen
separarse	sich trennen
la separación[M1]	die Trennung

C: Visiones para un nuevo siglo

una visión	eine Vorstellung, eine Vision
un presentador	ein Moderator
estimado, -a	sehr geehrte/r (*formelle Anrede, auch im Brief*)
un espectador	ein Zuschauer
Muy buenas noches, estimados espectadores.	Einen wunderschönen guten Abend, verehrte Zuschauer.
un programa	eine Sendung (*Fernsehen, Radio*)
un tema	ein Thema
por	für, um ... willen
luchar (por algo)	(für etw.) kämpfen
invitar a alguien	jdn. einladen
la paz[M2]	der Friede

una organización no gubernamental (ONG)	eine Nichtregierungs- organisation
una colombiana	eine Kolumbianerin
una campaña	eine Kampagne, eine Aktion
la violencia	die Gewalt
pacifista	pazifistisch
un grupo pacifis**ta**	eine pazifistische Gruppe
¡basta!	es reicht
la piel	die Haut
sufrir algo en la propia piel	etwas am eigenen Leib erleiden/erfahren
un secuestro	eine Entführung
un ertzaina (*baskisch*)	*Polizist in der Polizei der Autonomen Provinz Baskenland*
insultar a alguien	jdn. beleidigen
un asesinato	ein Mord
la sociedad	die Gesellschaft
dejar de hacer algo	aufhören etw. zu tun, etw. nicht mehr tun
Decidimos dejar de tener miedo.	Wir beschlossen, keine Angst mehr zu haben.
un círculo	ein Kreis
un arma *f*	eine Waffe
una amenaza	eine Drohung
valiente	mutig
un micrófono	ein Mikrofon
¿Sería tan amable de traer otro micrófono? (G § 40)	Wären Sie so nett, ein neues Mikrofon zu bringen?
directo, -a	direkt, unmittelbar
un programa en directo	eine Livesendung
querido, -a	liebe/r (*Anrede, auch im Brief*)
realizar algo	etw. verwirklichen, etw. durchführen
realizar un proyecto	ein Projekt durchführen
organizar algo	etw. organisieren
conflictivo, -a	konfliktgeladen, brisant
un tema conflictivo	ein brisantes Thema, ein „heißes Eisen"
una zona conflictiva	ein Spannungsgebiet
el medio	das Umfeld, die Umgebung
depende	es kommt drauf an

—¿Qué tipo de personas buscáis? — Welche Art von Personen sucht ihr?
—Pues, depende. – Das kommt ganz drauf an.

Necesitamos gente que quiera ayudar. (*G § 38*) Wir brauchen Leute, die helfen wollen.

acoger a alguien jdn. aufnehmen, jdn. empfangen

La familia acogió a la niña muy amablemente. Die Familie empfing das Mädchen sehr freundlich.

La familia acogió la noticia de la boda de José y Estrellita con alegría. Die Familie nahm die Nachricht von der Hochzeit Josés und Estrellitas freudig auf.

una remuneración eine Bezahlung, eine Vergütung

el sueldo der Lohn

la satisfacción die Befriedigung, die Freude

por todo el mundo in der ganzen Welt

un invitado, una invitada ein Gast (*m + f*)

¿Qué ponen en la televisión?	Was läuft im Fernsehen?
un programa	eine Fernsehsendung
un programa en directo	eine Livesendung
un presentador/ una presentadora	ein Moderator/ eine Moderatorin
un invitado/una invitada	ein Gast
invitar a alguien a un programa	jdn. in eine Fernsehsendung einladen
estimados/queridos espectadores	sehr verehrte/liebe Zuschauer
un micrófono	ein Mikrofon
una entrevista	ein Interview
una noticia	eine Nachricht
un espectáculo	ein Schauspiel
la publicidad	die Werbung

estar harto, -a (de algo/alguien) (*fam*) (etw./jdn.) satt haben

alejar algo/a alguien de un lugar jdn./etw. von einem Ort wegbringen/entfernen

la realidad[M2] die Realität, die Wirklichkeit

engañar a alguien jdn. täuschen

La publicidad que engaña a la gente no está permitida. Werbung, die die Leute täuscht, ist nicht erlaubt.

No te dejes engañar por las drogas. Lass dich von den Drogen nicht verführen

atrapar algo/ a alguien etw./jdn. einfangen

El niño atrapó una rana. Das Kind fing einen Frosch.

mostrar (-ue-) algo etw. zeigen

un dibujo eine Zeichnung

con mucho gusto sehr gern, mit Vergnügen

—¿Podrías ayudarme con este trabajo? – Könntest du mir bei dieser Arbeit helfen?
—Con mucho gusto. – Sehr gern.

(ser) violento, -a gewalttätig (sein)

en todas partes überall

un favor ein Gefallen, eine Gefälligkeit

pedir un favor a alguien jdn. um einen Gefallen bitten

en cambio dagegen, hingegen

sobrar zu viel sein; übrig bleiben

Sobran las palabras. Da wäre jedes Wort zuviel.

Si compro el jersey más barato, me sobran todavía 10 €. Wenn ich den billigeren Pullover kaufe, bleiben mir noch 10 €.

pasar a algo[M2] zu etw. übergehen

pasar a otro tema zu einem anderen Thema übergehen

aconsejar algo a alguien jdm. etw. raten

Joseba nos aconseja que busquemos soluciones. Joseba rät uns, nach Lösungen zu suchen.

(estar) dispuesto, -a a (hacer) algo bereit zu etw. sein, bereit sein etw. zu tun

recomendar (-ie-) algo a alguien jdm. etw. empfehlen

Te recomiendo que te informes. Ich empfehle dir, dich zu informieren.

un consejo ein Rat(schlag)

Mi madre me dio un consejo, pero yo no lo quise escuchar. Meine Mutter gab mir einen Rat, aber ich wollte ihn nicht hören.

en lugar de alguien an jds. Stelle

yo en su lugar ich an seiner/ihrer Stelle

dirigirse a alguien sich an jdn. wenden

Si tiene preguntas, siempre puede dirigirse a nuestro director.
Wenn Sie Fragen haben, können Sie sich jederzeit an unseren Direktor wenden.

informar (de algo) a alguien
jdn. (über etw.) informieren

una posibilidad
eine Möglichkeit

dentro de
in, innerhalb von

Volvemos dentro de un momento.
Wir sind gleich zurück.

Si llueve, la fiesta va a ser dentro de la casa.
Wenn es regnet, findet das Fest im Haus statt.

El mundo del trabajo

tener un empleo
eine Arbeitsstelle haben

una empresa
eine Firma

un taller
eine Werkstatt

una oficina
ein Büro

el sector de servicios
der Dienstleistungssektor

el sueldo
der Lohn

la remuneración
die Bezahlung

el rendimiento
die Leistung

estar en paro
arbeitslos sein

D: Las nuevas jóvenes

1. Pasas a ser mía

pasar a ser algo
zu etw. werden

mío, mía (G § 42)
mein(e/r/s) (*Possessivpron.*)

Pasas a ser mía.
Du wirst mein.

A principios de (+ *Zeitraum*)[M1]
Anfang (+ *Zeitraum*)

A principios del mes
Anfang des Monats

enamorarse de
sich verlieben in

reunirse
sich versammeln, sich treffen

estamos reunidos (G § 41)
wir sind versammelt

un general
ein General

una ley
ein Gesetz

(estar) presente
anwesend (sein)

un juez
ein Richter

fuerte
stark

deber algo a alguien
jdm. etw. schulden

El señor García me debe 100 €.
Herr García schuldet mir 100 €.

Debemos respeto a todas las personas.
Wir schulden allen Menschen Respekt.

débil
schwach

la lectura
die Lektüre (*Buch + Akt des Lesens*)

una pluma
eine Feder

proteger a alguien
jdn. beschützen

2. La otra cara de la moneda

una moneda
eine Münze

la otra cara de la moneda
die andere Seite der Medaille

confirmar algo
etw. bestätigen

Mis experiencias confirman el artículo.
Meine Erfahrungen bestätigen den Artikel.

plenamente (*adv*)
vollständig, vollkommen (*adv*)

un artículo
ein Artikel

considerar algo / a alguien (como) algo/alguien
jdn./etw. halten für jdn./etw.

ser considerado, -a (como) (G § 41)
gehalten werden für

Considero a Juan (como) uno de mis mejores alumnos.
Ich halte Juan für einen meiner besten Schüler.

una ingeniera
eine Ingenieurin

una torera
eine Torera

repartir algo
etw. aufteilen

En nuestra familia, los trabajos de la casa se reparten.
In unserer Familie wird die Hausarbeit aufgeteilt.

mi pareja
mein/e Partner/in, mein/e Lebensgefährte/-in

lavar algo
etw. waschen

una diferencia (de/entre)
ein Unterschied (von/zwischen)

pobre (G § 43)
bedauernswert, arm

una pobre chica
ein bedauernswertes Mädchen

indefenso, -a
hilflos

un cinturón
ein Gürtel

los estudios
das Studium

una carrera
eine Studienrichtung

las letras
ungefähr: die Geisteswissenschaften

la actualidad
die Aktualität

en la actualidad
heutzutage

(la) química	(die) Chemie
(las) matemáticas	(die) Mathematik
(el) derecho	Jura, Recht
a partes iguales	zu gleichen Teilen
hasta	sogar
Le gustan hasta las matemáticas.	Er/sie mag sogar Mathematik.
femenino, -a	weiblich
merecer algo/que (+ *subj*) (-zco)	etw. verdienen/ verdienen, dass
Este alumno merece mejores notas.	Dieser Schüler verdient bessere Noten.
Por algo así mereces que te castiguen.	Für so etwas verdienst du es, dass sie dich bestrafen.
cuidar de algo/ alguien	auf etw./jdn. aufpassen
Cuido de mis pequeños primos para ganar un poco de dinero.	Ich passe auf meine kleinen Cousins auf, um mir etwas Geld zu verdienen.
mientras (*conj*)	während (*conj*)
Mientras yo hago la comida, mi hermano pone la mesa.	Während ich das Essen mache, deckt mein Bruder den Tisch.
una abogada	eine Rechtsanwältin

Profesiones y otras actvidades	Berufe und andere Tätigkeiten
un/una abogado/a	ein Anwalt/ eine Anwältin
un camarero	ein Kellner
un empleado	ein Angestellter
una ingeniera	eine Ingenieurin
una programadora	eine Programmiererin
un reportero	ein Reporter
un soldado	ein Soldat
un sacerdote	ein Priester
una tendera	eine Händlerin/ Geschäftsinhaberin
una vendedora	eine Verkäuferin
un mecánico	ein Mechaniker
un jubilado	ein Rentner
un ama *f* de casa	eine Hausfrau
un/una cantante	ein/eine Sänger/in
una médica	eine Ärztin

acerca de	über (*fig*)
un artículo acerca de las mujeres	ein Artikel über die Frauen

mejorar	sich verbessern, besser werden
La situación económica del país ha mejorado.	Die wirtschaftliche Situation des Landes hat sich verbessert.
Me alegro de que tus notas mejoren.	Ich freue mich, dass deine Noten besser werden.
social	sozial
los problemas sociales	die sozialen Probleme
más o menos	mehr oder weniger
trabajador, -ora	Arbeiter-
campesino, -a	Bauern-
una familia trabajadora y una familia campesina	eine Arbeiter- und eine Bauernfamilie
la mejora	die Verbesserung
estar de acuerdo (con algo/alguien)ᴹ¹	einverstanden sein (mit etw.), der gleichen Meinung sein (wie jnd.)
una revista	eine Zeitschrift
un autor	ein Autor, ein Verfasser
un nietoᴹ¹	ein Enkel
presionar a alguien a hacer algo	jdn. bedrängen/ unter Druck setzen, etw. zu tun
Su familia la presiona a que saque buenas notas.	Ihre Familie bedrängt sie, gute Noten zu bekommen.
no (… ni) … ni	weder … noch
No estoy de acuerdo (ni) con Rosa ni con Pedro.	Ich bin weder mit Rosa noch mit Pedro einer Meinung.
valorar algo	etw. (wert-)schätzen
Valoro mucho su confianza.	Ich weiß sein/ihr Vertrauen zu schätzen.
Algunos valoran el dinero más que la familia.	Manche schätzen das Geld mehr als die Familie.
una enfermedad	eine Krankheit
un fracaso	ein Misserfolg
a partir de	von … an
a partir de mañana	von morgen an
reconocer algo	etw. anerkennen
La profesora reconoció el esfuerzo de los alumnos.	Die Lehrerin erkannte die Anstrengung der Schüler an.
positivo, -a	positiv

La formación	Die Ausbildung
un/una estudiante	ein/eine Student/in
un alumno	ein Schüler
el instituto	die Schule, das Gymnasium
el colegio	die Schule
una asignatura	ein Schulfach
una carrera	ein Studium
participar en un curso	an einem Kurs teilnehmen
las letras	die Geisteswissen-schaften
la química	die Chemie
las matemáticas	die Mathematik
la informática	die Informatik
el derecho	Jura, das Recht
la formación profesional	die Berufsausbildung
querer ser } hacerse }	werden wollen
aprobar un examen	ein Examen bestehen
tener éxito	Erfolg haben
el fracaso	der Misserfolg

Unidad 4

A: En el principio fue el maíz

hermoso, -a	(wunder-)schön
¡Qué hermoso día!	Was für ein schöner Tag!
un jersey hermoso	ein schöner Pullover
la miseria	die Not, das Elend
Durante la guerra había gran miseria.	Während des Krieges herrschte große Not.
por supuesto	natürlich, selbstver-ständlich (adv)
cambiar algo por algo (G § 46)	etw. für/ gegen etw. eintauschen
Cambió un CD por un póster.	Er/sie tauschte eine CD gegen ein Poster ein.
una manta	eine Decke
(yo) podré (G § 44)	ich werde können
(nosotros) vendere-mos (G § 44)	wir werden verkaufen
algo de comer	etwas zu essen

un grano	ein Korn
un grano de trigo	ein Weizenkorn
de repente	plötzlich (adv)
De repente apareció un perro.	Plötzlich tauchte ein Hund auf.
un pájaro	ein Vogel
el cielo	der Himmel
arrebatar algo a alguien	jdm. etw. entreißen/ wegnehmen
Luis le arrebató la carta de las manos a Ana.	Luis riss Ana den Brief aus der Hand.
enfurecerse (-zco)	wütend werden
dejar caer algo	etw. fallen lassen

El verbo *dejar*	Das Verb *dejar*
Mi amigo Pedro me **dejó** su cadena de música para una fiesta.	Mein Freund Pedro **lieh** mir seine Stereo-anlage für ein Fest.
Pero yo la **dejé caer**.	Aber ich **ließ** sie **fallen**.
Entonces Pedro **dejó de** reír y no me **dejó** salir de la habitación.	Darauf **hörte** Pedro zu lachen **auf** und **ließ** mich nicht aus dem Zimmer gehen.
Me cogió del brazo y no me quería **dejar**.	Er packte mich am Arm und wollte mich nicht **loslassen**.
Su comportamiento **dejó mucho que desear**.	Sein Verhalten **ließ sehr zu wünschen übrig**.
Le **dejé** solo en la habitación.	Ich **ließ** ihn allein im Zimmer **zurück**.
Quiero que me **deje en paz**, por eso le voy a pagar la cadena.	Ich will, dass er mich **in Ruhe lässt**, deshalb werde ich ihm die Stereoanlage bezahlen.
Y no voy a **dejar**lo **para otro día**:	Und ich werde es nicht **auf einen anderen Tag verschieben**:
La pagaré ahora mismo, porque, como se dice: No **dejes** para mañana lo que puedes hacer hoy.	Ich werde sie jetzt gleich bezahlen, denn wie man sagt: Was du heute kannst besorgen, das **verschiebe** nicht auf morgen.
la barba	der Bart
un hombre de barba larga	ein Mann mit einem langen Bart

¿Será Bochica? (G § 45)	Ist das wohl Bochica?
la civilización	die Zivilisation, die Kultur
enterrar algo/ a alguien (-ie-)	jdn./etw. ein-/begraben
un regalo	ein Geschenk
servir de nada (-i-)	zu nichts zu gebrauchen sein, nichts wert sein
preguntar algo asustado, -a (G § 47)	etw. erschreckt fragen
enojarse	sich ärgern
¡Volverás dentro de quince días! (G § 45)	Du sollst in 14 Tagen wiederkommen!
exclamar algo	etw. ausrufen
abundante	reichhaltig, zahlreich
una cosecha abundante	eine reiche Ernte
Piracá encontró abundantes plantas.	Piracá fand zahlreiche Pflanzen
un color	eine Farbe

B: La fiesta ajena

ajeno, -a	den anderen gehörig, fremd
Cuando estábamos en la fiesta, llegó una persona ajena.	Als wir auf dem Fest waren, kam eine fremde Person.
(yo/él/ella) había dicho (G § 49)	ich/er/sie hatte gesagt
rico, -a	reich
acabarse^{M2}	zu Ende gehen, enden
y se acabó (fam)	und damit basta
(la) leche	(die) Milch
enormemente	außerordentlich (adv), sehr
Luciana me lo dijo. (G § 48)	Luciana hat es mir gesagt.
un mago	ein Zauberer
un mono	ein Affe
murmurar algo	etw. murmeln
los labios	die Lippen
un vestido	ein Kleid
verse lindo, -a (lat.am.)	sich schön finden
saludar a alguien	jdn. grüßen/begrüßen
preguntar por algo	nach etw. fragen
preguntar por el camino	nach dem Weg fragen

susurrar algo (a alguien)	etw. flüstern; jmd. etw. zuflüstern
Luciana le susurró un secreto en la oreja a Rosaura.	Luciana flüsterte Rosaura ein Geheimnis ins Ohr.

Maneras de hablar	**Redeweisen**
exclamar algo	etw. ausrufen
murmurar algo	etw. murmeln
susurrar algo a alguien/en la oreja de alguien	jdm. etw. zuflüstern/ ins Ohr flüstern
opinar	seine Meinung sagen
informar a alguien (de algo)	jdn. (über etw.) informieren
dirigirse a alguien	sich an jdn. wenden
insultar a alguien	jdn. beschimpfen
quejarse de algo/ alguien (a alguien)	sich (bei jdm.) über etw./jdn. beklagen
saludar a alguien	jdn. begrüßen
describir algo (a alguien)	jdm. etw. beschreiben
confirmar algo (a alguien)	(jmd.) etw. bestätigen

verificar algo	etw. überprüfen
el permiso	die Erlaubnis
ser capaz de (hacer) algo	fähig sein zu etw./etw. zu tun
El chico no fue capaz de ayudar al mago porque tenía miedo.	Der Junge war nicht dazu in der Lage, dem Zauberer zu helfen, weil er Angst hatte.
capaz que	vielleicht, möglicherweise
romper algo	etw. zerbrechen
El niño ha roto el vaso.	Das Kind hat das Glas zerbrochen.
ni siquiera	nicht einmal
A Luz no le gustan las clases, ni siquiera la de deporte.	Luz mag die Schule nicht, nicht einmal den Sportunterricht.
una jarra	ein Krug
la naranjada	die Orangenlimonade
perfectamente	ganz genau (adv)
respirar	atmen
hondo, -a	tief
respirar hondo (G § 50)	tief (durch-)atmen

una empleada	eine Angestellte; ein Dienstmädchen
decir algo bien claro (*G § 50*)	etwas ganz klar sagen
una tienda	ein Geschäft, ein Laden
servir algo (a alguien) (-i-)	(jdm.) etw. servieren
fuera de (*prep*)	außer, über … hinaus (*prep*)
Fuera de Rosaura había muchos otros chicos en la fiesta.	Außer Rosaura waren noch viele andere Kinder auf dem Fest.
encantar a alguien	jdm. sehr gut gefallen
A Rosaura le encantó la fiesta.	Rosaura fand das Fest wunderbar.
salir primero, -a (salgo) (*G § 50*)	erste/r sein/werden
salir primero, -a en un examen	ein Examen als beste/r abschließen
un equipo	eine Mannschaft
un equipo de fútbol	eine Fußballmannschaft
un juego	ein Spiel
una torta (*lat. am.*)	eine Torte
dámela (*G § 48*)	Gib sie mir.
la lástima	das Mitleid
Sintió lástima con las víctimas del accidente.	Er/sie empfand Mitleid mit den Unfallopfern.
una torta que da lástima	eine mickrige Torte
adivinar algo	etw. (er-)raten
una carta	eine (Spiel-)Karte
una prueba	eine Prüfung, ein Test
final (*adj*)	letzte/r/s, End-
el resultado final	das Endergebnis
gordo, -a	dick
uno, -a por uno, -a	einer/eine nach dem/ der anderen
la cabeza	der Kopf
entre sus brazos	in ihren Armen
El niño huyó entre los brazos de su madre.	Das Kind flüchtete in die Arme seiner Mutter.
aplaudir (a alguien)	(jdm.) aplaudieren
venir a buscar a alguien	jdn. abholen kommen
sonriente	lächelnd
(estar) preocupado, -a	besorgt (sein)
un asunto	eine Angelegenheit, ein Sachverhalt

una pulsera	ein Armband
regalar algo a alguien	jdm. etw. schenken
Mi abuela me regaló una pulsera para mi cumpleaños.	Meine Grossmutter hat mir ein Armband zum Geburtstag geschenkt.
una sonrisa	ein Lächeln
el orgullo	der Stolz
por un momento	einen Augenblick lang
un billete	ein Geldschein
un billete de 20 €	ein 20-€-Schein
salvo (*prep*)	außer (*prep*)
Tengo todo salvo el regalo para él.	Ich habe alles außer dem Geschenk für ihn.
fijo, -a	fest, starr
Esto se vende a un precio fijo.	Das wird zu einem festen Preis verkauft.
Rosaura miró a la señora Inés con una mirada fija.	Rosaura sah Señora Inés mit festem Blick an.

El dinero	**Geld**
una moneda	eine Münze
un billete	ein Geldschein
ganar dinero	Geld verdienen
tener unas pelillas (*fam*)	ein paar Mäuse übrig haben
el valor	der Wert
la deuda	die Schuld(en)
el precio	der Preis
pagar algo	etw. bezahlen
ser rico/pobre	reich/arm sein
deber algo a alguien	jdm. etw. schulden

1	(estar) orgulloso, -a (de algo/alguien)	stolz (auf etw./jdn.) (sein)
6	prestar algo a alguien	jdm. etw. leihen

C: Querido Florian

Ciudad de México	Mexico City
alegrar a alguien	jdn. (er-)freuen
Me alegró mucho recibir noticias tuyas.	Es hat mich sehr gefreut, von dir zu hören.
La carta de Florian alegra a Miguel.	Florians Brief erfreut Miguel.
(yo) supe (*G § 52*)	ich wusste/erfuhr
Supe que estuviste de vacaciones.	Ich habe erfahren, dass du in Urlaub warst.

(yo) pude (*G § 52*) — ich konnte (*Indefinido*)

dar ganas a alguien de (hacer) algo — Lust bekommen auf etw./etw. zu tun

Ahora que tiene las fotos, le dan ganas de ir a México. — Jetzt wo er die Fotos hat, bekommt er Lust, nach Mexico zu fahren.

hacerse una idea de algo/alguien — sich ein Bild von etw./ jdm. machen

enviar algo a alguien (envío) — jdm. etw. schicken

Miguel prometió fotos a Florian. Se las envió con la carta. (*G § 51*) — Miguel versprach Florian Fotos. Er schickte sie ihm mit dem Brief.

anterior — vorausgehend, vorherig

un mexicano, una mexicana — ein/eine Mexikaner/in

un hispano, una hispana — ein/eine Hispanoamerikaner/in (*Person aus einem der spanischsprachigen Länder Lateinamerikas*)

el otro día — neulich, vor kurzem

El otro día me llamó mi mejor amigo. — Neulich rief mich mein bester Freund an.

a tiempo — rechtzeitig

parece que — es scheint, dass

Parece que va a llover. — Es wird vermutlich bald regnen.

una crisis — eine Krise

¡ojalá (+ *subj*)! — Hoffentlich!

¡Ojalá apruebes el examen! — Hoffentlich bestehst du die Prüfung!

ya verás — du wirst schon sehen

un mural — ein Wandbild/Fresko

como (*conj, am Satzanfang*) — da, weil

Como te gusta el fútbol, vamos a ver un partido. — Da du Fußball magst, werden wir ein Spiel anschauen.

un estadio — ein Stadion

el Mundial (de Fútbol) — die (Fußball-) Weltmeisterschaft

eso que — obwohl

es cierto que — natürlich (*adv*)

Es cierto que México es bonito. — Natürlich ist Mexiko schön.

ni — überhaupt nicht

No te lo puedes ni imaginar. — Das kannst du dir überhaupt nicht vorstellen.

Expresiones adverbiales = Adverben

es cierto que	natürlich
por supuesto claro (que sí/no)	natürlich, selbstverständlich
parece que	vermutlich
a lo mejor	vielleicht
capaz que	möglicherweise
es que	nämlich
con (mucho) gusto	(sehr) gern
por desgracia	leider
sin embargo en cambio	jedoch, hingegen
de nuevo	wieder
el otro día	neulich, vor kurzem
de repente	plötzlich
a tiempo	rechtzeitig
en silencio	schweigend

circular — sich bewegen, umhergehen; fahren

En esta calle los coches no pueden circular. — In dieser Straße dürfen keine Autos fahren.

los transportes público, -a — die Verkehrsmittel öffentlich

una biblioteca pública — eine öffentliche Bücherei

los transportes públicos — die öffentlichen Verkehrsmittel

el lío — das Durcheinander, die Unordnung

¡Es un lío! (*mex*) — ¡Ätzend!

un camión — ein Lastwagen; *mex*: ein Autobus

el metro — die U-Bahn

un uniforme — eine Uniform

oscuro, -a — dunkel

La habitación estaba oscura. — Das Zimmer war dunkel.

una camiseta azul oscuro — ein dunkelblaues T-shirt

(la) plata — (das) Silber

la influencia — der Einfluss

chiquitito, -a (*mex*) — (ganz) klein

(yo) traje (*G § 52*) — ich brachte (hin, mit)

un saludo — ein Gruß

Saludos a tu familia. — Grüße an deine Familie.

(el) petróleo — (das) Erdöl

poderoso, -a[M2] — mächtig

Unidad 5

A: ¡Esa no soy yo!

un ídolo	1. ein Götterbild, ein Götzenbild
	2. ein Idol, ein Vorbild
la moda	die Mode
poner algo de moda	etw. in Mode bringen, „in" machen
un peinado	eine Frisur
un rizo	eine Locke
un/una artista	ein/eine Künstler/in
encontrar (+ *adj*) a alguien	jdn. (+ *adj*) finden
Todos me encontraban muy guapa cuando era niña.	Alle fanden mich sehr hübsch, als ich ein kleines Mädchen war.
una reacción	eine Reaktion
un ser humano	ein menschliches Wesen, ein Mensch
el universo	das Universum
por lo menos	mindestens, zumindest
Vi a un hombre muy alto, de por lo menos 2 metros.	Ich sah einen sehr großen Mann, mit mindestens 2 Metern.
Es así en Europa, por lo menos en algunos países.	Das ist in Europa so, zumindest in einigen Ländern.
un modelo	ein Modell, ein Vorbild
una estrella	1. ein Stern, 2. ein Star
Antonio Banderas es una estrella de cine en España y América.	Antonio Banderas ist ein Kinostar in Spanien und Amerika.
delgado, -a	schlank
tal o cual	diese/r/s oder jene/r/s
Olvida que hayan dicho tal o cual cosa: sé tú misma.	Vergiss, dass sie dies oder jenes gesagt haben: sei (einfach) du selbst.
un corte	ein Haarschnitt
quedar (+ *adj*)	sein, bleiben (+ *adj*)
Si no queda satisfecho con la compra, le devolvemos su dinero.	Wenn Sie mit dem Einkauf nicht zufrieden sind, geben wir Ihnen Ihr Geld zurück.
atractivo, -a	attraktiv, gut aussehend
una modelo	ein (Foto-)Modell

una substancia	eine Substanz, ein (Werk-)Stoff
quemar (algo)	(etw. ver-)brennen
quedar bien a alguien	jdm. gut stehen
Los pantalones nuevos te quedan muy bien.	Die neue Hose steht dir sehr gut.
con frecuencia	oft
Mi amiga y yo nos visitamos con frecuencia.	Meine Freundin und ich besuchen uns oft.
maquillarse	sich schminken
sorprender a alguien	jdn. überraschen
darse cuenta de algo/de que	etw. bemerken, sich etw. bewusst werden
Los turistas no se dieron cuenta de que el tiempo había cambiado.	Die Touristen bemerkten nicht, dass sich das Wetter geändert hatte.
No se dieron cuenta del cambio.	Sie bemerkten die Veränderung nicht.
(ser) claro, -a	hell
un color claro	eine helle Farbe
una habitación clara	ein helles Zimmer
seductor, -ora	verführerisch

Comentar el aspecto	Das Aussehen kommentieren
Me veo guapo, -a/ feo, -a.	Ich finde mich hübsch/ hässlich.
(No) estoy/quedo contento, -a/satisfecho, -a con mi imagen en el espejo.	Ich bin mit meinem Spiegelbild (nicht) zufrieden.
Me siento demasiado gordo, -a.	Ich fühle mich zu dick.
Todos lo/la encuentran atractivo, -a/ seductor, -ora.	Alle finden ihn/sie attraktiv/verführerisch.
Me encanta tu vestido nuevo.	Ich finde dein neues Kleid toll.
Te queda muy bien.	Es steht dir sehr gut.
Me he dado cuenta de que/he notado que te maquillas.	Ich habe bemerkt, dass du dich schminkst.

gastar(se) algo	etw. ausgeben
Gasta todo su dinero en juegos de ordenador.	Er/sie gibt sein/ihr ganzes Geld für Computerspiele aus.

resultar (que)	sich herausstellen, dass; sich erweisen, dass
En la discusión resultó que todos estaban de acuerdo.	In der Diskussion stellte sich heraus, dass alle einer Meinung waren.
estrecho, -a	eng
ropa estrecha	enge Kleidung
un valle estrecho	ein enges Tal
el maquillaje	das Schminken, das Make-up
maldito, -aᴹ¹	verflixt, verflucht
un tacón	ein Absatz (*am Schuh*)
fino, -a	fein
Se compró un vestido muy fino para la boda.	Sie kaufte sich für die Hochzeit ein sehr feines Kleid.
un zapato	ein Schuh
ponerse algo	etw. anziehen
dar la razón a alguien	jdm. Recht geben
soportar algo	etw. ertragen, etw. aushalten
diminuto, -a	winzig
un dedo	eine Zehe
posible	möglich
renunciar a algo	auf etw. verzichten
lacio, -a	glatt (*Haar*)

El pelo — **Das Haar**

ser rubio, -a	blond sein
ser moreno, -a	dunkelhaarig sein
llevar el pelo corto/largo	das Haar kurz/lang tragen
tener el pelo lacio	glattes Haar haben
tener rizos	Locken haben
cambiar de peinado	seine Frisur ändern
hacerse un corte nuevo/de moda	sich einen neuen/modischen Schnitt machen lassen
cortarse el pelo	sich die Haare schneiden (lassen)
dejarse crecer el pelo	sich die Haare wachsen lassen
bajo, -a	klein(gewachsen), niedrig
una persona baja	eine kleine Person
una silla baja	ein niedriger Stuhl
un/una intérprete	ein/eine Dolmetscher/in
cortés	höflich

comprender algo/a alguien	etw. /jdn. verstehen
un prejuicio	ein Vorurteil
racial	rassisch, Rassen-
sonreír	lächeln

vestirse — **sich anziehen**

cambiarse	sich umziehen
ponerse pantalones estrechos y un jersey grueso	eine enge Hose und einen dicken Pullover anziehen
llevar un vestido con flores y con un cinturón largo	ein geblümtes Kleid mit einem breiten Gürtel tragen
una camisa de manga larga	ein langärmeliges Hemd
una camiseta clara/oscura	ein helles/dunkles T-shirt
...y para fuera: un anorak/abrigo/impermeable	...und für draußen: ein Anorak/Mantel/Regenmantel
ponerse zapatos finos con tacones altos/bajos	elegante Schuhe mit hohen/niedrigen Absätzen anziehen
La ropa estrecha está de moda.	Enge Kleidung ist „in".

B: ¡Tierra y libertad!

la tierra	das Land, der Grundbesitz
un campesino	ein Bauer, ein Landarbeiter
desesperarse (de algo)	(über etw.) verzweifeln
Los campesinos estaban desesperados. (G § 58)	Die Bauern waren verzweifelt.
cercar algo	etw. umzäunen
Las tierras habían sido cercadas. (G § 58)	Die Grundstücke waren eingezäunt worden.
una decisión	eine Entscheidung
ponerse a hacer algo	sich daran machen, etw. zu tun
Todos se pusieron a trabajar.	Alle machten sich an die Arbeit.
un ejército	ein Heer, eine Armee

reprimir algo/ a alguien	etw./jdn. unterdrücken
El ejército reprimió a los campesinos.	Die Armee unterdrückte die Bauern.
Manuel apenas podía reprimir su rabia.	Manuel konnte kaum seine Wut unterdrücken.
levantarse en armas	sich erheben, einen bewaffneten Aufstand beginnen
un punto	ein Punkt, *hier:* ein Ort
bajo (*prep*)	unter (*prep, fig*)
Los jóvenes aztecas sufrieron bajo la educación de los sacerdotes.	Die jungen Azteken litten unter der Erziehung der Priester.
la protección	der Schutz

Dar	**Geben**
dar algo a alguien	jdm. etw. geben
dar de comer a alguien	jdm. zu essen geben
dejar algo a alguien	jdm. etw. überlassen
pasar algo a alguien	jdm. etw. (über-)geben
devolver algo a alguien	jdm. etw. zurückgeben

invadir algo	etw. überfallen, in etw. einfallen
El ejército extranjero invadió el país.	Die ausländische Armee überfiel das Land.
La gente invadió las calles.	Die Straßen füllten sich mit Menschen.
recuperar algo	etw. wiederbekommen, etw. wiedererlangen
Pedro recuperó el Cd que le había prestado a su amigo.	Pedro holte sich die CD zurück, die er seinem Freund geliehen hatte.
Los indígenas intentan recuperar las tierras que les habían arrebatado. (*G § 59*)	Die Ureinwohner versuchen, die Ländereien zurückzubekommen, die man ihnen weggenommen hatte.
una revolución	eine Revolution
un jefe	ein Chef, ein Leiter
revolucionario, -a	revolutionär, Revolutions-
los jefes revolucionarios	die Anführer der Revolution

humilde	bescheiden, einfach
Zapata era de origen humilde.	Zapata stammte aus einfachen Verhältnissen.
un revolucionario	ein Revolutionär
vencer (en algo; a alguien)	siegen in/bei etw.; jdn. besiegen
Francia venció en la final del Mundial de Fútbol de 1998.	Frankreich siegte im Endspiel der Fußballweltmeisterschaft 1998.
Los revolucionarios vencieron al ejército.	Die Revolutionäre besiegten die Armee.
(estar) desunido, -a	uneinig/zerstritten (sein)
el poder	die Macht
subir al poder	die Macht ergreifen
la posesión	der Besitz
un ciudadano	ein Bürger
poseer algo	etw. besitzen
el horror	das Entsetzen, das Grauen
Mucha gente vive diariamente los horrores de la guerra y de la miseria.	Viele Menschen erleben täglich die Gräuel des Krieges und des Elends.
dedicarse a algo	sich etw. widmen, in etw. tätig sein
El escritor se dedica a su nuevo libro.	Der Schriftsteller widmet sich seinem neuen Buch.
Isabel se dedica a la informática.	Isabel arbeitet im Bereich der Informatik.
un propietario	ein Besitzer

Poseer	**Besitzen**
tener algo	etw. haben
ser de alguien	jdm. gehören
ser mío/tuyo…	mein/dein… sein
poseer algo	etw. besitzen
la posesión	der Besitz
ser el propietario (de algo)	der Besitzer (von etw.) sein
propio, -a	eigene/r/s

proclamar algo/ a alguien algo	etw. verkünden, etw. proklamieren/ jdn. zu etw. ausrufen
Los revolucionarios proclamaron un plan/a Gutiérrez presidente.	Die Revolutionäre verkündeten einen Plan/riefen Gutiérrez zum Präsidenten aus.

la luz	das Licht
corriente	fließend
Aquí no hay agua corriente.	Hier gibt es kein fließendes Wasser.
a pie	zu Fuß
una lucha[M2]	ein Kampf
a su lado	an seiner/ihrer Seite
asesinar a alguien	jdn. ermorden
inundar algo	etw. überschwemmen
Por las lluvias el río inundó la ciudad.	Wegen der Regenfälle überschwemmte der Fluss die Stadt.
La empresa inundó el país con su publicidad.	Die Firma überschwemmte das Land mit ihrer Werbung.
armar(se)	(sich) bewaffnen
EZLN (Ejército Zapatista de Liberación Nacional)	Zapatistische Befreiungsarmee (*Gruppe, die in Chiapas gegen die Regierung und für die Rechte der Ureinwohner kämpft*)
la liberación	die Befreiung
armado,- a	bewaffnet
un maestro	ein (Grundschul-)Lehrer
un doctor	ein Arzt
dar miedo a alguien	jdm. Angst machen
Sus palabras me dieron miedo.	Seine/Ihre Worte jagten mir Angst ein.
No nos da miedo morir.	Wir haben keine Angst vor dem Sterben.
como si (+ *subj imperfecto*)	als ob, wie wenn
lograr algo/que (+ *subj*)	erreichen, dass
Los indígenas lograron que se escuchara su voz.	Die Ureinwohner haben erreicht, dass man ihre Stimme hört.
la justicia	die Gerechtigkeit
doloroso, -a	schmerzhaft, schmerzlich
una herida dolorosa	eine schmerzhafte Verletzung
La muerte de niños es un hecho doloroso.	Der Tod von Kindern ist ein schmerzliches Geschehen.
curable	heilbar
pacífico, -a	friedlich, gewaltlos
obtener algo (obtengo)	etw. erhalten

tomar una decisión	eine Entscheidung treffen
Gabriel García Márquez obtuvo el Premio Nobel de Literatura en 1982.	Gabriel García Márquez erhielt 1982 den Nobelpreis für Literatur.

Tomar	Nehmen
recuperar algo	etw. zurückbekommen
recibir algo	etw. bekommen
obtener algo	etw. erhalten
conseguir ⎱ algo lograr ⎰	etw. erreichen
aceptar algo	etw. annehmen
tomar(se) algo	(sich) etw. nehmen
coger algo	etw. nehmen
arrebatar algo a alguien ⎱ quitar algo a alguien ⎰	jdm. etw. wegnehmen

C: Nuestra América

1. La maldición de Malinche

una profecía	eine Profezeiung
el temor	die Angst, die Furcht
ignorar algo	etw. nicht wissen
Los aztecas ignoraban que Cortés no era un dios.	Die Azteken wussten nicht, dass Cortés kein Gott war.
Ignoro lo que voy a hacer mañana.	Ich weiß nicht, was ich morgen machen werde.
montar	aufsteigen, aufsitzen, einsteigen
ir montado	reiten
una bestia	eine Bestie/wildes Tier
el mal	das Böse
(el) metal	(das) Metall
el valor	der Mut
unos cuantos	einige wenige
oponer algo a algo/alguien (opongo)	jdm./etw. etw. entgegensetzen, -stellen
la resistencia	der Widerstand
correr	laufen, rennen; *hier:* fließen
Cuando el turista vio el toro, se puso a correr.	Als der Tourist den Stier sah, fing er an zu rennen.
La sangre corría de la herida.	Das Blut floss aus der Wunde.

llenarse (de algo) — sich füllen (mit etw.)
La sala se llenó (de gente). — Der Saal füllte sich (mit Menschen).
robar algo — etw. rauben, etw. stehlen
un error — ein Fehler, ein Irrtum
la grandeza — die Größe, die Großartigkeit
la grandeza de la cultura azteca — die Größe der aztekischen Kultur
un esclavo — ein Sklave
el brillo — der Glanz
pleno, -a — voll, Voll-
en pleno siglo XX — mitten im 20. Jahrhundert
a plena luz del día — am hellichten Tag
llamar algo a alguien — jnd. etw. nennen, jdn. als etw. bezeichnen
llamar amigo a alguien — jdn. einen Freund nennen
una sierra — eine Gebirgskette
humillar a alguien — jdn. demütigen
un extraño — ein Fremder
un/una hipócrita — ein Heuchler/eine Heuchlerin
mostrarse (+ *adj*) (-ue-) — sich zeigen (+ *adj*), sein
volverse (+ *adj*) (-ue-) — sich verwandeln; werden (+ *adj*)
Al principio el jefe se mostró muy amable, pero cuando no hice exactamente lo que quería, se volvió menos simpático. — Anfangs war/zeigte sich der Chef sehr freundlich, aber als ich nicht genau das tat, was er wollte, wurde er weniger nett.
soberbio, -a — hochmütig
el presente — die Gegenwart
libre — frei

2. La conquista de México

una conquista^M2 — die Eroberung
descubrir algo^M2 — etw. entdecken
Cristóbal Colón^M2 — Christoph Kolumbus
(la) América — Amerika
la crueldad — die Grausamkeit, die grausame Tat
un conquistador — ein Eroberer
una mina — eine Mine (*Bodenschätze*)

Las empresas y la situación económica

fundar una empresa — eine Firma gründen
crear empleo — Arbeitsplätze schaffen
Nuestros productos se venden muy bien. — Unsere Produkte verkaufen sich sehr gut.
el éxito/fracaso/ progreso económico — der wirtschaftliche Erfolg/Misserfolg/ Fortschritt
Las deudas preocupan al gobierno. — Die Schulden beunruhigen die Regierung.
Con la crisis, la tasa de parados ha aumentado. — Mit der Krise ist die Arbeitslosenquote gestiegen.
Los precios suben/ bajan/han aumentado. — Die Preise steigen/ fallen/sind gestiegen.
Algunos intentan beneficiarse de la situación económica. — Einige versuchen, aus der wirtschaftlichen Situation Nutzen zu ziehen.
La situación ha mejorado. — Die Situation hat sich verbessert.

(el) tabaco — (der) Tabak
duro, -a — hart
El oro no es muy duro. — Gold ist nicht sehr hart.
Los indios trabajaban en condiciones muy duras. — Die Indios arbeiteten unter sehr harten Bedingungen.
avanzado, -a^M2 — fortschrittlich, hoch entwickelt
(los) conocimientos — (die) Kenntnisse
Los conocimientos de Maribel en física son impresionantes. — Maribels physikalische Kenntnisse sind beeindruckend.
construir algo — etw. bauen
un lago — ein See
cuyo, -a (*G § 61*) — dessen, deren
la vuelta — die Rückkehr
el Océano Atlántico — der Atlantik
el número — die Anzahl, die Menge
un papel — eine Rolle
Victoria Abril tiene sólo un pequeño papel en esa película. — Victoria Abril hat in diesem Film nur eine kleine Rolle.
una princesa — eine Prinzessin

conquistar algo^M2	etw. erobern
acusar a alguien de algo	jdn. einer Sache anklagen
la traición	der Verrat
la materia prima	der Rohstoff
fértil	fruchtbar
un productor	ein Produzent
mundial	weltweit, Welt-
la economía mundial	die Weltwirtschaft
una perla	eine Perle
valioso, -a	wertvoll
agrícola	landwirtschaftlich
un producto agrícola	ein landwirtschaftliches Produkt
la insolvencia	die Zahlungsunfähigkeit

Las materias primas y la agricultura

La agricultura es el primer sector económico.	Die Landwirtschaft ist der wichtigste Wirtschaftszweig.
Las tierras aquí son muy fértiles.	Die Böden hier sind sehr fruchtbar.
Hay varias cosechas al año.	Es gibt mehrere Ernten pro Jahr.
Los principales productos agrícolas son el trigo, el café, el maíz, el aceite de oliva y el tabaco.	Die wichtigsten Agrarprodukte sind Weizen, Kaffee, Mais, Olivenöl und Tabak.
La pesca no tiene un papel muy importante (en la economía del país).	Die Fischerei spielt keine große Rolle (in der Wirtschaft des Landes).
La minería ocupa el segundo lugar en importancia.	Der Bergbau ist am zweitwichtigsten.
El país es rico en materias primas.	Das Land ist reich an Bodenschätzen.
Hay abundantes minas de oro y de plata.	Es gibt zahlreiche Gold- und Silberminen.

Unidad 6

A: Encuentro de tres culturas

la Edad Media	das Mittelalter
caracterizarse por algo	sich durch etw. charakterisieren/auszeichnen
Nuestro siglo se caracteriza por cambios constantes.	Unser Jahrhundert zeichnet sich durch ständige Veränderungen aus.
la convivencia	das Zusammenleben
árabe^M2	arabisch
cristiano, -a^M2	christlich
judío, -a^M2	jüdisch
un ministerio	ein Ministerium
el Ministerio de Cultura	das Kultusministerium
descubrir algo^M2, 5C	etw. entdecken
una sinagoga	eine Synagoge, ein jüdisches Bethaus
la dominación	die Herrschaft
En el siglo X casi toda España vivía bajo la dominación árabe.	Im 10. Jahrhundert lebte fast ganz Spanien unter arabischer Herrschaft.
un cristiano	ein Christ
avanzar (en)^M2	vorrücken, vorankommen (in/bei)
Charo avanza bien en sus estudios.	Charo macht gute Fortschritte im Studium.
la Reconquista	die Reconquista (*Rückeroberung Spaniens von den Arabern*)
un judío	ein Jude
un/una árabe^M2	ein Araber
un rey	ein König
católico, -a^M2	katholisch
los Reyes Católicos^M2	*Beiname des Königspaares Isabel I und Fernando II*
expulsar a alguien^M2	jdn. vertreiben/ausweisen/hinauswerfen
Israel *m*	Israel
un sefardí (*pl* sefardíes)	ein Sepharde (*aus Spanien stammender Jude*)
guardar algo	etw. aufbewahren, etw. aufheben

una llave — ein Schlüssel
antiguo, -a — frühere/r/s
Ayer vi a mi antigua profesora de español. — Gestern habe ich meine frühere Spanischlehrerin gesehen.
procedente de — kommend/stammend aus
(el) sefardí — das Sephardische, das Judenspanisch
llevarse algo — etw. mitnehmen
¿Quieres llevarte este libro? — Möchtest du dieses Buch mitnehmen?
el alcohol — der Alkohol
el álgebra *f* — die Algebra
un arco — ein Bogen
el arco de herradura — der „Hufeisenbogen"
una mezquita — eine Moschee
un ornamento — eine Verzierung, ein Ornament
un elemento — ein Element, ein Bestandteil
visigodo, -a — westgotisch
la espiritualidad — die Spiritualität
mezclar algo (con algo) — etw. mischen, etw. mit etw. vermischen
¿Has mezclado bien la fruta para la macedonia? — Hast du die Früchte für den Obstsalat gut gemischt?
Habla un español mezclado con alemán. — Er/sie spricht ein mit Deutsch vermischtes Spanisch.
una obra^M2 — ein Werk
(la) filosofía — (die) Philosophie
una ciencia — eine Wissenschaft
un traductor — ein Übersetzer
la Escuela de Traductores de Toledo — die Toledaner Übersetzerschule
traducir algo^M2 (-zco) (de – a) — etw. übersetzen (von – ins)
(el) latín — (das) Latein, die lateinische Sprache
científico, -a^M2 — wissenschaftlich
una obra científica — ein wissenschaftliches Werk
redescubrir algo — etw. wiederentdecken
griego, -a — griechisch
(el) griego^M2 — Griechisch, die griechische Sprache
(la) medicina — (die) Medizin
complicado, -a^M1 — kompliziert

medieval — mittelalterlich
una perdiz — ein Rebhuhn
…y todos fueron felices y comieron perdices. — … und wenn sie nicht gestorben sind, so leben sie noch heute.
el fanatismo — der Fanatismus
un resto — ein Rest
el resto de Europa — das übrige/restliche Europa
al fin y al cabo — schließlich und endlich, letztlich
tener que ver con algo — mit etw. zu tun haben
La Escuela de Traductores de Toledo no tiene que ver con una agencia de traductores moderna. — Die Toledaner Übersetzerschule hat nichts mit einem modernen Übersetzungsbüro zu tun.
entonces — damals
los problemas actuales y los de entonces — die heutigen und die damaligen Probleme
la discordia — die Uneinigkeit, der Streit
el entendimiento — das Verständnis
un conflicto — ein Konflikt
la tolerancia — die Toleranz
temerse algo — etw. befürchten

Discordia y entendimiento

vivir en paz — in Frieden leben
la convivencia pacífica — das friedliche Zusammenleben
entenderse bien — sich gut verstehen
respetar a alguien — jdn. respektieren
temer a alguien — jdn. fürchten
tener miedo (de) — Angst haben (vor)
(no) estar de acuerdo con alguien — (nicht) der gleichen Meinung sein wie jmd.
discutir^M1 con alguien — mit jdm. diskutieren/streiten
una discusión — eine Diskussion, ein Streit
estar desunido, -a — uneinig/zerstritten sein
insultar a alguien — jdn. beleidigen
humillar^SC a alguien — jdn. demütigen
una amenaza — eine Drohung
empezar/terminar un conflicto — einen Konflikt beginnen/beenden

B: ¡Que llegue la paz!

¡que (+ *subj*)! (*G § 67*)	Dass doch…!, Ach möge doch…!
¡Que llegue la paz!	Ach wenn doch der Friede käme!
una guerra civil	ein Bürgerkrieg
un golpe	ein Schlag
un estado	ein Staat
un golpe de estado	ein Staatsstreich
una república	eine Republik
por un lado	auf der einen Seite
los nacionalistas	die Nationalisten
fascista	faschistisch
la Falange	die Falange (*faschistische Partei in Spanien*)
los republicanos	die Republikaner, die Anhänger der Republik
liberal	liberal
fiarse de algo/alguien (fió)	etw./jdm. vertrauen
internacional	international
lo que sea	was auch immer
una cuestión	eine Frage, ein Problem
Esto es cuestión de días.	Das ist nur eine Frage von Tagen.
En la discusión aparecieron cuestiones interesantes.	In der Diskussion tauchten interessante Probleme auf.
lo de …	das von …, die Sache mit …
un paseo	ein Spaziergang
un obrero	ein Arbeiter
equivocarse[M2]	sich irren, sich täuschen
un cura	ein Pfarrer, ein Priester
el capital	das Kapital
un ciego	ein Blinder
acabar(se)	zu Ende gehen
El curso se acaba.	Der Kurs/das Schuljahr geht zu Ende.
La Guerra Civil española acabó en 1939.	Der Spanische Bürgerkrieg ging 1939 zu Ende.
¡sí señor!	jawohl!, genau!
una máquina	eine Maschine
estar/ponerse en marcha	in Gang sein, sich auf den Weg machen
La máquina ya está en marcha.	Die Maschine läuft schon.
Nos pusimos en marcha a Madrid.	Wir machten uns nach Madrid auf den Weg.

una jornada de trabajo	ein Arbeitstag
un documento	ein Dokument
la propiedad	der Besitz
por descontado	selbstverständlich
un trabajador	ein Arbeiter
apoyar a alguien	jdn. unterstützen
Toda la población apoyó al presidente.	Die gesamte Bevölkerung unterstützte den Präsidenten.
más tiempo	länger, am längsten
Fue en Madrid donde más tiempo se sufrió el hambre.	In Madrid litt man am längsten Hunger.
Pablo necesita cada vez más tiempo para los deberes.	Pablo braucht immer länger für die Hausaufgaben.
democrático, -a	demokratisch
una barbaridad	eine Barbarei, eine Grausamkeit
convertir algo en algo	etw. in etw. verwandeln
Los revolucionarios querían convertir el país en un paraíso.	Die Revolutionäre wollten das Land in ein Paradies verwandeln.
una dictadura	eine Diktatur
la normalidad	die Normalität
un conflicto[6A]	ein Konflikt
político, -a	politisch
la revancha	die Revanche, die Rache
una mentira	eine Lüge
una novela[M2]	ein Roman
una batalla[M2]	eine Schlacht

Conflictos armados

la violencia	die Gewalt
luchar	kämpfen
armarse	sich bewaffnen
matar a alguien	jdn. töten
asesinar a alguien	jdn. ermorden
una lucha	ein Kampf
una batalla	eine Schlacht
una guerra (civil)	ein (Bürger-)Krieg
un golpe de estado	ein Staatsstreich
la revancha	die Rache
una víctima	ein Opfer
un/una superviviente	ein/eine Überlebende/r
las armas callan	die Waffen schweigen

figurarse algo	sich etw. vorstellen
Figúrate que estás en España.	Stell dir vor, du bist in Spanien.
¡Figuraos!: Ana ha ganado 1000 €.	Stellt euch vor: Ana hat 1000 € gewonnen!
ocurrir	vorkommen, passieren, sich ereignen
Esto ocurrió durante la Guerra Civil.	Das geschah während des Bürgerkrieges.
detener a alguien (detengo)	jdn. verhaften
un sindicato	eine Gewerkschaft
la política	die Politik
asustarse	sich erschrecken, einen Schreck bekommen
ponerse	*hier:* sich aufregen
animar a alguien	jdn. aufmuntern
al fin y al cabo⁶ᴬ	schließlich und endlich, letztlich

C: La unidad en la diversidad

1. Símbolo de la unidad

la unidad	die Einheit
Nuestro libro de español tiene seis unidades.	Unser Spanischbuch hat sechs Einheiten.
El Rey es el símbolo de la unidad del país.	Der König ist das Symbol der Einheit des Landes.
la diversidad	die Vielfalt
En la tienda había una diversidad increíble de productos.	Im Geschäft gab es eine unglaubliche Vielfalt von Produkten.
un estado⁶ᴮ	ein Staat
un Jefe del Estado	ein Staatschef
una nación	eine Nation
apreciar algo	etw. (wert-)schätzen
Su jefe aprecia mucho su trabajo.	Sein/Ihr Chef schätzt seine/ihre Arbeit sehr.
Aprecia a sus empleados.	Er/Sie schätzt seine/ihre Angestellten.
el optimismo	der Optimismus
la monarquía	die Monarchie
una institución	eine Institution
la participación	die Teilnahme
político, -a⁶ᴮ	politisch
la clase	die Art und Weise
sin ninguna clase de …	ohne jede Art von …

una corona	eine Krone
la Corona	die Krone, die Monarchie
la totalidad	die Totalität, die Gesamtheit
la totalidad de la población	die gesamte Bevölkerung
cada uno, -a	jede/r/s einzelne
Cada una de las instituciones es importante.	Jede einzelne der Institutionen ist wichtig.
garantizar algo	etw. garantieren
hacer que (+ *subj*)	etw. verursachen
La Monarquía hará que España sea un país moderno.	Die Monarchie wird alles dafür tun, dass Spanien ein modernes Land ist/wird.
Pepe hizo que me riera con sus historias.	Pepe brachte mich mit seinen Geschichten zum Lachen.
la democracia	die Demokratie
a la vez (que)	gleichzeitig
Bea sabe hacer varias cosas a la vez.	Bea kann mehrere Dinge gleichzeitig tun.
Estudiaba a la vez que trabajaba.	Er/sie arbeitete und studierte gleichzeitig.
ordenado, -a	ordentlich, geordnet
Luis es un chico muy ordenado.	Luis ist ein sehr ordentlicher Junge.
La excursión pasó de manera ordenada.	Der Ausflug verlief auf geordnete Weise.
un deseo	ein Wunsch
libre⁵ᶜ	frei
expresar algo	etw. ausdrücken
incontable	unzählig, sehr viele
la variedad	die Vielfalt, die Reichhaltigkeit
Andalucía tiene una gran variedad de paisajes.	Andalusien hat eine große Vielfalt von Landschaften.

2. España: una monarquía parlamentaria

parlamentario, -a	parlamentarisch
la monarquía parlamentaria	die parlamentarische Monarchie
un proceso	ein Prozess, ein Vorgang
dirigir algo	etw. leiten, etw. führen
aprobar algo (-ue-)	etw. billigen/gutheißen/genehmigen

Todos los profesores aprobaron la decisión del director.	Alle Lehrer billigten die Entscheidung des Direktors.
El parlamento aprobó la nueva ley.	Das Parlament verabschiedete das neue Gesetz.
una constitución	eine Verfassung
definir algo	etw. definieren

Hablar de un texto II

El autor se dirige a los jóvenes.	Der Autor wendet sich an die Jugendlichen.
Trata el/pasa al tema siguiente.	Er behandelt das folgende Thema/geht zu folgendem Thema über.
Describe la situación actual.	Er beschreibt die augenblickliche Situation.
Le interesan/Se interesa por/Explica las causas.	Ihn interessieren/Er interessiert sich für/erklärt die Ursachen.
Utiliza varias fuentes.	Er verwendet verschiedene Quellen.
Critica a los representantes del estado.	Er kritisiert die Vertreter des Staates.
Expresa su voluntad de ayudar.	Er drückt seinen Willen zu helfen aus.
Define un proyecto concreto.	Er definiert ein konkretes Projekt.
Valora/Estima/Aprecia/Aprueba el trabajo de las ONGs.	Er schätzt die Arbeit der NGOs/heißt die Arbeit … gut.

democrático, -a	demokratisch
el funcionamiento	das Funktionieren, die Arbeitsweise
un rey⁶ᴬ	ein König
alto, -a	hoch(gestellt)
un representante	ein Vertreter, ein Beauftragter
El Rey es el más alto representante del estado.	Der König ist der höchste Vertreter des Staates.
nombrar a alguien (algo)	jdn. (zu etw.) ernennen
el Presidente del Gobierno	der (spanische) Ministerpräsident
a propuesta de	auf Vorschlag von
un congreso	ein Kongress

un diputado	ein Abgeordneter
el Congreso de los Diputados	*das Abgeordnetenhaus des spanischen Parlaments*
un ministro	ein Minister
el parlamento central	das Parlament zentral; Haupt-
La Plaza Mayor está en un punto central de la ciudad.	Der Marktplatz liegt an einem zentralen Punkt der Stadt.
el Gobierno central	die Zentralregierung, die Staatsregierung
la política⁶ᴮ	die Politik
interior	innerlich, Innen-
la política interior	die Innenpolitik
exterior	äußerlich, Außen-
la política exterior	die Außenpolitik
componerse de	sich zusammensetzen aus, bestehen aus
El Parlamento español se compone de/está compuesto por dos cámaras.	Das spanische Parlament besteht/setzt sich zusammen aus zwei Kammern.
(ser) responsable (de/ante)	verantwortlich sein (für/vor)
El Sr. García es responsable del éxito.	Herr García ist für den Erfolg verantwortlich.
El gobierno es responsable ante el parlamento.	Die Regierung ist (vor) dem Parlament verantwortlich.
las Cortes Generales	*das spanische Parlament*
una cámara	eine Kammer
el sufragio universal	das allgemeine Wahlrecht
secreto, -a	geheim
por 4 años	für 4 Jahre
votar algo	abstimmen über
El parlamento vota las leyes.	Das Parlament stimmt über die Gesetze ab.
el Senado	der Senat (*2. Kammer des spanischen Parlaments*)
la legislación	die Gesetzgebung
interno, -a	innere/r/s, intern
Esto es un asunto interno.	Das ist eine innere Angelegenheit.
la protección del medio ambiente	der Umweltschutz
regional	regional

Diccionario

Dieses alphabetische Wörterverzeichnis enthält alle in *Línea uno* und *Línea dos* verwendeten Wörter und Ausdrücke, mit Ausnahme der im Anschluss an fakultative Zusatztexte erklärten. Mit ‹ › gekennzeichnet ist Vokabular, das bei den Lektionstexten oder Übungen erklärt ist und nicht aktiv beherrscht werden muss, sowie erschließbarer Wortschatz aus Texten und Übungen. Auch diese Wörter und Ausdrücke brauchst du nicht zu lernen, du solltest sie aber wiedererkennen und – im Kontext – verstehen. Die Ziffern und Buchstaben geben den Band, die Lektion und ggf. Übung an, in der das Wort zum ersten Mal verwendet wird, z.B.

I 0	= *Línea uno,* Einstiegskapitel *Vacaciones en España*	**II 2B**	= *Línea dos,* Lektionstext der Unidad 2B
I 4A, 6	= *Línea uno*, Unidad 4A, Übung 6	Estr	= Estrategia
I M1	= *Línea uno*, Módulo 1	P	= Y de postre
		G	= Grammatisches Beiheft

A

a I 2A nach, (hin) zu
Va **a** su habitación. **I 2A** Sie geht in ihr Zimmer.
estar **a** ... kilómetros de ... **I 4A**, 6 ... km von ... entfernt sein
¡**A** (+ *Ortsangabe*)! **I 7A** Auf nach ...!, Auf in ...!
a (+ *Zeitpunkt*) **II 1B** am
al día / **a la** mañana siguiente **II 1B** am darauffolgenden Tag / Morgen
a (+ *Zeitraum*) ‹II 1B, 7›; **II 2C** pro (+ *Zeitraum*)
al día / año ‹II 1B, 7›; **II 2C** pro Tag / Jahr
al final **I 5B** am Ende
a favor de ‹I 7A, 8› für, zugunsten von
al lado de **I 2A** neben
a los 11 años **I 8B** mit 11 Jahren
al menos **I 8B** wenigstens; mindestens
a lo mejor **I 3B** vielleicht
al principio **I 5A** am Anfang
A principios de (+ *Zeitraum*) **II 3D** Anfang (+ *Zeitraum*)
A principios del mes **II 3D** Anfang des Monats
a principios de (agosto) **I M1** Anfang (August)
a que ‹I 8B, *Un texto más*› hier: damit
a que... ‹3C, 5› Wetten, dass...
a ver **I 4A** mal sehen
al oírnos hablar ‹I M1, P› als sie uns sprechen hörten

al ver ‹I M2, P› als ich sah
al mirar ‹II 5C› als sie sahen
abandonado, -a I M1 verlassen
abandonar a alguien **I 8B** jdn. verlassen
el **abastecimiento** ‹II 6B› die Versorgung
el **abecedario** ‹I 7B, P› das Alphabet, die Fibel
(estar) **abierto, -a I 5A** offen / geöffnet (sein)
(ser) **abierto, -a II 1C** offen (*fig*) / aufgeschlossen (sein)
un **abogado I 5B** ein Rechtsanwalt
una **abogada** ‹I 5B, 9›; **II 3D** eine Rechtsanwältin
abortar II 3B abtreiben
abrazar a alguien **I 4B** jdn. umarmen
un **abrazo I 0**, 2 eine Umarmung
un **abrigo II 2D** ein Mantel
abril *m* **I 5A** April
abrir (algo a alguien) **I 2B**; **II 2A** (etw. für jdn.) öffnen
absoluto, -a ‹I 7A, 2› absolut
un superlativo **absoluto** ‹I 7A, 2› ein absoluter Superlativ
(no ...) en **absoluto** ‹I 5C, P› überhaupt (... nicht)
la **abstención** ‹II 6C, 6› die Stimmenthaltung
absurdo, -a ‹I 5A, 5›; **II 1C** absurd
la **abuela I 3B** die Großmutter
el **abuelo I 3B** der Großvater
los **abuelos I 3B** die Großeltern

abundante II 4A reichhaltig, zahlreich
aburrido, -a I 5A, 3 langweilig
aburrirse I 5A sich langweilen
acabar(se) I M2; **II 4B**; **II 6B** zu Ende gehen, enden
acabar de hacer algo **I 5B** gerade eben etw. getan haben
y **se acabó** (*fam*) **II 4B** und damit basta
el **acceso** ‹II 3B› der Zugang
un **accidente I 6A** ein Unfall
una **acción** ‹I 5C, P› eine Handlung
(el) **aceite II 2C** (das) (Speise-) Öl
un **acento I 5A** ein Akzent
aceptar algo **II 1C** etw. akzeptieren, etw. annehmen
acerca de **II 3D** über (*fig*)
un artículo **acerca** de las mujeres **II 3D** ein Artikel über die Frauen
acercarse (a algo / alguien) **II 2E** sich nähern, näher kommen
el **acné** ‹II 5A› die Akne
acoger a alguien **II 3C** jdn. aufnehmen, jdn. empfangen
acompañar a alguien **II 2D** jdn. begleiten
aconsejar algo a alguien **II 3C** jdm. etw. raten
un **acontecimiento** ‹II 4 → 5› ein Ereignis, ein Geschehen
acordarse (de) (-ue-) ‹II 1B, 1›; **II 2D** sich erinnern (an)
acostarse (-ue-) **I 5A** ins Bett gehen

estar **acostumbrado, -a** a algo
I 8B an etw. gewöhnt sein

acostumbrarse a algo **I 8A**
sich an etw. gewöhnen

activamente (*adv*) **I M1** aktiv

una **actividad** ‹I 5A, 8›; **I M1**;
II 1B eine Aktivität, eine
Tätigkeit

activo, -a ‹I 4B, 9›; **I M1** aktiv
la voz **activa** ‹II 5B, 2› das
Aktiv

actual ‹I 6B, 8›; **II 1B** gegen-
wärtig, aktuell

actualmente (*adv*) **II 1B** zur
Zeit, augenblicklich

la **actualidad** **II 3D** die Aktualität

en la **actualidad** **II 3D** heutzutage

actuar (-úo) ‹II 6A, 5› handeln

estar de **acuerdo** (con) **I M1**;
II 3D einverstanden sein
(mit), der gleichen Meinung
sein (wie)

acusar a alguien de algo **II 5C**
jdn. einer Sache anklagen

adecuado, -a **II 1B** geeignet,
angemessen

salir **adelante** ‹II 5B, 6› vorwärtskommen, vorankommen

además **I 5A** außerdem

¡Adiós! **I 0** Auf Wiedersehen

una **adivinanza** ‹II 1C, 5› ein
Rätsel

adivinar algo **II 4B** etw. (er-)
raten

un **adjetivo** ‹I 5A, 3› ein Adjek-
tiv

la **administración** ‹II 1B› die
Verwaltung

admitir ‹I 5A, 3› zulassen, aufnehmen

un/una **adolescente** **II 3B** ein/
eine Jugendliche/r, ein Teenager

adonde (*Relativadverb*) **I 7A**
wohin

¿adónde? **I 2A** wohin?

adorar ‹II 5C, 8› anbeten

un **adulto** **II 3B** ein Erwachsener

un **adverbio** ‹I M1, 3› ein Ad-
verb

una subordinada **adversativa**
‹II 5C, 6› ein Adversativsatz
(*Nebensatz, der einen Gegen-
satz ausdrückt*)

un **aeropuerto** ‹II 4C, 8› ein
Flughafen

una **afirmación** **II 1C** eine Be-
hauptung

afirmar algo **II 1C** etw. behaupten

África *f* ‹II 2A› Afrika

africano, -a **II 2D** afrikanisch

el estilo **afro** ‹II 5A› der Afro-
Look

una **agencia** **I 2B** eine Agentur
una **agencia** de viajes ‹I 5A, 3›
ein Reisebüro

agosto *m* **I 5A** August

agotador, -ora **I 7B** erschöp-
fend, sehr ermüdend

agrícola **II 5C** landwirtschaft-
lich

un producto **agrícola** **II 5C**
ein landwirtschaftliches Produkt

la **agricultura** ‹I 7B, 9›; **II 2C**
die Landwirtschaft

(el) **agua** *f* **I 3A** (das) Wasser

ahí **I 3B** da, dort

ahora **I 1A** jetzt

ahora mismo **I 1B** sofort,
jetzt gleich

ahorita (*fam; lat. am.*) **I 8A**
jetzt, gleich

ahorrarse algo (*fam*) ·II 3D›
sich etw. sparen

el **aire** ‹I 3B, P›; **II 2D** die Luft

el **ajedrez** ‹II 6A, 3› das Schach-
spiel

ajeno, -a **II 4B** den anderen
gehörig, fremd

un **albergue** juvenil **I 5A, 3**
eine Jugendherberge

el **alcohol** ‹II 3B, 4›; **II 6A** der
Alkohol

alcohólico, -a **II 3A** alkoho-
lisch

alegrar a alguien **II 4C** jdn.
(er-)freuen

alegrarse de algo / de que
(+ *subj*) **II 1C** sich freuen
über

alegre **II 2E** fröhlich, lustig

la **alegría** **II 2B** die Freude,
die Fröhlichkeit, die Heiterkeit

¡Ay, la Virgen, qué alegría!
II 2B Ach du lieber Gott, was
für eine Freude!

dar **alegría** a alguien **II 2B**
jdm. eine Freude bereiten

alejar algo / a alguien de un lugar
II 3C jdn. / etw. von einem
Ort wegbringen / entfernen

alejarse (de algo / alguien)
II 3B sich entfernen (von etw. /
jdm.)

alemán, alemana ‹I 7B, 3›
deutsch

el **alemán** **I 2A** Deutsch, die
deutsche Sprache

un **alemán** **I 1A** ein Deutscher
una **alemana** **I 1A** eine
Deutsche

Alemania *f* **I 1A** Deutschland

el **álgebra** *f* **II 6A** die Algebra

algo **I 1B** (irgend)etwas

algo de comer **II 4A** etwas
zu essen

algo más que **II 1B** (noch)
mehr als, noch etwas anderes
als

(el) **algodón** **II 2A** (die) Baumwolle

alguien **I 6B** (irgend)jemand

algún/alguno, alguna **I 6B**;
I 7B irgendein(e/r/s);
manche(r/s)

alguna vez **I 6A** schon /
irgend einmal

algún día **I 6B** irgendwann

algunos, -as **I 6B**; **I 7B** einige,
manche

un **aliado** ‹II 1B› ein Verbündeter

un **álibi** ‹I 6B, 2› ein Alibi

más **allá** del texto ‹II 6C, 3›
über den Text hinaus

allí **I 1A** dort

por **allí** **II 1C** dort, in dieser
Gegend

una **almendra** **I 4A** eine Mandel

un **almonteño** ‹II 2E, 4› *ein
Einwohner von Almonte*

alquilar ‹II 1A→B› vermieten

una **alternativa** ‹II 2E› eine
Alternative, eine andere Möglichkeit; ein Wechsel

alto, -a ‹I 4B›; **II 6C** groß, hoch,
hochgewachsen; hoch(gestellt)
la clase media-**alta** ‹II 3D›
die obere Mittelschicht
la clase **alta** ‹II 3D› die Oberschicht

un **alumno** / una alumna ‹I 2B,
2›; **I 5C** ein / eine Schüler / in

una **alusión** ‹II 6B, 1› eine
Anspielung

un **ama** *f* de casa **II 1C** eine Hausfrau

amable II 1C freundlich, liebenswürdig

amarillo, -a I 4A gelb

ambiental II 1B Umwelt-
un problema **ambiental II 1B** ein Umweltproblem

el **ambiente I 1B** die Atmosphäre, die Stimmung
el medio **ambiente I 3A** die Umwelt
la protección del medio **ambiente II 6C** der Umweltschutz

una **ambigüedad** ‹II 6C, 1› eine Zweideutigkeit

ambos, -as II 1C beide

una **ambulancia I 6A** ein Krankenwagen

una **amenaza II 3C** eine Drohung

América *f* ‹I 8A, 6›; **II 5C** Amerika
las **Américas** ‹I 8B, 7› Nord- und Südamerika

americano, -a ‹I 4A, 4› amerikanisch

un **amigo** / una **amiga I 0** ein Freund / eine Freundin
hacer **amigos II 1A** Freunde finden

el **amor** ‹II 3D› die Liebe

amparar a alguien ‹II 6C› jdn. schützen

añadir algo ‹I 4B, 2› etw. hinzufügen

el **analfabetismo** ‹II 5B, 5› der Analphabetismus

un **análisis** ‹II 3B, 5› eine Analyse

un / una **analista** ‹II 1A→B› ein / eine Analyst/in

analizar algo ‹II 2D, 2› etw. analysieren

un **anarquista** ‹II 6B› ein Anarchist

un **anciano I 6A** ein alter Mann

Andalucía *f* **II 2A** Andalusien

un **andaluz** / una **andaluza II 2A** ein / eine Andalusier/in

andar I 7B (zu Fuß) gehen, wandern
¡Anda! I 2B Nun komm schon!
andar detrás de alguien (*fam*) **II 3B** hinter jdm. hersein

los **Andes** ‹I 7B, 9›; **I 8A** die Anden

un **anillo** ‹II 4C, 7› ein Ring

un **animal I 3A** ein Tier

el **animalismo** ‹II 2E› *humoristisch-ironisch für* humanismo (*Humanismus*)

animar a alguien **II 6B** jdn. aufmuntern

un **año I 2B** ein Jahr
Tengo 17 **años. I 2B** Ich bin 17 Jahre alt.
a los 11 **años I 8B** mit 11 Jahren, im Alter von 11 Jahren
con más **años I 8B** (ein paar Jahre) älter
al **año II 2C** pro Jahr, im Jahr

anoche II 1A gestern Abend

el **anochecer II 3A** die Abenddämmerung
al **anochecer II 3A** bei Einbruch der Dunkelheit

anónimo ‹II 2D› anonym

un **anorak I 7B** ein Anorak

la **Antártida** ‹I 7B, 9› die Antarktis

ante II 1C angesichts, vor, bei

anterior II 4C vorausgehende / r / s, vorherige / r / s

antes I 2A; I 6A vorher; früher
antes de (las vacaciones) **I 4B** vor (den Ferien)
antes de (+ *inf* / que) **II 2B** bevor

antiguo, -a I 1B; II 6A alt; frühere / r / s

un **anuncio I 2B** eine Anzeige

un **aparato** ‹I 6A, 8›; **I 8A** ein Gerät, ein Apparat

aparecer (-zco) **II 1A** auftauchen, erscheinen

un **apartamento** ‹I A→B› ein Appartement, eine Wohnung

el **apellido I 2B** der Nachname, der Familienname

apenas II 2D kaum (mehr als), nicht einmal

apetecer a alguien (-zco) **II 1A** Lust zu etw. haben

aplaudir (a alguien) **II 4B** (jdm.) aplaudieren

apoyar a alguien **II 6B** jdn. unterstützen
apoyarse sobre algo ‹II 4B› sich auf etw. legen

apreciar algo **II 6C** etw. (wert-)schätzen

aprender (algo) **I 8B** (etw.) lernen

apretarse contra algo / alguien (-ie-) ‹II 4B› sich an jdn. drücken

aprobar (un examen) (-ue-) **II 1A** (eine Prüfung) bestehen
aprobar el curso ‹II 1C, 8› das Klassenziel erreichen
aprobar algo **II 6C** etw. billigen, etw. gutheißen, etw. genehmigen

aproximadamente II 1B ungefähr (*adv*)

aproximado, -a ‹II 1B, 6› ungefähr (*adj*)

apuntar algo ‹II 1B, 1› etw. notieren

los **apuntes I 6B** die (Unterrichts-)Notizen

aquél, aquélla, aquéllos, -as (*Pronomen*) **I 4A** jene / r / s, der / die / das dort

aquel, aquella, aquellos, -as (+ *subst*) **I 4A** jene / r / s …, der / die / das … dort

aquí I 1A hier

árabe I M2; ‹II 2A›; **II 6A** arabisch

un / una **árabe I M2**; **II 6A** ein / eine Araber / in

un **árbol I 3A** ein Baum

un **arco II 6A** ein Bogen
el **arco** de herradura **II 6A** der „Hufeisenbogen"

una **arepa** ‹II 4A, 3› *Gericht aus Mais, Eiern und Butter*

Argentina *f* ‹I 7B, 9› Argentinien

un **argentino I 7A** ein Argentinier
una **argentina** ‹I 7B, 9› eine Argentinierin

argentino, -a ‹I 7B, 9› argentinisch

un **argumento** ‹I 7A, 8› ein Argument

un **arma** *f* **II 3C** eine Waffe

armado, - a II 5B bewaffnet

armar(se) II 5B (sich) bewaffnen

un **armario I 2A** ein Schrank

arqueológico, -a ‹I 6A, 2; I 8A, 3› archäologisch

arrancar algo (de algo) **II 3A** etw. (aus etw.) herausreißen

arrebatar algo a alguien **II 4A** jdm. etw. entreißen / wegnehmen

arriba (*adv*) **II 1A** oben

el **arte I M2; II 2A** die Kunst

un **artículo** ‹I 5A, 8›; **II 3D** ein Artikel

un **artículo** determinado ‹6B, 9› ein bestimmter Artikel

un/una **artista** **II 5A** ein/eine Künstler/in

el día de la **Ascensión** **II 2B** Christi Himmelfahrt (*Feiertag 40 Tage nach Ostern*)

el **asedio** ‹II 6B› die Belagerung

asegurar algo ‹II 6B›; ‹II 6C› etw. sichern

asesinar a alguien **II 5B** jdn. ermorden

un **asesinato** **II 3C** ein Mord

así **I 3A** so; solch ein(e)

un grupo **así** **I 3A** eine solche Gruppe

Así, así **I 1A** So so la la./Es geht so.

así de (+ *adj*) ‹II 5A› (genau-) so (+ *adj*)

así que ‹I M1, P›; **II 2D** so dass, daher

una **asignatura** **I 5C** ein (Schul-)Fach

una **asignatura** optativa **I 5C** ein Wahlfach

la **asistencia** ‹I 2B, 2› die Anwesenheit

la **asistencia** social ‹II 6C› die sozialen Angelegenheiten

una **asociación** **II 1B** eine Vereinigung, ein Verein

un **aspecto** ‹II 1A, 5› ein Aspekt

(el) **aspecto** **II 2B** das Aussehen, das Erscheinungsbild

tener buen **aspecto** **II 2B** gut (gesund) aussehen

(la) **astrología** **I M2**; **II 3A** (die) Astrologie

un **astronauta** ‹I 8A, 8› ein Astronaut

un **asunto** **II 4B** eine Angelegenheit, einen Sachverhalt

asustado,-a **I 6A** erschrocken

asustar a alguien **II 1C** jdn. erschrecken

asustarse **II 6B** sich erschrecken, einen Schreck bekommen

¡Atención! **I 4B** Achtung!

atentamente ‹II 3C, 3› mit freundlichen Grüßen (*formelle Schlussformel im Brief*)

el Océano **Atlántico** **II 5C** der Atlantik

atractivo,-a ‹II 1A→P›; **II 5A** attraktiv, reizvoll; gut aussehend

atraer algo/a alguien (atraigo) **II 2C** etw./jdn. anlocken, anziehen

atrapar algo/a alguien **II 3C** etw./jdn. einfangen

aumentar **II 1B** zunehmen, steigen

aunque (+ *ind/subj*) **II 2E** obwohl; selbst wenn

un **austríaco** **I M2** ein Österreicher

auténtico,-a **I 8A** authentisch, echt; ursprünglich

un **autobús** ‹I 5A, 3›; **II 1A** ein Bus, ein Autobus

ir en **autobús** **II 1A** mit dem Bus fahren

autónomo,-a **I 7A** autonom, selbstständig, unabhängig

una Comunidad **Autónoma** **I 7A** eine Autonome Region (*span. Region mit eigenen politischen Institutionen*)

una **autopista** ‹II 1C, P› eine Autobahn

un **autor** ‹II 1C, 1›; **II 3D** ein Autor, ein Verfasser

la **autoridad** ‹6C› die Autorität

avanzado,-a **I M2**; **II 5C** fortschrittlich, hochentwickelt

avanzar (en) **I M2**; **II 6A** vorrücken, vorankommen (in/bei)

una **aventura** ‹I 8B, 3; I M2,1›; **II 2D** ein Abenteuer

un **avión** ‹I 8A, 3› ein Flugzeug

avisar a alguien **I 6A** jdn. benachrichtigen

¡Ay! **II 2B** oh!, ach! (*Ausruf der Freude*)

ayer **I 6B** gestern

la **ayuda** **I 6A** die Hilfe

con la **ayuda** de **I 6A** mit Hilfe von

ayudar a alguien **I 6B** jdm. helfen

ayudar a hacer algo ‹I 4B, 9› helfen etw. zu tun

azteca **II 3A** aztekisch

un/una **azteca** ‹I 8A, 1›; **II 3A** ein Azteke/eine Aztekin

(el) **azúcar** **II 2A** (der) Zucker

azul **I 4B** blau

B

el **bachillerato** **I 5B** *Oberstufe des Gymnasiums*

estar en 2° de **bachillerato** **I 5B** *in der Abschlussklasse des Gymnasiums sein*

bailar **I 4B** tanzen

un **baile** ‹II 2E, 4› ein Tanz

bajar **I 4B** hinuntergehen; (aus einem Fahrzeug) aussteigen;

bajar ‹II 2C› *hier*: hinunterfließen

bajar ‹II 4A› *hier*: herunterfliegen, -stoßen

bajo (*prep*) **II 5B** unter (*prep, fig*)

bajo,-a **II 5A** niedrig, klein (-gewachsen)

una **baladilla** ‹II 2C, 1› eine (kleine) Ballade

el **baloncesto** **I 3B** Basketball

un **banano** (*lat. am.*) ‹I 8B, 6› Banane

bañarse **II 3A** ein Bad nehmen; schwimmen gehen

un **banco** ‹I 2A, 3› eine Bank

una **banda** de música **II 2E** eine Musikkapelle, eine Band

un **bando** ‹II 6B› eine Gruppe, eine Kriegspartei

un **baño** ‹I 5A, 3› ein Bad

el cuarto de **baño** **I 2A** das Badezimmer

un **bar** **I 3B** eine Bar, eine Kneipe

barato,-a **I 4A** billig

la **barba** **II 4A** der Bart

un hombre de **barba** larga **II 4A** ein Mann mit einem langen Bart

barbado ‹II 5C› bärtig

una **barbaridad** **II 6B** eine Barbarei, eine Grausamkeit

una **barca** **II 2D** ein Boot, ein Kahn

un **barco** **II 2D** ein Schiff

la **barra** **I 4B** die Bar, die Theke

un **barrio** **I 7A** ein Stadtviertel

el **barrio** gótico **I 7A** Stadtviertel in Barcelona

barroco,-a ‹II 2A› barock

estar **basado,-a** (en algo) **II 3B** auf etw. beruhen, auf etw. basieren la **base** (de algo) ‹I M2, 3›; **II 2C** die Basis, die Grundlage (von etw.)

bastante (*adv*) **I 1B** ziemlich (viel); genügend

bastante(s) I 3A ziemlich viel(e); genügend

¡basta! II 3C es reicht

la **basura I 3A** der Abfall, der Müll

una **batalla I M2**; **II 6B** eine Schlacht

ser una **batalla** perdida **I M2** ein hoffnungsloser Fall sein

una **batería I 3B** ein Schlagzeug

beber (algo) **I 2B** (etw.) trinken

una **bebida I 4A** ein Getränk

la **bebida I 8B** das Trinken (von Alkohol)

un **becario** ‹I 2B, 2› ein Stipendiat

la **belleza** ‹II 5A› die Schönheit

bello, -a (*bes. lat.am., für Personen*) ‹II 5A› schön, hübsch

beneficiar a alguien / algo **II 1C** jdm. / etw. nützen, jdm. / etw. zustatten kommen

beneficiarse de algo **II 1C** aus etw. Nutzen ziehen, von etw. profitieren

un **beso I 4B** ein Kuss (*auch Grußformel*)

una **bestia II 5C** eine Bestie, ein wildes Tier

una **biblioteca I 1B** eine Bücherei

una **bicicleta I 6A** ein Fahrrad

bien (*adv*) **I 1A** gut

el **bien** amado ‹I 7B, P› der Geliebte, der geliebte Mensch

bienvenido, -a II 1C willkommen

bienvenidos a Andalucía **II 2A** willkommen in Andalusien

dar la **bienvenida** a alguien ‹II 2E, 4› jdn. willkommen heißen

un **billete II 2D**; **II 4B** eine Fahrkarte, ein Fahrschein; ein Geldschein

un **billete** de 20 € **II 4B** ein 20-€-Schein

un **billón II 1B** eine Billion

biodegradable ‹I 4B, 9› biologisch abbaubar

la **biología** ‹I 5C› die Biologie

la **bisabuela II 2B** die Urgroßmutter

blanco, -a I 4B weiß

lo **blanco** ‹I 7B, P› das Weiß, die weiße Farbe

una **blusa** ‹II 3D, 3› eine Bluse

la **boca I 6A** der Mund

un **bocadillo I 2B** ein belegtes Brötchen

la **boda II 2B** die Hochzeit

una **bodega** ‹II 6B› ein Weingeschäft

una **bolsa I 4A** eine Tüte, ein Beutel

un **bolso** ‹II 4C, 7› eine Tasche

bombardear algo ‹II 6C, P› etw. bombardieren

bonito, -a I 1A schön, hübsch

bordado, -a ‹II 2E› bestickt

una **botella I 3A** eine Flasche

Brasil *m* ‹I 7B, 9› Brasilien

un **brazo I 6A** ein Arm

una **brecha** ‹II 5B› ein kleiner Weg, eine Bresche

Gran **Bretaña** *f* ‹II 1B, 6› Großbritannien

breve II 1B kurz (*zeitl.*)

brillar II 2E glänzen, leuchten

el pelo **brillándole** ‹II 4B› wobei ihr das Haar glänzte

el **brillo II 5C** der Glanz

con **brillo** ‹II 5C› glänzend

brindar algo a alguien ‹II 5C› jdm. etw. darbieten

el producto interior **bruto** ‹II 2C, 5› das Bruttoinlandsprodukt

bueno, -a I 1B gut

Bueno, bueno… **I 1A** Na gut, … / Na ja, …

buen + *m sg* **I 7B** gut

Buenos días. **I 2B** Guten Tag.

un **buey** ‹II 2E, 4› ein Ochse

en **busca** de **II 1B** auf der Suche nach

buscar I 1A suchen

ir a **buscar** a alguien **II 1A** jdn. abholen

C

cabalgar ‹II 5B› reiten

un **caballo II 2B** ein Pferd

la **cabeza** ‹II 2E, 6›; **II 4B** der Kopf

una **cabina I 2B** eine Kabine, eine (Telefon-)Zelle

al fin y al **cabo II 6A**; **II 6B** schließlich und endlich, letztlich

cada (+ *subst*) **I 4A**, 1 jede / r / s

cada uno, -a ‹II 1A, 7›; **II 6C** jede / r / s einzelne

cada vez (que) **II 1C** jedesmal (wenn)

cada vez (+ *Komparativ*) **II 1C** immer (+ *Komparativ*)

un **cadáver** ‹I 6B, 2› eine Leiche

una **cadena I 2A** eine Kette

una **cadena** de música **I 2A** eine Stereoanlage

caer (caigo) **I 6A** fallen

estar al **caer** ‹II 6B› kurz bevorstehen, vor der Tür stehen

caer bien a alguien ‹II 2C, 5› jdm. sympathisch sein

un **café I 1B** ein Café

el **café** ‹I 8B, 6› der Kaffee

una **cafetería I 2B** eine Cafeteria; ein Café

una **caja** ‹II 2D, 6›; ‹II 4C, 7› eine Kiste; ein Kästchen

en mi **calidad** de ‹II 3D› (in meiner Eigenschaft) als

caliente I 7B warm, heiß

callar (algo) **II 2B** (etw. ver-)schweigen, etw. für sich behalten

¡Calla! II 2B Psst! Sei still!

una **calle I 1A** eine Straße

el **Calmecac** ‹II 3A› *Wohnhaus der aztekischen Priester und Priesterschüler*

el **calor I 7B** die Wärme, die Hitze

Hace **calor**. **I 7B** Es ist warm / heiß.

una **cama I 2A** ein Bett

una **cámara II 6C** eine Kammer

una **cámara** (de fotos) **I 7A** ein Fotoapparat

un **camarero I 1B** ein Kellner

una **camarera** ‹I 5B, 8› eine Kellnerin

cambiar I 8B sich ändern

cambiar algo **II 1C** etw. ändern, etw. verändern

cambiar algo por algo **II 4A** etw. für / gegen etw. eintauschen

cambiar algo ‹II 1B, 7› etw. wechseln, etw. austauschen

cambiarse I 7B sich umziehen

el **cambio** ‹II 1B›; **II 1B** der Wechselkurs; die Veränderung; das Auswechseln

en **cambio** ‹I 7B, 9›; **II 3C** dagegen

caminar I 7B gehen, wandern

un **camino I 7A** ein Weg

el **camino** de Santiago **I 7A** der (Pilger-)Weg nach Santiago

(estar) de **camino** hacia … **I 8A** auf dem Weg nach … (sein)

un **camión II 4C** ein Lastwagen; *mex*: ein Autobus

una **camisa I 4B** ein Hemd

una **camiseta I 6B** ein T-Shirt

una **camisita** ‹I 8B, *Un texto más*› *Verkleinerungsform für* camisa

una **campaña II 3C** eine Kampagne, eine Aktion

campesino,-a II 3D Bauern-

una familia **campesina II 3D** eine Bauernfamilie

un **campesino II 5B** ein Bauer, ein Landarbeiter

un **campo I 3A** ein Feld

el **campo I 3A** das Land

un **campo** semantico ‹I 8B, 1› ein Wortfeld

un **canadiense** ‹II 5C, 9› ein Kanadier

un **canario** ‹I 7B, P› ein Kanarienvogel

un **canario** ‹II 2C› *ein Bewohner der Kanarischen Inseln*

una **canción I 4B** ein Lied

un **candidato** ‹II 5B, 3› ein Kandidat

la **canoa** ‹II 3A› das Kanu

(estar) **cansado,-a I 5A** müde (sein)

el mar **Cantábrico I 7A** der Golf von Biscaya

un/una **cantante I 4A**, 4 ein/eine Sänger/in

cantar ‹I 4B, P›; **II 2E** singen

una **cantidad** ‹II 1B› eine Menge

el **canto** ‹I 7B, P› das Lied, der Gesang

una **capa** ‹II 4B› ein Umhang

la **capacidad** ‹II 1B› die Fähigkeit

ser **capaz** de (hacer) algo **II 4B** fähig sein zu etw./etw. zu tun

capaz que **II 4B** vielleicht, möglicherweise

una **capea II 1A** *nicht-professioneller Stierkampf, bei dem die Tiere nicht getötet werden*

una **caperuza II 2B** Kapuze, Haube

la **capital** ‹I 4B, 7›; **I 7A** die Hauptstadt

el **capital II 6B** das Kapital

un **capitán** ‹II 5B› ein Hauptmann (*als milit. Grad auch f*)

un **capítulo** ‹II 3A, 3› ein Kapitel

una **cara I 8A** ein Gesicht

la otra **cara** de la moneda **II 3D** die andere Seite der Medaille

el **carácter** ‹I M2, 1›; **II 1B** das Wesen, die Art; der Charakter

una **característica** ‹II 3C, 3› ein Merkmal, eine Eigenschaft

caracterizar algo/a alguien ‹II 6B, 3› etw./jdn. charakterisieren/auszeichnen

caracterizarse por algo **II 6A** sich durch etw. charakterisieren/auszeichnen

el **cardamomo** ‹I 8B, 6› der Kardamom (*Gewürz*)

una **caricatura** ‹II 5C, 9› eine Karikatur

el **cariño** ‹II 2E, 7› die Zärtlichkeit

(la) **carne** ‹I 7B, 9› (das) Fleisch

el **carnet II 1A** der Ausweis

el **carnet** de moto **II 1A** der Motorradführerschein

caro,-a I 4A teuer

un **carpintero** ‹II 6B› ein Schreiner

una **carrera II 3D** eine Studienrichtung

(la) **carrera** de embolsados (*lat. am*) ‹II 4B› (das) Sackhüpfen

una **carreta** ‹II 2E, 4› ein Karren

una **carretera II 2B** eine Straße

un **carril I 6A** eine (Fahr-)Spur

ir por su **carril I 6A** auf seiner Spur fahren

una **carta I 5A**; **II 4B** ein Brief; eine (Spiel-)Karte

un juego de **cartas** ‹I 5A, 7› ein Kartenspiel

un **cartel II 1C** ein Plakat, ein Hinweisschild

una **cartera** (*lat. am.*) ‹II 4B› eine Handtasche

una **casa I 1B** ein Haus

en **casa I 2A** zu Hause

en **casa** de alguien **I 2A** bei jdm. zu Hause

a **casa I 2A** nach Hause

llegar a **casa** de alguien **I 2A**, 5 zu jdm. (nach Hause) kommen

salir de **casa I 8B** aus dem Haus gehen

(estar) **casado,-a II 2B** verheiratet (sein)

El casado casa quiere. II 2B Wer verheiratet ist, will sein eigenes Haus haben. (*span. Sprichwort*)

casarse II 2B heiraten

un **caserío I 7B** ein Bauernhof, ein Landhaus in Nordspanien

casi I 3B fast

una **casilla** ‹II 1A, 6› ein Kästchen

un **caso I 8B** ein Fall

castellano,-a I 7A kastilisch, spanisch

el **castellano I 7A**, 7 Spanisch, die spanische Sprache

castigar(se) II 3A (sich) bestrafen

el **catalán I 7A** die katalanische Sprache

Cataluña f **I 7A** Katalonien

una **catarata** ‹I 7B, 9› ein Wasserfall

una **catedral I 1B** eine Kathedrale

católico,-a I M2; **II 6A** katholisch

los Reyes **Católicos I M2**; **II 6A** *Beiname des Königspaares Isabel I und Fernando II*

catorce I 2A, G vierzehn

una **causa** ‹II 1B›; **II 3B** eine Ursache

una subordinada **causal** ‹II 5C, 6› ein Kausalsatz (*Nebensatz, der eine Begründung/Ursache angibt*)

un **Cd** ‹I M1, 5› eine CD

cegar (-ie-) ‹II 2E› blind machen

celebrar algo **I 8A** etw. feiern

la **cena II 1C** das Abendessen

cenar I 5A zu Abend essen

2 **cm** (centímetros) **I M1**, 2 2 cm

central II 6C zentral; Haupt-

el Gobierno **central II 6C** die Zentralregierung, die Staatsregierung un **centro** ‹I 4B, 7›; **I 7A** ein Zentrum

un **centro** de interés ‹I 5C, P› ein Interessenschwerpunkt

cerca I 6A in der Nähe, nahe

cerca de **I 1A** in der Nähe von, bei

una **cerca** ‹II 5B› ein Zaun

cercano, -a ‹I M1, P› nahe, nahegelegen

cercar algo **II 5B** etw. umzäunen

(los) **cereales II 2A** (das) Getreide

una **ceremonia II 3A** eine Zeremonie, eine Feier

un **maestro** de ceremonias ‹II 2B, 5› ein Zeremonienmeister

cerrado, -a ‹I 5A, 3› geschlossen

un envío **certificado** ‹I 2B, 2› ein Einschreiben

un **cesto** ‹II 4C, 7› ein Korb

una **charcutería I 4A** eine Metzgerei

un **chaval** (fam) ‹II 6B› ein Junge, ein Bursche

los **chibchas** ‹II 4A› die Chibchas (Volksstamm im Norden Kolumbiens zur Zeit der Eroberung Amerikas)

una **chica I 1A** ein Mädchen

un **chicazo** ‹II 3D› ein wildes Mädchen, ein „halber Junge"

un **chicle I 3A** ein Kaugummi

un **chico I 1A** ein Junge

chiquitito, -a (mex) **II 4C** (ganz) klein

¡Chisss! I 3B He!, Ssst!

chocar con algo **I 6A** mit etw. zusammenstoßen

(el) **chocolate I 4A** (die) Schokolade (auch Getränk)

un **churro I 4A** span. in Öl gebratenes Salzgebäck

un / una **ciclista** ‹I 6B, 8› ein / eine Radfahrer / in

un **ciego II 6B** ein Blinder

el **cielo II 4A** der Himmel

una **ciencia II 6A** eine Wissenschaft

las **ciencias** de la naturaleza ‹I 5C› die Naturwissenschaften

científico, -a I M2; **II 6A** wissenschaftlich

una obra **científica II 6A** ein wissenschaftliches Werk

ciento / cien I 4A, G hundert

el 40% (= por **ciento**) **II 1B** 40%

el **40%** de las costas **II 1B** 40% der Küsten

cierto, -a II 1C sicher, bestimmt

en **ciertas** zonas **II 1C** in manchen Gegenden

es **cierto** que **II 4C** natürlich (adv)

una **cifra II 2C** eine Ziffer, eine Zahl

cinco I 2A, G fünf

cincuenta I 2B, G fünfzig

un **cine I 0** ein Kino

una **cinta I 2A** ein (Ton-)Band; eine Kassette

un **cinturón II 3D** ein Gürtel

circular II 4C sich bewegen, umhergehen; fahren

un **círculo II 3C** ein Kreis

una **circunstancia II 1B** ein Umstand

un **cirio** ‹II 2E› eine Kerze

una **cita** ‹I 4B, 9› eine Verabredung

una **ciudad I 1B** eine Stadt

Ciudad de México **II 4C** Mexico City

un **ciudadano** ‹I 4B, 9›; **II 5B** ein (Staats-)Bürger

una guerra **civil II 6B** ein Bürgerkrieg

las libertades **civiles** ‹II 6C› die Bürgerrechte

la **civilización II 4A** die Zivilisation, die Kultur

claramente II 1B klar, deutlich

(ser) **claro, -a** ‹I 7B, P›; **II 5A** hell (sein), klar (sein)

estar claro **I 5A** klar / selbstverständlich sein

¡Claro! I 1B Klar! / Natürlich!

¡Claro que no! **I 1B** Natürlich nicht!

decir algo bien **claro II 4B** etwas ganz klar sagen

una **clase I 2A**; **I 2A**, 3 eine Unterrichtsstunde; eine Klasse

las **clases I 2A** der Unterricht

No hay **clase**. **I 3B** Es findet kein Unterricht statt.

tener **clase I 3B** Unterricht haben

en **clase I 5A** im Unterricht

una **clase** ‹II 3D› eine (gesellschaftliche) Klasse;

la **clase** media-alta ‹II 3D› die obere Mittelschicht

la **clase** alta ‹II 3D› die Oberschicht

la **clase II 6C** die Art und Weise

sin ninguna **clase** de … **II 6C** ohne jede Art von …

esa **clase** de trabajo ‹I 5B, 1› diese Art von Arbeit

clásico, -a ‹I 5C› klassisch

clavar ‹II 3A› (hinein-)stechen

una palabra **clave** ‹II 3A, 3› ein Schlüsselwort

un / una **cliente** ‹II 1B, 7› ein / eine Kunde / in

el **clima** ‹I 7B, 9›; **II 1B** das Klima

una **clínica** ‹II 2D, 3› eine Klinik

una **coca-cola I 1B** ein Coca-Cola

un **coche I 3A** ein Auto

la **cocina I 2A** die Küche

una **cofradía II 2E** eine Bruderschaft; s. glosario S. 44

coger algo **I 4B** etw. (mit-)nehmen

coherente ‹I 4B, 2› zusammenhängend, kohärent

cojonudo, -a (vulg) ‹II 6B› geil, Wahnsinns-

una **cola** ‹II 1B› die Schlange (beim Anstehen)

colaborar ‹II 1C› zusammenarbeiten

la **colectivización** ‹II 6B› die Kollektivierung, das Überführen von Privateigentum im Gemeinschaftseigentum

un / una **colega I M2** ein Kollege / eine Kollegin

un **colegio I 5B** eine Schule

una **colita** ‹II 3C, 7› ein Schwänzchen

Colombia f **I 8B** Kolumbien

una **colombiana II 3C** eine Kolumbianerin

un **colombiano** ‹II 3B, 4› ein Kolumbianer

colombiano, -a ‹II 3B, 5› kolumbianisch

Cristóbal **Colón I M2** Christoph Kolumbus

una **colonia I M2**; ‹II 1C› eine Kolonie

colonial ‹I 8A, 3› Kolonial-

un **color** ‹II 1B, 3›; **II 4A** eine Farbe

una **columna** ‹I 6A, 5› eine Spalte
la **columna** vertebral ‹II 5A› die Wirbelsäule
una **coma** ‹II 1B, 6› ein Komma
una **combinación** ‹I 7A, 5› eine Kombination
combinar algo con algo ‹I 7A, 5› etw. mit etw. kombinieren
el **comedor** I 2A das Esszimmer
comentar algo ‹II 1C, 8› etw. kommentieren, zu etw. seine Meinung sagen
comer (algo) I 2B (etw.) essen
algo de **comer** II 4A etwas zu essen
dar de **comer** a alguien II 2E jdm. zu essen geben
un **cómic** I 2A ein Comic(heft)
una **comida** I 2A; II 1C ein Essen, eine Mahlzeit; das Mittagessen
una **comisaría** ‹I 8A, 5› eine Polizeiwache
como ‹I 3B, 8›; I 5A; II 1C wie; (in der Eigenschaft) als
utlizar algo **como** algo ‹I M2, 3› etw. als etw. benutzen
como si (+ *subj imperfecto*) II 5B als ob, wie wenn
¿**cómo**? I 1A wie?
¿**Cómo**? I 1A Wie bitte?
¿**Cómo** voy a escribir? I 6B Wie soll ich denn schreiben?
¡**cómo** no! I 5A natürlich!
como (*conj, am Satzanfang*) II 4C da, weil
cómodo, -a ‹I 7A, 2› bequem
una **compañera** ‹I 3B, 8›; II 1C eine (Arbeits-)Kollegin; eine Klassenkameradin
un **compañero** I 1A; II 3A ein Klassenkamerad; ein Freund, ein Kamerad
un **compañero** (de trabajo) I 5A ein (Arbeits-)Kollege
una **comparación** ‹II 1A, 5› ein Vergleich
comparar algo ‹I 5A, 3› etw. vergleichen
compatible ‹II 2C› vereinbar, zusammenpassend
un / una **compatriota** ‹II 1B› ein / eine Landsmann, -männin
una **competencia** ‹II 6C› eine Kompetenz, eine Zuständigkeit

un **complejo** ‹II 5A› ein Komplex / Minderwertigkeitsgefühl
un **complejo** de feo, -a ‹II 5A› ein Minderwertigkeitskomplex, weil man hässlich ist
completar algo ‹I 2A, 5› etw. vervollständigen
complicado, -a I M1; II 6A kompliziert
componerse de II 6C sich zusammensetzen aus, bestehen aus
el **comportamiento** ‹II 1B, 3› das Verhalten
comportarse ‹II 1B, 2› sich verhalten
la **compra** I 4A der Einkauf
ir a la **compra** I 4A einkaufen gehen
estar de **compras** ‹I 7A, 2› beim Einkaufen sein
ir de **compras** ‹I 8A, 3› einkaufen gehen
comprar algo I 4A etw. kaufen
comprender algo / a alguien II 5A etw. / jdn. verstehen
comprometerse ‹II 6C› sich engagieren; sich kompromittieren
tener en **común** ‹II 1C, 5› Gemeinsamkeiten aufweisen
comunal ‹II 5B› Gemeinde-, Gemeinschafts-
un medio de **comunicación** II 1C ein Massenmedium
comunicarse con alguien I 8B sich mit jdm. verständigen
una **comunidad** I 7A eine Gemeinschaft
una **Comunidad** Autónoma I 7A eine Autonome Region (*span. Region mit eigenen politischen Institutionen*)
una **comunidad** ‹II 2A› *hier:* eine Comunidad Autónoma
la **Comunidad** Europea ‹II 3C, 4› die Europäische Gemeinschaft, die EU
la (primera) **comunión** II 2B die Erstkommunion
un **comunista** ‹II 6B› ein Kommunist
con I 0; I 6B; I 7B mit; bei; zu
ponerse **con** alguien I 7B sich zu jdm. setzen
conmigo I 6B mit mir; bei mir
contigo I 6B mit dir; bei dir

una **concha** I 1B eine Muschel
un **concierto** I 3B ein Konzert
concreto, -a I 3A konkret
una **condesa** ‹II 4B› eine Gräfin
una **condición** I 8A eine Bedingung; ‹I M1, P› ein Zustand
poner una **condición** a alguien I 8B jdm. eine Bedingung stellen
trabajar en **condiciones** duras II 5C unter harten Bedingungen arbeiten
el **condicional** ‹II 3C, 6› das Konditional
una frase **condicional** ‹II 5B, 5› ein Bedingungssatz
un **conductor** I 6A ein Fahrer
la **confianza** II 3B das Vertrauen
confiar en alguien / algo (-ío) II 3B jdm. / etw. vertrauen
la **confidencialidad** ‹II 1A→B› die Vertraulichkeit
confirmar algo ‹II 2C, 2›; II 3D etw. bestätigen
conflictivo, -a II 3C konfliktgeladen, brisant
un tema **conflictivo** II 3C ein brisantes Thema, ein „heißes Eisen"
una zona **conflictiva** II 3C ein Spannungsgebiet
un **conflicto** II 6A; II 6B ein Konflikt
confortable ‹I M1, P› komfortabel, bequem
un **conglomerado** ‹II 6B› ein Konglomerat, eine Mischung
un **congreso** ‹II 3D, 5›; II 6C ein Kongress
el **Congreso** de los Diputados II 6C *das Abgeordnetenhaus des spanischen Parlaments*
un **congreso** constituyente ‹5B, 3› eine verfassunggebende Versammlung
una **conjunción** ‹I 7B, 7› eine Konjunktion
conmigo I 6B mit mir; bei mir
¡**coño**! (*vulg*) ‹II 6B› verdammt!
conocer algo / a alguien (-zco) I 4B etw. / jdn. kennen / kennen lernen
conocido, -a I 1B bekannt
ser **conocido, -a** por algo I 7A bekannt wegen / für etw. sein

las **conocidísimas** ruinas de Machu Picchu **I 8A** die überaus bekannten Ruinen von Machu Picchu

(los) **conocimientos II 5C** (die) Kenntnisse

una **conquista I M2; II 5C** eine Eroberung

un **conquistador** ‹I M2, 4›; **II 5C** ein Eroberer

conquistar algo **I M2; II 5C** etw. erobern

una **consecuencia** ‹II 1A, 7› eine Konsequenz, eine Folge

conseguir algo (-i-) **I 8B** etw. erreichen , etw. erhalten

un **consejo I M1; II 3C** ein Rat(schlag)

bien **conservado, -a** ‹II 1B› gut erhalten

conservador, -ora ‹II 6B› konservativ

conservar algo **I 7A** etw. erhalten, etw. bewahren

la industria **conservera** ‹II 2C› Konservenindustrie

considerar algo / a alguien (como) algo / alguien **II 3D** jdn. / etw. halten für jdn./ etw.

ser **considerado, -a** (como) algo / alguien **II 3D** für jmd. / etw. gehalten werden

un / una **conspirador, -ora** ‹II 4B› ein / e Verschwörer / in

constantemente II 3B ständig (*adv*)

una **constitución** ‹II 5B, 3›; **II 6C** eine Verfassung

constitucional ‹II 6C, 6› Verfassungs-

un congreso **constituyente** ‹II 5B, 3› eine verfassunggebende Versammlung

la **construcción** ‹I 5A, 3› der Bau, die Erbauung

una **construcción** ‹II 2C, 5› eine Konstruktion

un **constructor** ‹II 5C› ein Baumeister

construir algo **II 5C** etw. bauen

el **consulado** ‹II 2D› das Konsulat

el **contacto I 8B** der Kontakt

una toma de **contacto I 8B** eine Kontaktaufnahme

la **contaminación** ‹I 6B, 8›; **I 8A** die Umweltverschmutzung

contaminado, -a II 1B verschmutzt (*Umwelt*)

contar algo (-ue-) ‹I 5B, 3›; **I M1; II 2B** etw. erzählen

contener algo ‹II 5C, 5› etw. enthalten

el **contenido** ‹II 5B, 2› der Inhalt

(estar) **contento, -a I 5A** zufrieden (sein)

el **contexto** ‹II 1B, 1› der Kontext

contigo I 6B mit dir; bei dir

un **continente II 2A** ein Kontinent

una **continuación** ‹II 2B, 1› eine Fortsetzung

continuar (algo) (-úo-) ‹I 1B, 1›; **II 1B** (etw.) fortsetzen, (mit etw.) weitermachen

contra I 3B gegen

argumentos en **contra** de algo ‹I 7A, 8› Argumente gegen etw.

un **contra-argumento** ‹II 2E, 8› ein Gegenargument

el **contrabando** ‹II 2D› der Schmuggel

lo **contrario** ‹3B, 2› das Gegenteil

un **contraste I 8A** ein Gegensatz

un **contrato** ‹II 1A→B›; **II 1B** ein Vertrag

controlar algo ‹I 6A, 5›; **II 3B** etw. überprüfen, etw. kontrollieren

convencer a alguien ‹II 2E, 8› jdn. überzeugen

un **convento** ‹II 6B› ein Kloster

una **conversación** ‹I 6A, 3› ein Gespräch

convertirse en (-ie-/-i-) **II 2D** werden zu, sich verwandeln in

convertir algo en algo ‹II 6A,7›; **II 6B** etw. in etw. verwandeln

la **convivencia II 6A** das Zusammenleben

convivir I M2 zusammenleben

copiar algo ‹II 3B, 2› etw. abschreiben, etw. kopieren

una **corona** ‹II 2E›; **II 6C** eine Krone

la **Corona II 6C** die Krone, die Monarchie

el **coronamiento** ‹II 6C› die Krönung (*fig*)

la **corrección** ‹II 3A› die Bestrafung

correcto, -a ‹I 4A, 1› richtig

corregir algo (-i-) ‹I 8A, 1› etw. korrigieren

correr ‹II 2E›; **II 5C** laufen, rennen; *hier:* fließen

corresponder a algo / alguien **II 2A** etw. entsprechen, zu etw. passen

correspondiente ‹II 1B, 5› entsprechend

una **corrida II 2E** ein Stierkampf

corriente II 5B fließend

agua **corriente II 5B** fließendes Wasser

cortar algo ‹I 4B, 2›; **II 3A** (etw. ab- / zer-)schneiden

cortarse ‹I 4B, 9› (ab)geschnitten werden

un **corte II 5A** ein Haarschnitt

cortés ‹II 4C, 7›; **II 5A** höflich

las **Cortes** Generales **II 6C** *das spanische Parlament*

corto, -a I 6B kurz

una **cosa I 2A** eine Sache, ein Ding

otra **cosa I 5A** etwas anderes

Es otra **cosa. II 1A** Das ist etwas ganz anderes.

este tipo de **cosas** ‹II 1C› so etwas

(las) **cosas** de familia **II 2B** (die) Familienangelegenheiten

un **coscorrón** ‹II 4B› *hier:* eine Kopfnuss

una **cosecha II 2C** eine Ernte

cosmético, -a ‹II 5A› Kosmetik-

cosmopolita I 7A kosmopolitisch, weltoffen

una **costa I 0** eine Küste

a toda **costa** ‹II 5A, 4› um jeden Preis

un **costalero** ‹II 2E› *Träger eines* paso, s. glosario *S. 44*

costar (-ue-) **I 4A** kosten

una **costumbre II 1B** ein Brauch, eine Gewohnheit

cotidiano, -a II 3B täglich; alltäglich

creador, -ora I M2 kreativ, schöpferisch

crear algo **II 1B** etw. schaffen, etw. erschaffen, etw. erzeugen

crecer (-zco-) **II 1C** wachsen

creer algo **I 8B** etw. glauben

creo que ‹I 7B, 9› ich glaube, dass

una **crema** ‹II 5A› eine Creme

criar (-ío) ‹II 2E› züchten
un **crimen** ‹I 6B, 2› ein Verbrechen
una **crisis** II 4C eine Krise
las **crispetas** (*lat.am.*) ‹II 4A, 3› Popcorn
cristiano, -a I M2; ‹II 2A›; II 6A christlich
un **cristiano** ‹I M2, 6›; II 6A ein Christ
la **crítica** ‹II 3D, 5› die Kritik
criticar algo / a alguien ‹II 5C, 8›; II 2E jdn. kritisieren
cruel ‹II 5C, 6› grausam
la **crueldad** II 5C die Grausamkeit, die grausame Tat
una **cruz** ‹II 2E› ein Kreuz
la **Cruz** Roja ‹I 2B, 2› das Rote Kreuz
cruzar ‹II 4A› kreuzen, durchqueren
cruzar (una calle) I 6A, 2 (eine Straße) überqueren
un **cuaderno** ‹II 1B, 1› ein Heft
extraer la raíz **cuadrada** ‹II 3D, P› die (Quadrat-)Wurzel ziehen
tal o **cual** II 5A diese / r / s oder jene / r / s
¿**cuál**? / ¿**cuáles**? I 7B welche / r / s?
¿**Cuál** es tu nombre? ‹I 8B, *Un texto más*› Wie heißt du?
una **cualificación** I 8B eine Qualifikation, eine Befähigung
cuando (*Relativadverb*) I 7B wenn
¿**cuándo**? I 2B wann?
cuando (+ *ind* / *subj*) II 1B; II 2B als; (jedesmal) wenn; (erst) wenn, (dann) wenn
unos **cuantos** II 5C einige wenige
¿**cuánto(s), -a(s)**? I 4A wie viel(e)?
¡**Cuánta** gente! I 4B Was für eine Menge Leute!
¿**Cuánto** es? I 4A Wie viel macht das?
¿**cuánto** tiempo? ‹I 8A, 2› wie lange?
cuarenta I 2B, G vierzig
cuarto, -a I 8A, G vierte / r / s
cuarto de ESO I 5C 10. *Schuljahr / 10. Klasse*
un **cuarto** I 2A ein Raum, ein Zimmer; ein Viertel

el **cuarto** de estar I 2A das Wohnzimmer
el **cuarto** de baño I 2A das Badezimmer
un **cuarto** de hora I 2A eine Viertelstunde
a las dos y **cuarto** I 2A um viertel nach zwei
cuatro I 2A, G vier
Cuba *f* I M2 Kuba
cubrir algo ‹II 1A, 6›; II 2E etw. bedecken, etw. zudecken
una **cucharada** ‹II 6B, 5› ein Löffel voll
un **cuchillo** I 8B ein Messer
hacer **cuentas** I 4A abrechnen
darse **cuenta** de algo / de que II 5A etw. bemerken, sich etw. bewusst werden
una **cuenta** ‹II 5C› eine Perle
un **cuerno** ‹II 2E, 6› ein Horn
el **cuerpo** I 6A der Körper; der Rumpf
una **cuestión** II 6B eine Frage, ein Problem
Esto es **cuestión** de días. II 6B Das ist nur eine Frage von Tagen.
el **cuidado** I 4B die Vorsicht, die Sorgfalt
tener **cuidado** (con algo) I 4B achtgeben, aufpassen (auf / mit etw.)
ir con **cuidado** ‹II 1B› vorsichtig sein
cuidar de algo / alguien II 3D auf etw. / jdn. aufpassen
la **culpa** I 6A die Schuld
tener la **culpa** I 6A schuld sein
cultivar algo II 2C etw. anbauen
el **culto** ‹II 3A› der Kult, die Verehrung
la **cultura** ‹I 5C›; I 7A die Kultur
cultural ‹II 6A, 2› kulturell, Kultur-
el **cumpleaños** I 2A der Geburtstag
cumplir algo I M1 etw. ausführen
cumplir una promesa I M1 ein Versprechen erfüllen
cumplir xx años ‹II 2E, 7› xx Jahre alt werden
un **cuñado** II 2B ein Schwager

un **cura** II 6B ein Pfarrer, ein Priester
curable II 5B heilbar
curar algo ‹II 5B› etw. heilen
el **curriculum** vitae ‹II 1A→B› der Lebenslauf
un **cursillo** I M1 ein Kurs, ein Lehrgang
un **curso** I 2B ein Kurs, ein Lehrgang
aprobar el **curso** ‹II 1C, 8› das Klassenziel erreichen
cuyo, -a II 5C dessen, deren

D

D. (= don) II 2B Herr (*vor männlichen Vornamen, besonders höfliche Anrede*)
Dª (= doña) II 2B Frau, Dame (*vor weiblichen Vornamen, besonders höfliche Anrede*)
un **dado** ‹I M1, 4› ein Würfel
dámela II 4B Gib sie mir.
el **Danubio** ‹II 2C, 7› die Donau
la **danza** ‹II 3A› ritueller Tanz
dar I 3A geben
Da igual. I 7B Es ist egal.
dar información (a alguien) (sobre algo) I 3A (jdn.) (über etw.) informieren
dar recuerdos a alguien I 6B jdm. Grüße ausrichten
dar la noticia II 2B eine Neuigkeit bekannt geben
dar alegría a alguien II 2B jdm. eine Freude bereiten
dar de comer a alguien II 2E jdm. zu essen geben
dar **ganas** a alguien de (hacer) algo II 4C Lust bekommen auf etw. / etw. zu tun
dar la razón a alguien II 5A jdm. Recht geben
dar **miedo** a alguien II 5B jdm. Angst machen
darse cuenta de algo / de que II 5A etw. bemerken, sich etw. bewusst werden
de I 0 von
la fiesta **de** San Fermín I 0 das Fest des San Fermín
¿**De** quién es? I 1B, 2 Wem gehört er / sie / es?

un zumo **de** naranja **I 1B** ein Orangensaft

¿de dónde? **I 1A** woher?

de verdad **I 1A** wirklich

de repente **II 4A** plötzlich (*adv*)

estar **de** acuerdo (con) **I M1**; **II 3D** einverstanden sein (mit), der gleichen Meinung sein (wie)

Salamanca, 12 **de** enero de 1997 **I 5A** Salamanca, den 12. Januar 1997

7 milliones **de** habitantes **I 8A** 7 Millionen Einwohner

debajo de (la cama) **I 2A** unter (dem Bett)

deber algo ‹I 4B, 9›; **II 1B** etw. müssen, etw. sollen (*moralisch verpflichtet sein*); etw. dürfen

deber algo a alguien **II 3D** jdm. etw. schulden

deberse a algo / a alguien **II 1B** auf etw. / jdn. zurückzuführen sein, etw. / jdm. zu verdanken sein

los **deberes** **I 5A** die Hausaufgaben

débil **II 3D** schwach

decidido, -a ‹II 6C› entschieden; energisch, entschlossen

decidir (hacer) algo **II 3A** etw. entscheiden, entscheiden etw. zu tun

decir algo (a alguien) (digo) **I 3B** (jdm.) etw. sagen

se dice ‹I 5C, P› man sagt, es wird gesagt

diciendo ‹I 8B, *Un texto más*› *hier*: und sage dabei

Dígame. **I 2B** *Eröffnungsformel des Angerufenen am Telefon*

decir algo bien claro **II 4B** etwas ganz klar sagen

(yo/él/ella) había **dicho** **II 4B** ich / er / sie hatte gesagt

¡**di!** **II 2B** Sag! (*Imperativ*)

No me **digas.** **II 2B** Was du nicht sagst! Sag bloß!

querer **decir** algo ‹II 1A, 6› etw. ausdrücken wollen, etw. bedeuten

una **decisión** ‹I 7A, 6›; **II 5B** eine Entscheidung

tomar una **decisión** **II 5B** eine Entscheidung treffen

declarar algo ‹I 7B, P› *hier*: sagen, äußern

decorar algo ‹II 5C, P› etw. dekorieren, etw. schmücken

decretar algo ‹II 6C› etw. verkünden, etw. dekretieren

dedicar algo a alguien ‹II 2A› jdm. etw. widmen

dedicarse a algo **II 5B** sich etw. widmen, in etw. tätig sein

un **dedo** **II 5A** eine Zehe

defender algo / a alguien (-ie-) **II 2E** etw. / jdn. verteidigen

la **defensa** ‹2D, 3› die Verteidigung

la **deferencia** ‹II 3D› die Rücksicht

una **definición** ‹I 7A, 5› eine Definition

definir algo **II 6C** etw. definieren

deformarse ‹II 5A› sich etw. deformieren, sich etw. verformen

dejar **I 7A** lassen; loslassen; verlassen

dejar algo a alguien **I 7A** jdm. etw. überlassen / geben

dejar algo ‹I 8B, 3›; **I M2** etw. weglassen; etw. (liegen / stehen / in Ruhe) lassen

¡**Déjate** de historias! **I M2** Erzähl keine Märchen!

dejar caer algo **II 4A** etw. fallen lassen

dejar de hacer algo **II 3C** aufhören etw. zu tun, etw. nicht mehr tun

dejar hacer algo a alguien **II 2B** zulassen, dass jmd. etw. tut

delante de (la casa) **I 2A** vor (dem Haus)

delgado, -a **II 5A** schlank

la **delincuencia** **I 8A** die Kriminalität

los / las **demás** **II 2B** die anderen, die Übrigen

demasiado (*adv*) **I 4A** zu (sehr / viel)

demasiado(s), -a(s) **I 4A** zu viel(e)

la **democracia** **II 6C** die Demokratie

democrático, -a **II 6B; II 6C** demokratisch

la **democratización** ‹II 6C› die Demokratisierung

un **demonio** ‹II 5C› ein Teufel, ein Dämon

demostrar (-ue-) algo **II 1B** etw. zeigen, etw. beweisen

un determinante **demostrativo** ‹I 4A, 3› ein Demonstrativbegleiter

dentro ‹II 1C, 5› darin

dentro de **II 3C** in, innerhalb von

depender de **II 1B** abhängig sein von, abhängen von

Depende. **II 3C** Das kommt ganz drauf an.

(el) **deporte** **I 3B** (der) Sport

hacer **deporte** **I 3B** Sport treiben

deportivo, -a ‹II 1A, 5› sportlich, Sport-

una instalación **deportiva** ‹I 5A, 3› eine Sportanlage

deprisa (*adv*) **I 4B** schnell

depurar algo ‹II 1B› etw. reinigen; (Abwasser) klären

a la **derecha** de **I 2A** rechts von

(girar) a la **derecha** **I 6A** nach rechts (abbiegen)

derecho, -a **I 6A** rechte(r / s)

un **derecho** (a) **II 3B** ein Recht (auf)

los **derechos** humanos ‹II 2D, 3› die Menschenrechte

(el) **derecho** **II 3D** Jura, Recht

derivado, -a de ‹II 1B, 5› abgeleitet von

derivarse de ‹II 1B, 5› sich ableiten von, abgeleitet werden

un (médico) **dermatólogo** ‹II 5A› ein Hautarzt

desaparecer (-zco) **II 1C** verschwinden

desarrollar algo ‹II 2A› etw. entwickeln, etw. entfalten

el **desarrollo** ‹II 3C, 4› die Entwicklung; der Ablauf

desayunar **I 5A** frühstücken

el **desayuno** **I 4B** das Frühstück

descalzo, -a **II 2E** barfuß

desconfiar de alguien (-ío) **II 3B** jdm. misstrauen

desconocer (-zco) ‹II 3B› nicht kennen; verkennen

desconocido, -a **I 7A** unbekannt

por **descontado** **II 6B** selbstverständlich

describir algo (a alguien) ‹II 2C, 1›; **II 3A** (jdm.) etw. beschreiben

una **descripción** ‹II 2B, 3›
eine Beschreibung

un **descubridor** I M2 ein Entdecker

un **descubrimiento** ‹I M2, 1›
eine Entdeckung

descubrir algo I M2; II 5C;
II 6A etw. entdecken

desde (+ *Zeitpunkt*) II 1B seit
desde el año pasado II 1B
seit letztem Jahr
desde hace (+ *Zeitraum*)
II 1C seit (+ *Zeitraum*)
desde (+ *Ort*) II 1A von ... aus
desde ... hasta ... I 2B von ...
bis ...

desear algo / que (+ *subj*) II 3B
etw. wünschen; wünschen, dass

un **deseo** ‹II 4A, 5›; II 6C ein
Wunsch

desértico, -a II 2C Wüsten-,
sehr trocken

desesperarse (de algo) II 5B
(über etw.) verzweifeln
estar **desesperado** II 5B verzweifelt sein

una **desgracia** I 5A ein Unglück
por **desgracia** I 5A leider

un **desierto** I 8A eine Wüste

desigual ‹II 3D, 5› ungleich

(estar) **desilusionado, -a** I 5B
desillusioniert, ohne Illusionen (sein)

la **despedida** I M1 der Abschied
una fórmula de **despedida**
‹II 1A, 2› eine Verabschiedungsformel

despedirse (-i-) I 6A sich verabschieden
despedir a alguien ‹I M1, 8›
jdn. verabschieden

despertarse (-ie-) I 6A aufwachen
despertar a alguien (-ie-)
II 3A jdn. aufwecken

después de ‹I 5A, 12›; I 5B nach

destacar algo ‹II 6B, 10› etw.
hervorheben

un **destinatario** ‹I 2B, 2› ein
Empfänger

un **destino** ‹II 1B› ein (Reise-)
Ziel

destruir algo ‹I 4B, 9›; II 1B etw.
zerstören, etw. kaputtmachen

(estar) **desunido, -a** II 5B uneinig / zerstritten (sein)

detallado, -a ‹II 1A→B› detailliert, genau

un **detalle** ‹II 2C, 6› ein Detail
con más **detalle** ‹II 2C, 6› genauer

un **detective** ‹I 3B, 6› ein Detektiv

detener a alguien (detengo)
II 6B jdn. verhaften
detener algo / a alguien ‹II 2E›
etw. / jdn. anhalten, etw. / jdn.
stoppen

el **deterioro** ‹II 1B› die Verschlechterung, die Beeinträchtigung

un artículo **determinado** ‹6B,
9› ein bestimmter Artikel

un **determinativo** demostrativo
‹I 4A, 3› ein Demonstrativbegleiter
un **determinante** posesivo ‹II
5C, 1› ein Possessivbegleiter

determinar algo ‹II 2E, 1› etw.
bestimmen, etw. festlegen

detrás de II 3B hinter
andar **detrás** de alguien (*fam*)
II 3B hinter jdm. hersein

una **deuda** II 1A die Schuld(en)
Lo que uno promete es **deuda**.
II 1A Was man verspricht,
muss man auch halten.

devolver (-ue-) I 4B, 3 etw. zurückgeben, etw. zurückbringen

¡**Di**! II 2B Sag!

un **día** I 0 ein Tag
algún **día** I 6B irgendwann
Buenos **días**. I 2B Guten Tag.
al **día** ‹II 1B, 7› pro Tag
el otro **día** II 4C neulich, vor
kurzem
estos **días** ‹II 1C, P› in diesen
Tagen, zur Zeit
un **día** de éstos II 1A dieser
Tage, in der nächsten Zeit
un **día** II 1C eines Tages
hoy en **día** II 2C heutzutage
el **Día** de los Muertos ‹II 5C,
P› Allerheiligen (1. November)

un **diagrama** ‹II 3D, 6› ein
Diagramm, ein Schaubild

una **diapositiva** I 8A ein Dia

diario, -a I 5A täglich, alltäglich

un **diario** I M1; ‹II 3D, 5› ein
Tagebuch; eine Tageszeitung

un / una **dibujante** I M2 ein /
eine Zeichner / in

dibujar algo I 7A etw. zeichnen

un **dibujo** ‹I 4B, 5›; II 3C eine
Zeichnung, eine Illustration

un **diccionario** ‹I M1, 8› ein
Wörterbuch

se **dice** ‹I 5C, P› man sagt, es
wird gesagt

diciembre *m* I 4A Dezember

diciendo ‹I 8B, *Un texto más*›
hier: und sage dabei

una **dictadura** II 6B eine Diktatur

dieci... I 2A ...zehn (*bei den
Zahlen 13–19*)

un **diente** II 1B ein Zahn
lavarse los **dientes** II 1B sich
die Zähne putzen

diez I 2A zehn

una **diferencia** (de / entre)
‹I 5A, 1›; II 3D ein Unterschied (von / zwischen)
con **diferencia** los más activos
I M1 mit Abstand die aktivsten
a **diferencia** de ‹II 6C, 7› im
Unterschied zu

diferente (a) I 5A; I 7B verschieden, unterschiedlich;
anders (als)
Podemos participar en **diferentes** actividades. I M1
Wir können an mehreren /
verschiedenen Aktivitäten
teilnehmen.

difícil I 5A schwierig

una **dificultad** ‹I 6B, 8›; I 8B
eine Schwierigkeit
tener **dificultades** para hacer
algo I 8B Schwierigkeiten
haben etw. zu tun

Dígame. I 2B *Eröffnungsformel des Angerufenen am
Telefon*

(yo) **dije** II 1A ich sagte
(*Indefinido*)

diminuto, -a I 5A winzig

dinámico, -a ‹II 1A→B› dynamisch

(el) **dinero** I 2B (das) Geld

Dios *m* I M2; II 2B Gott
¡**Dios** mío! I M2; II 2B Mein
Gott!

un **dios** II 3A ein Gott

un **diputado** II 6C ein Abgeordneter
el Congreso de los **Diputados**
II 6C *das Abgeordnetenhaus
des spanischen Parlaments*

una **dirección** I 2B eine Adresse;

una **dirección** ‹II 3C› *hier*: Internet-Adresse

directo, -a ‹II 1A→B›; II 3C direkt, unmittelbar

un programa en **directo** II 3C eine Livesendung

el **director** ‹I 4B, 3›; I 5B der Direktor; der Leiter

dirigir algo ‹II 5B, 3›; II 6C etw. leiten, etw. führen

dirigirse a un sitio I 7A sich zu einem Ort begeben

dirigirse a alguien II 3C sich an jdn. wenden

un **disco** I 7B eine Schallplatte

poner un **disco** I 7B eine Schallplatte auflegen

la **discordia** II 6A die Uneinigkeit, der Streit

una **discoteca** I 1B eine Diskothek

la **discriminación** ‹II 6C› die Diskriminierung; die Unterscheidung

un **discurso** ‹II 1→2› eine Rede

un **discurso** ‹II 2C, Estr› *hier*: ein Referat

una **discusión** I 2A eine Diskussion

discutir ‹I 8B, 1›; I M1 diskutieren, streiten

el **disfraz** ‹II 5A› die Verkleidung

disfrutar de algo I 7A etw. genießen

la **disolución** ‹II 6C› die Auflösung

(estar) **dispuesto, -a** a (hacer) algo II 3C bereit zu etw. sein, bereit sein etw. zu tun

distinguir algo / a alguien (de algo / alguien) II 2D etw. / jdn. erkennen (können), jdn. (von etw./jdn.) unterscheiden

distinto, -a ‹II 2C, 4›; II 2E andere/r/s, unterschliche r/s

la **distribución** ‹I 5A, 3› die Auf-/Verteilung

la **diversidad** II 6C die Vielfalt

diverso, -a ‹II 3A, 3› verschieden, unterschiedlich

divertido, -a I 3B lustig, unterhaltsam

divertirse (-ie-/-i-) I 5A sich amüsieren

la **división** ‹II 5B, 3› die Trennung, die Uneinigkeit

doblar algo ‹II 2B, 2› etw. falten

doce I 2A, G zwölf

doctor I 6A Herr Doktor (*Anrede*)

un **doctor** II 5B ein Arzt

un **documento** ‹I 7A, 7›; II 6B ein Dokument

un **dólar** ‹I M1, 2› ein Dollar

doler (-ue-) I 6A weh tun, schmerzen

¿Dónde te **duele**? I 6A Wo tut es dir weh?

doloroso, -a II 5B schmerzhaft, schmerzlich

el **domicilio** ‹I 2B, 2› der Wohnsitz

la **dominación** II 6A die Herrschaft

domingo *m* I 3B Sonntag

el **domingo** I 3B am Sonntag, diesen Sonntag

Don I M2; II 2B Herr (*vor männlichen Vornamen, besonders höfliche Anrede*)

donde (*Relativadverb*) I 7A wo

¿**dónde**? I 1B wo?

¿a**dónde**? I 2A wohin?

¿de **dónde**? I 1A woher?

dormir (-ue-/-u-) I 5A schlafen

dos I 1B zwei

Dresde ‹I M2, 4› Dresden

una **droga** I 8B eine Droge

una **ducha** ‹I 5A, 3› eine Dusche

ducharse I 5A sich duschen

dulce I 4A süß

un **dulce** ‹I 4A, 4› eine Süßspeise, eine Süßigkeit

durante (+ *subst*) I 5A während

durar II 3B dauern

duro, -a ‹II 4→5›; II 5C hart

E

e I 6B und (vor [i])

echar de menos algo / a alguien I 5A etw. / jdn. vermissen

la **ecología** I 3A die Ökologie, die Umweltforschung

ecológico, -a I 3A ökologisch, Umwelt-

ecologista (*adj*) ‹II 2E› Umweltschutz-

la **economía** ‹I 7B, 9›; II 1C die Wirtschaft

económico, -a ‹II 1A→B›; II 1B wirtschaftlich

económicamente II 1B wirtschaftlich (*adv*)

la **edad** I 2B das (Lebens-) Alter

la **Edad** Media I M2; II 6A das Mittelalter

una **edición** ‹I 7B, 3› eine Ausgabe

un **edificio** I 7A ein Gebäude

la **educación** ‹I 5C›; I 8B die Erziehung, die Bildung

(la) **educación** física ‹I 5C› (der) Sportunterricht

(la) **Educación** Primaria ‹I 5C› *entspricht ungefähr der Grundschule*

(la) **Educación** Secundaria Obligatoria ‹I 5C› *s*. ESO

el Ministerio de **Educación** I M1 das Kultusministerium

EE. UU. (los Estados Unidos) I 8B Vereinigte Staaten von Amerika, USA

el **efecto** ‹II 5C, 7› die Wirkung

¿**eh**? I 1B was? / wie?

un **ejemplo** ‹I 1A, 4›; I 3A ein Beispiel

por **ejemplo** I 3A zum Beispiel

un **ejercicio** ‹I 0›; eine Übung

el **ejercicio** ‹II 6C› die Übung; die Ausübung

un **ejército** II 5B ein Heer, eine Armee

él I 1A er

el que (*Relativpron*) II 2B der, die, das (*Relativpron*)

el, la (*best. Artikel*) I 0 der, die, das

la señora Petersen I 2A Frau Petersen

el señor Pérez I 2A, 3 Herr Pérez

el 98 ‹I M2, 1› das Jahr 1898

el/la peor (+ *subst*) II 1A der/die/das schlimmste …

una **elección** ‹II 5B, 3› eine Wahl

un **electricista** ‹I 8B, *Un texto más*› ein Elektriker

electrónico, -a II 2A elektronisch

elegante ‹I 6B, 3› elegant

elegir algo (-i-) **I 5C** etw. wählen, etw. auswählen

un **elemento** ‹I 5A, 12›; **II 6A** ein Element, ein Bestandteil

elevado, -a II 2C hoch (*bei Zahlen, Mengen, etc.*)

ella I 1A sie (*sg*)

ello II 1C das (da), jenes

ellos / ellas I 1A sie (*pl*)

una **embajada** ‹II 3C, 3› eine Botschaft (*Landesvertretung*)

(estar / quedarse) **embarazada II 3B** schwanger (sein / werden)

embarcar II 2D an Bord gehen, sich einschiffen

sin **embargo I 5B** trotzdem; (je)doch

(la) carrera de **embolsados** (*lat. am.*) ‹II 4B› (das) Sackhüpfen

la **emigración I 7A** die Emigration

un **emigrante I 7A** ein Emigrant, ein Auswanderer

emigrar (de) **I 8A** auswandern (aus)

emocionante ‹II 2E, 4›; ‹II 4B› bewegend, rührend; spannend

(estar) **empapado, -a I 7B** durchnässt (sein)

una **empanada** ‹II 4A, 3› eine Teigtasche, eine Pastete

un **emperador I M2** ein Kaiser

empezar (-ie-) **I 5A** beginnen, anfangen

un **empleado I 2B** ein Angestellter

una **empleada** ‹I 8B, *Un texto más*›; **II 4B** eine Angestellte, ein Dienstmädchen

un **empleo I 5B** eine Arbeit, eine Arbeitsstelle

emplumado, -a ‹II 5C› gefiedert; *hier*: mit Federn geschmückt

una **empresa** ‹II 1A→B›; **II 2C** eine Firma, ein Unternehmen

en I 0 in; an; auf

en casa **I 2A** zu Hause

en una calle **I 1A** auf einer Straße

en España **I 0** in Spanien

en español **I 1A** auf Spanisch

en la foto **I 0** auf dem Foto

en la estantería **I 2A** auf dem Regal

en la frontera **I 0** an der Grenze

en la mesa **I 2A** auf dem Tisch

¡**en** marcha! **I 4A** Auf geht's!; Los!

en general **I 5A** im Allgemeinen

en fin **I M1** schließlich, letzten Endes

en cambio ‹I 7B, 9›; **II 3C** dagegen

enamorarse de alguien ‹II 2E, 3›; **II 3D** sich in jdn. verlieben

encantado, -a (*formal*) **II 2B** sehr erfreut (Sie kennen zu lernen)

encantar a alguien **II 4B** jdm. sehr gut gefallen

encarcelar a alguien ‹II 5B, 3› jdn. ins Gefängnis stecken

un **encargado** ‹I 2B, 2› ein Erziehungsberechtigter

encender algo (-ie-) **I 7B** etw. anzünden

un diccionario **enciclopédico** ‹II 2C, E› eine Enzyklopädie

un **encierro II 2E** *Fest, bei dem die Kampfstiere durch die Straßen zur Arena laufen, wobei Jugendliche vor ihnen herrennen*

encima (*adv*) ‹II 4B› obendrauf (*adv*)

encontrado, -a ‹II 1B, 5› gefunden

encontrar (-ue-) algo **I 5B** etw. finden

encontrar (+ *adj*) a alguien **II 5A** jdn. (+ *adj*) finden

encontrarse I 7A sich befinden

encontrarse (con alguien) **II 1B** jdm. begegnen; sich (mit jdm.) treffen

encontrarse a alguien ‹II 3A, 2› jdm. (zufällig) begegnen, jdn. treffen

un **encuentro I 8B** eine Begegnung

una **encuesta** ‹II 3B, 4; II 3D, 5› eine Umfrage

la **enea** ‹II 3A› das Schilfrohr

la **energía II 2C** (die) Energie

enero *m* **I 5A** Januar

(estar) **enfadado, -a** con alguien ‹4→5› jdm. böse sein,

una **enfermedad** ‹II 1B, 8›; **II 3D** eine Krankheit

enfrentarse a alguien ‹II 3B, 4› jdm. die Stirn bieten

enfurecerse (-zco) **II 4A** wütend werden

engañar a alguien **II 3C** jdn. täuschen

el **engaño** ‹II 5C, 6› die Täuschung, die List

enigmático, -a ‹II 4B, 5› rätselhaft

enojarse II 4A sich ärgern

enorme ‹I 7B, 9›; **I 8A** riesig

enormemente II 4B außerordentlich (*adv*), sehr

enrollado, -a (*fam*) **I M1** aktiv, engagiert, gut drauf

enseguida I 6A sofort, gleich

enseñar algo (a alguien) **I 2B**; **I 8B** (jdm.) etw. zeigen; (jdn.) etw. lehren; (jdn. in) etwas unterrichten

ensuciarse I 5B sich schmutzig machen

ensuciarse las manos **I 5B** sich die Hände schmutzig machen

entender algo (-ie-) **I 3A** etw. verstehen

entenderse II 1C einander (gut) verstehen

el **entendimiento II 6A** das Verständnis

enterarse de algo **II 3B** etw. erfahren, etw. bemerken

entero, -a ‹II 2E› ganz, vollständig

familias **enteras** ‹II 2E› ganze Familien

enterrar algo / a alguien (-ie-) **II 4A** jdn. / etw. ein- / begraben

entonces I 2A; II 6A (also) dann; damals

una **entrada I 2B** eine Eintrittskarte; ein Eingang

la **entrada** ‹II 1B, 6› der Eintritt, das Hereinkommen

entrar I 1B, 6 eintreten, hineingehen

entre I 5A; II 2C zwischen; unter, bei

(una cifra) **entre** las más altas de Europa **II 2C** (eine Zahl) unter den höchsten Europas

entre sus brazos **II 4B** in ihren Armen

entregar algo ‹II 5C› etw. abgeben, etw. aushändigen

entrelazarse ‹II 5C, 7› sich verschlingen

entretanto I 6A inzwischen

una **entrevista I 2B** ein Interview; ein Vorstellungsgespräch

entrevistar a alguien ‹I 8B, 4› jdn. interviewen

enviar algo a alguien (-ío) **II 4C** jdm. etw. schicken

un **envío** ‹I 2B, 2› eine (Post-) Sendung

un **episodio** ‹I 5C, P› eine Episode; ein Teil, ein Kapitel

una **época** ‹I 5A, 3›; **I M2; II 1B** eine Epoche, eine Zeit
en esa **época** **II 1B** zu jener Zeit, damals

el **equilibrio** ‹I 4B, 9› das Gleichgewicht

el **equipaje** ‹I 7B, 3› das Gepäck

un **equipo** **II 4B** eine Mannschaft
un **equipo** de fútbol **II 4B** eine Fussballmannschaft

equivocarse **I M2; II 6B** sich irren, sich täuschen

un **equivocado** ‹II 6B› ein Irregeleiteter

eran **II 2D** sie waren (*Imperf*)

un **error** ‹I M2, 1›; **II 5C** ein Fehler, ein Irrtum
un **error** gramatical ‹II 2B, 2› ein Grammatikfehler

un **ertzaina** **II 3C** *Polizist in der Polizei der Autonomen Provinz Baskenland*

es **I 0** er / sie / es ist
es que ‹I 3B, P›; **I 6A** es ist (nämlich) so / Das kommt daher, dass …

la **escayola** **I 6A** der Gips (-verband)

una **escena** **II 2E** eine Szene

escéptico, -a **II 2E** skeptisch

un **esclavo** **II 5C** ein Sklave

escolar **I 8B** schulisch, Schul-

esconderse ‹II 2D, 6› sich verstecken
estar **escondido** ‹II 5C, 4› sich verbergen, versteckt sein

escribir (algo) **I 2B** (etw.) (auf-) schreiben

escrito **I 6B** geschrieben

un **escritor** **I 1B** ein Schriftsteller
una **escritora** ‹I 6B, 3› eine Schriftstellerin

escuchar (algo) **I 2B** zuhören; etw. anhören

una **escuela** ‹II 5B, 5› eine Schule

ése, ésa, ésos, ésas **I 4A** diese(r / s) (dort)

ese, esa, esos, esas (+ *subst*) **I 4A** diese(r / s) … (dort)

un **esfuerzo** **I 5B** eine Anstrengung
hacer muchos **esfuerzos** **I 5B** sich sehr anstrengen

un **esnob** ‹II 2E› ein Snob

eso **I 1B** das (da)
Eso es todo. **I 1B** Das ist alles.
por **eso** **I 5B** deshalb, daher
eso que **II 4C** obwohl

la **ESO** (Educación Secundaria Obligatoria) ‹I 5C› *entspricht ungefähr der Mittelstufe / Sekundarstufe I*

el **espacio** ‹II 5A, 8› der Platz, der (Zwischen-)Raum

una **espada** **I M2** ein Schwert

España *f* **I 0** Spanien

español, española ‹I 2B, 2› spanisch

el **español** **I 1A** Spanisch, die spanische Sprache
en **español** **I 1A** auf Spanisch

una **española** **I 1A** eine Spanierin
un **español** ‹I 1A, 8› ein Spanier

especial ‹I 8A, 8›; ‹II 1A, 5›; **II 1B** speziell, besonders

una **especie** de fiesta ‹II 5C, P› eine Art Fest

un **espectáculo** **I 0** ein Schauspiel

un **espectador** **II 3C** ein Zuschauer

un **espejo** **I 2A** ein Spiegel

la sala de **espera** ‹II 4C, 8› der Wartesaal

la **esperanza** ‹II 4C, P› die Hoffnung

esperar **I 2A** warten
¡**Espera**! **I 2A** Warte!
esperar algo / que (+ *subj*) **II 3B** etw. erwarten/erhoffen; erwarten / hoffen, dass

una **espina** **II 2E** eine Dorne

la **espiritualidad** **II 6A** die Spiritualität

el **esposo** / la **esposa** ‹II 3D› der Ehemann / die Ehefrau

un **esqueleto** ‹II 5C, P› ein Skelett

esquiar (-ío) ‹I 7B, 9› Ski laufen

una **esquina** **I 6A** eine Ecke

la **estabilidad** ‹II 6C› die Stabilität

una **estación** ‹I 5A, 3›; **II 1A** ein Bahnhof
en la **estación** **II 1A** am Bahnhof

un **estadio** **II 4C** ein Stadion

una **estadística** ‹II 1B, 6› eine Statistik

un **estado** ‹II 4C, 1›; **II 6B; II 6C** ein Staat
un golpe de **estado** **II 6B** ein Staatsstreich
un Jefe del **Estado** **II 6C** ein Staatschef
los **Estados** Unidos (EE. UU.) **I 8B** die Vereinigten Staaten von Amerika

una **estantería** **I 2A** ein Regal

estar **I 2A** sein, sich befinden
estar a … kilómetros de … **I 4A**, 6 … km von … entfernt sein
¿Qué tal **estáis**? **I 5A** Wie geht es euch?
Estoy bien. **I 5A** Mir geht es gut.
estar claro **I 5A** klar / selbstverständlich sein
el cuarto de **estar** **I 2A** das Wohnzimmer
No **está**. **I 6B** Sie ist nicht da.
estar haciendo algo **I 7A** etw. gerade tun / machen
estar mal que (+ *subj*) **II 1C** schlecht / nicht richtig sein, dass
estar en marcha **II 6B** in Gang sein

una **estatua** **I 1B** eine Statue, ein Denkmal

éste, ésta, éstos, éstas **I 4A** diese / r / s (hier)
un día de **éstos** **II 1A** dieser Tage, in der nächsten Zeit

este, esta, estos, estas (+ *subst*) **I 4A** diese / r / s … (hier)
esta noche **I 4A** heute Abend

el **este** **I 7A** der Osten

un recurso **estilístico** ‹II 5C, 6› ein Stilmittel

el **estilo** ‹I M2, 4›; **II 2E** der Stil
el **estilo** indirecto ‹II 2E, 7› die indirekte Rede

estimado, -a **II 3C** sehr geehrte / r (*formelle Anrede, auch im Brief*)

estimar II 1B schätzen, einschätzen

se **estima** que II 1B man schätzt, dass; es wird geschätzt, dass

esto I 1B dies, das (hier / da)

una **estrategia** ‹II 4B, 3› eine Strategie

estrecho, -a II 5A eng

una **estrella** II 5A 1. ein Stern, 2. ein Star

el **estrés** ‹II 2E› der Stress

una **estrofa** ‹II 2C, 1› eine Strophe

una **estructura** ‹II 1C, 5› eine Struktur

un / una **estudiante** ‹I 2B, 2›; I 5B ein / eine Student / in

estudiar I 1A studieren; in die Schule gehen; lernen

el **estudio** ‹II 3B› das Lernen, das Studieren

los **estudios** II 3D das Studium

estupendo, -a I 3B toll

etc. (etcétera) ‹I 5C, 2› usw.

(la) **ética** ‹I 5C› (die) Ethik, (der) Ethikunterricht

Europa f ‹I 4B, 9›; I 8A Europa

europeizado, -a (hier pejor) ‹II 5A› europäisiert

europeo, -a I 8A europäisch

un **europeo** ‹I 8A, 6›; II 1B ein Europäer

un **europeo** del norte ‹II 1B› ein Nordeuropäer

Euskadi I 7A das Baskenland (baskischer Name)

el **euskera** I 7A die baskische Sprache

una **evaluación** ‹I 2B, 2› eine Bewertung

un **ex presidente** ‹II 1B› ein ehemaliger Präsident / Vorsitzender

exacto, -a ‹I 7B, 3› genau

un **examen** (pl exámenes) ‹I 3B, 9›; I 6B eine Prüfung, ein Examen

examinar a alguien I 6A jdn. untersuchen

exclamar algo II 4A etw. ausrufen

exclusivo, -a II 1B ausschließlich

una **excursión** I 0 ein Ausflug

ir de **excursión** I 2B einen Ausflug machen

una **excusa** I 6A eine Entschuldigung, eine Ausrede

exigente ‹II 2B, 4› streng, anspruchsvoll

exigir algo / que (+ subj) II 3B fordern, verlangen

la **existencia** ‹I 5C, P› die Existenz

existir ‹I 6B, 8›; I 8B existieren; da sein; vorhanden sein

el **éxito** II 1B der Erfolg

el **exotismo** ‹II 1B› der Exotismus

una **experiencia** I 8A eine Erfahrung, ein Erlebnis

una **explicación** ‹II 5A, 8› eine Erklärung

explicar algo a alguien I 6A jdm. etw. erklären

exportar algo ‹II 5C, 5› etw. exportieren, etw. ausführen

una **exposición** ‹II 6C, P› eine Ausstellung

una **Exposición** Internacional ‹II 6C, P› eine Weltausstellung

expresamente ‹II 4B, 3› ausdrücklich

expresar algo ‹II 1C, 8›; II 6C etw. ausdrücken

una **expresión** ‹I 4A, 5›; I 8B ein Ausdruck

expropiar algo / a alguien ‹II 5B› etw. / jdn. enteignen

expulsar a alguien I M2; II 6A jdn. vertreiben, jdn. ausweisen, jdn. hinauswerfen

(el) **éxtasis** ‹II 3B› (das) Extasis

exterior ‹II 4B›; II 6C äußerlich, Außen-

la política **exterior** II 6C die Außenpolitik

en el **exterior** ‹II 2E, 4› draußen

externo, -a II 2E äußerlich, äußere(r/s)

extraer la raíz cuadrada (-traigo) ‹II 3D, P› die (Quadrat-) Wurzel ziehen

extranjero, -a II 1B ausländisch

el **extranjero** II 1B das Ausland

un **extranjero** II 1C ein Ausländer

un **extraño** II 5C ein Fremder

extraordinario, -a II 2E außergewöhnlich, hervorragend

un **extremeño** ‹II 2C› ein Bewohner von Extremadura

extremista ‹II 6C› extremistisch

EZLN (Ejército Zapatista de Liberación Nacional) II 5B Zapatistische Befreiungsarmee (Gruppe, die in Chiapas gegen die Regierung und für die Rechte der Ureinwohner kämpft)

F

para **fabricar** … ‹I 4B, 9› um … herzustellen

fácil I 2A einfach

la **Falange** II 6B die Falange (faschistische Partei in Spanien)

falso ‹I 7A, 5› falsch

la **falta** ‹II 3B› das Fehlen

la **falta** de asistencia ‹I 2B, 2› das Fehlen (im Unterricht)

faltar I 4A fehlen

¿Nos **falta** algo? I 4A Brauchen wir noch etwas?

Falta poco para llegar. I 7B Es dauert nicht mehr lange, bis sie ankommen.

una **familia** I 2A, 1 eine Familie

tener **familia** I 7A Verwandte haben

(las) cosas de **familia** II 2B (die) Familienangelegenheiten

familiar ‹I 4A, 4›; I 8B familiär; Familien-

familiar ‹II 3B, 5› umgangssprachlich

un **familiar** ‹II 5C, P› ein Familienmitglied, ein Verwandter

famoso, -a ‹I 7B, 9›; II 2A berühmt

el **fanatismo** II 6A der Fanatismus

fantástico, -a ‹I 6B, P› fantastisch, wunderbar

fascista II 6B faschistisch

una **fase** I 8B eine Phase, eine Stufe

el **fastidio** I 6B der Ärger

¡Qué **fastidio**! I 6B Wie unangenehm!

fatal ‹II 2D, 3› fatal, schlimm

un **favor** II 3C ein Gefallen, eine Gefälligkeit

pedir un **favor** a alguien II 3C jdn. um einen Gefallen bitten

por **favor** **I 2A** bitte
argumentos a **favor** de algo
‹I 7A, 8› Argumente für etw.
favorable ‹II 6C, 6› zustim-
mend, dafür
favorito, -a **I 3B** Lieblings-
el papel de **fax** ‹I 4B, 9› das
Faxpapier
la **fe** **II 2E** der Glaube
febrero *m* **I 5A** Februar
la **fecha** ‹I 2B, 2›; **II 2B** das
Datum
la **fecha** de nacimiento
‹I 2B, 2› das Geburtsdatum
feliz **I 4B** glücklich
¡**Feliz** año nuevo! **I 4B** Gutes
neues Jahr!
femenino, -a **II 3D** weiblich
fenomenal **I 0** toll, klasse
feo, -a **II 1B** hässlich
fértil **II 5C** fruchtbar
fiarse de algo / alguien (fío)
II 6B etw. / jdm. vertrauen
una **fiesta** **I 0** ein Fest, eine Feier
una **fiesta** popular **I 0** ein
volkstümliches Fest; ein
Volksfest
la **fiesta** nacional **II 2E** *Be-*
zeichnung für den Stierkampf;
auch Nationalfeiertag
una **figura** **II 2E** eine Figur
figurado, -a ‹II 2A, 1› bildlich,
im übertragenen Sinn
figurarse algo **II 6B** sich etw.
vorstellen
fijarse en algo / alguien **II 2B**
auf jdn. / etw. achten, aufpassen
fijo, -a **II 4B** fest, starr
Filipinas *f pl* ‹I M1, 2›; **I M2**
die Philippinen
(la) **filosofía** **II 6A** (die) Philosophie
filosófico, -a **I M2** philosophisch
el **fin** **I 3A** das Ende
un **fin** de semana **I 3A** ein
Wochenende
por **fin** **I 0** schließlich, endlich
en **fin** **I M1** schließlich,
letzten Endes
al **fin** **II 2E** schließlich
al **fin** y al cabo **II 6A; I 6B**
schließlich und endlich, letztlich
final ‹II 2E, 2›; **II 4B** letzte / r / s,
End-
el resultado **final** **II 4B** das
Endergebnis

el **final** **I 1A** das Ende
el **final** de las vacaciones
I 1A das Ferienende
la **final** **II 1A** das Finale
finalizar algo **I M2** etw. beenden
finalmente **II 1B** schließlich,
endlich, zuletzt
fino, -a **II 5A** fein
el **fino** **II 2B** (trockener) Sherry
una **firma** ‹II 1B, 7› eine
Unterschrift
firmar **I 6B** unterschreiben
(la) **física** **I 1A** (die) Physik
físico, -a ‹II 3C, 5› physisch,
körperlich
(la) educación **física** ‹I 5C›
(der) Sportunterricht
el aspecto **físico** ‹II 3A, 4›
das Äußere, das Aussehen
(el) **flamenco** **I 0** (der) Flamenco (*spanischer Tanz*)
una **flecha** ‹II 6B, 4› ein Pfeil
una **flor** **II 2E** eine Blume,
eine Blüte
un **folleto** **I 7A** eine Broschüre
el **fondo** ‹II 5C, 4› der Hinter-
grund
una **forma** ‹I 4A, 3›; **II 1C** eine
Form
la **forma** de ser **II 1C** das
Wesen, die (Lebens-)Art, der
Charakter
de otra **forma** **I 8B** auf andere Art
la **formación** ‹II 1C, 6› die
Bildung, die Entstehung
la **formación** profesional **I 5B**
die Berufsausbildung
formal ‹II 5B, 2› formell,
förmlich
formar algo ‹I 2B, 3›; **II 2A**
etw. bilden, etw. formen
formarse **I 7A** entstehen
una **fórmula** ‹II 1B› eine
Formel
una **fórmula** de saludo / de despedida ‹II 1A, 2› eine Begrü-
ßungs-/Verabschiedungsformel
formular algo ‹II 1C, 6› etw.
formulieren
un **formulario** ‹II 1B, 7› ein
Formular
una **foto** **I 0** ein Foto
sacar una **foto** **I 8A** ein Foto
machen
la **fotografía** ‹I 5C›; **I M1; I M2**
die Fotografie

un **fracaso** **II 3D** ein Misserfolg
un **fragmento** ‹II 1B, 3› ein
Fragment, ein Auszug
el **francés** **I 2B** Französisch,
die französische Sprache
un **francés**, una **francesa** **II 2D**
ein Franzose / eine Französin
Francia *f* ‹I M2, 4›; **II 1B**
Frankreich
una **frase** ‹I 3A, 7› ein Satz
la **frecuencia** **II 1B** die Häufig-
keit
con **frecuencia** **II 5A** oft
(el) **frijol** ‹II 5B› (die) Bohne
frío, -a **I 7B** kalt
el **frío** ‹II 1A, 7› die Kälte
Hace **frío**. **I 7B** Es ist kalt.
Tengo **frío**. **II 2D** mir ist kalt.
frito, -a **I 4A** gebraten
(las) patatas **fritas** **I 4A** (die)
Kartoffelchips
la **frontera** **I 0** die Grenze
en la **frontera** **I 0** an der
Grenze
(la) **fruta** **I 4A** (das) Obst
(las) **frutas** **II 2A** (die)
Obst(sorten)
una **frutería** **I 4A** ein Obst-
stand; ein Obstladen
el **fruto** ‹I 7B, P› die Frucht,
der Ertrag (*fig*)
fue **I 8A** er / sie / es war;
er / sie / es ging
un **fuego** **I 7B** ein Feuer
una **fuente** **II 2C** eine Quelle
fuera **I 8B** draußen
quedarse **fuera** **I 8B** draußen
bleiben
fuera de (*prep*) **II 4B** außer,
über … hinaus (*prep*)
fuerte **II 3D** stark
fumar ‹II 3B, 4› rauchen
una **función** gramatical ‹II 1B,
5› eine grammatikalische
Funktion
el **funcionamiento** ‹II 5C, 4›;
II 6C das Funktionieren; die
Arbeitsweise
funcionar **I 8A** funktionieren
un **fundamento** ‹II 5C, 9› ein
Fundament, eine Grundlage
fundar algo **I 8B** etw. gründen
el **fútbol** **I 3B** Fußball
el **futuro** **I 3A** die Zukunft
tener **futuro** **I 8B** eine Zukunft haben
el **futuro** ‹II 4A, 4› das Futur

G

una **gachí** (*pl* gachises) (*fam, viejo*) ‹II 6B› ein Mädchen, eine „Puppe"

Galicia *f* **I 3A** Galicien (*Landschaft in Nordspanien*)

gallego, -a I 7A galicisch

el **gallego I 7A** die galicische Sprache

un **gallego I 7A** ein Galicier

la **ganadería** ‹I 7B, 9› die Viehzucht

ganar (un partido) **I 3B** (ein Spiel) gewinnen

ganar dinero **I 5B** Geld verdienen

ganarse algo ‹II 4B› sich etw. verdienen

ganarse la vida ‹II 5B, 5› sich seinen Lebensunterhalt verdienen

tener **ganas** de hacer algo **I 3B** Lust haben, etw. zu tun

dar **ganas** a alguien de (hacer) algo **II 4C** Lust bekommen auf etw. / etw. zu tun

garantizar algo ‹II 1A→B›; **II 6C** etw. garantieren

gastar(se) algo ‹II 3C, 4›; **II 5A** etw. ausgeben

la **gastronomía** ‹II 1C› die Gastronomie, das Gaststättengewerbe

un **gazpacho** ‹II 1A, 5› *eine Art Kaltschale aus Tomaten, Gurken, Öl…*

un árbol **genealógico** ‹II 2B, E› ein Stammbaum

una **generación I 5B** eine Generation

general ‹II 3A, 3› allgemein

en **general I 5A** im Allgemeinen

las Cortes **Generales II 6C** *das spanische Parlament*

un **general II 3D** ein General

Génova ‹I M2, 1› Genua

un **genovés** ‹I M2, 1› ein Genuese

la **gente I 3A** die Leute

(la) **geografía** ‹I 5C; I 8B, 6› (die) Geographie

(la) **geología** ‹I 5C› Geologie

girar I 6A abbiegen

un **gitano** ‹II 2E› ein Zigeuner

el **gobierno I 7A** die Regierung

el Presidente del **Gobierno II 6C** *der (spanische) Ministerpräsident*

un **golpe II 6B** ein Schlag

un **golpe** de estado **II 6B** ein Staatsstreich

gordo, -a II 4B dick

gótico, -a ‹II 2A› gotisch

gozar con algo ‹II 5C› Gefallen finden an etw., etw. genießen

grabar algo ‹II 1C, 3› etw. (auf Band) aufnehmen

Gracias I 1B Danke

gracias por **II 2B** vielen Dank für

gracioso, -a I 2A komisch, witzig

un **grado II 1A** ein Grad (*Temperatur*)

una **gramática** ‹I M2, 4› eine Grammatik

un error **gramatical** ‹II 2B, 2› ein Grammatikfehler

una función **gramatical** ‹II 1B, 5› eine grammatikalische Funktion

Gran Bretaña *f* ‹II 1B, 6› Großbritannien

grande I 1B groß

la **grandeza II 5C** die Größe, die Großartigkeit

un **grano II 4A** ein Korn

un **grano** de trigo **II 4A** ein Weizenkorn

gratis I 8B gratis, unentgeltlich

la **gratitud** ‹II 2A› die Dankbarkeit

grave I 6A ernst, schlimm

griego, -a ‹I M2, 4›; **II 6A** griechisch

el **griego I M2; II 6A** Griechisch, die griechische Sprache

un **grifo** ‹II 1B› ein Wasserhahn

un **grillo** ‹I 7B, P› eine Grille

gris I 3A grau

gritar II 2E schreien, rufen

grueso, -a II 2D dick, schwer

un **grupo** ‹I 2B, 2›; **I 3A** eine Gruppe

un **grupo** de rock ‹I 5A, 8› eine Rockgruppe

guapo, -a I 1B hübsch

guardar algo **II 6A** etw. aufbewahren, etw. aufheben

una **guerra II 2D** ein Krieg

una **guerra** civil **II 6B** ein Bürgerkrieg

un / una **guía I 2B** ein / eine Fremdenführer / in

una **guía I 7B** ein Reiseführer (*Buch*)

una **guitarra I 0** eine Gitarre

gustar a alguien **I 4A** jdm. schmecken; jdm. gefallen

La macedonia me **gusta. I 4A** Ich mag Obstsalat.

me **gustaría** ‹I 6B, 8› mir würde gefallen, ich würde gern

un **gusto** ‹II 1B, 3› eine Vorliebe

con mucho **gusto II 3C** sehr gern, mit Vergnügen

H

haber (*Hilfsverb*) **I 6A**

Tiene que **haber…** ‹I 6B, 8› Es muss … geben.

una **habitación I 2A** ein Zimmer

un **habitante I 7A** ein Einwohner, ein Bewohner

el **habla** ‹II 2E, 2› die Sprechweise, die Sprache

hablar I 1A sprechen

un **hacendado** (*mex*) ‹II 5B› ein Großgrundbesitzer

hacer algo (hago) **I 3B** etw. machen, etw. tun

Hace buen tiempo. **I 7B** Es ist schönes Wetter.

Hace calor. **I 7B** Es ist warm / heiß.

Hace frío. **I 7B** Es ist kalt.

hace un año / muchos años **I 8A** vor einem Jahr / vielen Jahren

desde **hace** (+ *Zeitraum*) **II 1C** seit (+ *Zeitraum*)

hacer cuentas **I 4A** abrechnen

hacer amigos **II 1A** Freunde finden

hacer hacer algo a alguien **II 2E** jdn. veranlassen etw. zu tun

hacer oír algo **II 2A** etw. hören lassen, erschallen lassen

hacer que (+ *subj*) **II 6C** etw. verursachen

hacerse (+ *profesión*) **II 3A** etw. werden, einen Beruf ergreifen

hacerse a algo **I M1** sich an etw. gewöhnen

hacerse una idea de algo / alguien **II 4C** sich ein Bild von etw. / jdm. machen

hacer de ‹II 5A› arbeiten als

hecho **I 6B** gemacht

hacia **I 7A** nach / zu (... hin)

(estar) de camino **hacia** ... **I 8A** auf dem Weg nach ... (sein)

una **hacienda** ‹II 5B› ein Landgut

¡**hala**! **I M2** los!; auf geht's!

el **hall** [xo:l] ‹II 4B› die (Eingangs-)Halle

el **hambre** *f* **II 2D** der Hunger

Hamburgo **I 1A** Hamburg

una **hamburguesa** **I 1B** eine Hamburgerin; ein Hamburger (Brötchen)

una **hamburguesería** **I 1B** ein Hamburgerrestaurant

estar **harto, -a** (de algo / alguien) (*fam*) **II 3C** (etw. / jdn.) satt haben

hasta **I 2A** bis

¡**Hasta** luego! **I 2A** Bis nachher / später!

desde ... **hasta** **I 2B** von ... bis ...

hasta (+ *inf* / que) **II 2B** bis

hasta **II 3D** sogar

hay **I 1B** es gibt, da ist / sind

hay que hacer algo ‹I 4B, 9›; **I 5B** man muss etwas tun

¿qué **hay**? **II 1A** wie geht's?

hecho **I 6B** gemacht

un **hecho** **II 3A** eine Tatsache; ein Ereignis

helado, -a **II 2D** eiskalt, eisig

hereditario, -a ‹II 6C› erblich

una **herida** **I 6A** eine Wunde, eine Verletzung

un **hermano** **I 2A** ein Bruder

los **hermanos** **I 2A** die Brüder; die Geschwister

una **hermana** **I 2A**, 3 eine Schwester

hermoso, -a **II 4A** (wunder-)schön,

un **héroe** ‹II 5B, 4› ein Held

el arco de **herradura** **II 6A** der „Hufeisenbogen"

una **hija** **I 2A** eine Tochter

los **hijos** **I 2B**, 7 die Söhne; die Kinder

tener un **hijo** **I 8B** ein Kind bekommen

un **hijito** ‹II 1C, P› *Diminutiv von hijo*: Söhnchen

hilar ‹II 3A, 1› spinnen

(estar) **hinchado, -a** **I 6B** geschwollen (sein)

un **hipermercado** **I 4A** ein (großer) Supermarkt

un / una **hipócrita** **II 5C** ein / eine Heuchler / in

una **hipótesis** ‹II 4A, 7› eine Hypothese, eine Vermutung

hispano, -a ‹I 4B, 9› spanisch, spanischsprachig

un **hispano**, una **hispana** **II 4C** ein / e Hispanoamerikaner / in (*Person aus einem der spanischsprachigen Länder Lateinamerikas*)

Hispanoamérica *f* **I 8C** das spanischsprachige Lateinamerika

hispanohablante ‹II 3C, 3› spanischsprechend, spanischsprachig

una **historia** ‹I 5A, 10›; **I 8B** eine Geschichte

(la) **historia** ‹I 5C›; **II 2A** (die) Geschichte

¡Déjate de **historias**! **I M2** Erzähl keine Märchen!

histórico, -a ‹I 5A, 3› historisch

una **hoja** ‹II 2E, 5› ein Blatt

¡**Hola**! **I 0**, 2 Hallo!

Holanda *f* ‹I M2, 4› Holland

un **holandés** **I M2** ein Holländer

holgado, -a ‹II 6C› weit, geräumig, offen

un **hombre** **I 6B**, 4 ein Mann

el **hombre** **I 7A** der Mensch

un **hombro** **II 2E** eine Schulter

hondo, -a **II 4B** tief

respirar **hondo** **II 4B** tief (durch-)atmen

una **hora** **I 2A** eine Stunde

¿Qué **hora** es? **I 2A** Wie viel Uhr ist es?

¿A qué **hora**...? **I 2A** Um wie viel Uhr ...?

a las tres **horas** **II 2D** nach drei Stunden

un **horario** **I 5C** ein Stundenplan

los **horarios** de comida ‹I 1B, 8› die Essenszeiten

horrible **II 2D** schrecklich, entsetzlich

el **horror** **II 5B** das Entsetzen, das Grauen

una película de **horror** ‹I 5C, P› ein Horrorfilm

horroroso, -a **I 8A** entsetzlich

un **hospital** **I 6A** ein Krankenhaus

una **hostia** ‹II 6B› eine Hostie

hostias de (*vulg*) ... ‹II 6B› die verflixten / verfluchten ...

un **hotel** **I 0** ein Hotel

un **hotelero** ‹II 1C, 7› ein Hotelier, ein Hotelbesitzer

hoy **I 1B** heute

huir (huyo) **II 2D** fliehen

el **humanismo** ‹II 2E› der Humanismus

humanitario, -a ‹II 3C, 4› humanitär

humano, -a ‹I 7B, P› menschlich

un ser **humano** **II 5A** ein menschliches Wesen, ein Mensch

los derechos **humanos** ‹II 2D, 3› die Menschenrechte

húmedo, -a **II 2C** feucht

humilde **II 5B**; ‹II 5C› bescheiden, einfach; demütig

ser de origen **humilde** **II 5B** aus einfachen Verhältnissen stammen

humillar a alguien **II 5C** jdn. demütigen

I

ibérico, -a **I M2**; **II 1B** iberisch

la Península **Ibérica** **II 1B** die Iberische Halbinsel (*Spanien + Portugal*)

una **idea** **I 3B** eine Idee

con la **idea** de ‹II 5A› in der Vorstellung, dass

ideal **I 4A** ideal

un **ideal** ‹II 5A, 8› ein Ideal

idéntico, -a ‹I 2B, P› gleich, identisch

la **identidad** **II 3B** die Identität

identificar algo ‹I 7A, 7› etw. identifizieren

una **ideología** ‹II 6B› eine Ideologie

un **idioma** **I 2B** eine Sprache

un **ídolo** **II 5A** 1. ein Götterbild, ein Götzenbild; 2. ein Idol, ein Vorbild una **iglesia** **I 0** eine Kirche

ignorar algo **II 5C** etw. nicht wissen

igual **I 2A** der-/die-/dasselbe; der/die/das Gleiche

Da **igual.** **I 7B** Es ist egal.

la **igualdad** ‹II 3D, 5› die Gleichheit

ilegal **I 8B** illegal, ungesetzlich

una **ilustración** ‹II 1B, 1› eine Illustration, eine Abbildung

ilustrado,-a ‹I 5C, P› bebildert, illustriert, *hier:* veranschaulicht

ilustrar algo ‹II 1C, 1› etw. illustrieren/veranschaulichen

una **imagen** (*pl* imágenes) **II 1C** ein Bild, ein Abbild

la **imaginación** ‹I 6A, 9› die Fantasie

imaginarse algo **I 6B** sich etw. vorstellen

imitar a alguien ‹II 5A› jdn. imitieren, jdn. nachahmen

un **imperativo** ‹I M1, 6› ein Imperativ

un **imperativo** negativo ‹II 2B, 4› ein verneinter Imperativ

el **imperfecto** ‹II 2D, 2› das Imperfekt

un **imperio** ‹I M2, 1› ein Reich

el **imperio** ‹II 6C› *hier:* die Macht, die Autorität

un **impermeable** **I 7B** ein Regenmantel

la **importancia** **I 3A** die Bedeutung, die Wichtigkeit

importante **I 1B** wichtig

importar **I 4A** wichtig sein

No **importa.** **I 4A** Das macht nichts.

importar a alguien que (+ *subj*) **II 3B** jdm. wichtig sein

imposible **I 4B** unmöglich

una **impresión** ‹I M1, P› ein Eindruck

impresionante **II 1A** beeindruckend

impulsar ‹II 2C› vorantreiben

inca **I 8A** Inka-

los **incas** **I 8A** die Inka

incautarse algo ‹II 6B› Besitz ergreifen von etw., etw. beschlagnahmen

(estar) **incluido,-a** **II 2D** eingeschlossen/enthalten (sein)

incluir algo ‹II 3B, 5› etw. beinhalten, etw. einschließen

incluso ‹II 2E, 4› sogar

incómodo,-a **I 6B** unbequem

incontable **II 6C** unzählig, sehr viele

incontrolable **II 1B** unkontrollierbar

increíble **I 4B** unglaublich

indebido,-a ‹II 6C› ungerechtfertigt; unangebracht

indefenso,-a **II 3D** hilflos

indefinido,-a ‹II 1A→B› unbefristet

el **indefinido** ‹II 2D, 2› der Indefinido

un pronombre **indefinido** ‹II 3D, 4› ein Indefinit-Pronomen

una **indemnización** ‹II 5B› eine Entschädigung

independiente **I 5B** unabhängig

las **Indias** **I M2** (Vorder- und Hinter-)Indien

una **indicación** ‹I 5A, 3› eine Angabe, ein Hinweis

indicado,-a ‹II 2E, 4› angegeben

indicar algo ‹II 3D, 4› etw. angeben; auf etw. hinweisen

el **indicativo** ‹II 2E, 8› der Indikativ

un **índice** ‹II 4A, 5› ein Inhaltsverzeichnis

indiferente **II 2E** gleichgültig, indifferent

dejar **indiferente** a alguien **II 2E** jdn. gleichgültig/kalt lassen

un/una **indígena** **I 7A** ein/eine Ureinwohner/-in

un **indio** **I 8A** ein Indio, ein Indianer

indirecto,-a ‹II 4B, 5› indirekt

el estilo **indirecto** ‹I 2E, 7› die indirekte Rede

la **industria** **I 3A** die Industrie

industrial **I 7A** industriell, Industrie-

un **infinitivo** ‹II 6A, 6› ein Infinitiv

la **influencia** **II 4C** der Einfluss

influenciar a alguien ‹II 3C, 5› jdn. beeinflussen

una **información** **I 3A** eine Information

dar **información** (a alguien) (sobre algo) **I 3A** (jdn.) (über etw.) informieren

informar (de algo) a alguien ‹I 4B, 9›; **II 3C** jdn. (über etw.) informieren

informarse **I 5B** sich informieren

(la) **informática** **I 5B** (die) Informatik

un **informe** **I 5B** ein Bericht

un **ingeniero** **I 1A** ein Ingenieur

una **ingeniera** ‹I 2B, 7›; **II 3D** eine Ingenieurin

las **ingenierías** ‹II 3D› die Ingenieurwissenschaften

Inglaterra *f* ‹I M2, 4› England

inglés, inglesa ‹I M2, 4› englisch

el **inglés** **I 1A** Englisch, die englische Sprache

un **inglés** **I 2A**, 3 ein Engländer

los **ingresos** ‹I 1B› die Einnahmen, die Einkünfte

inhabitable ‹II 1C, P› unbewohnbar

una **iniciativa** ‹II 1B› eine Initiative

la **injusticia** ‹II 5B, 5› die Ungerechtigkeit

injusto,-a **II 1C** ungerecht

inmenso,-a ‹I 7B, 9›; **II 2E** sehr groß, riesig, immens

la **inmigración** **II 2D** die Einwanderung

un/una **inmigrante** **II 2D** ein/eine Einwanderer/-in

una **inmobiliaria** ‹II 1C› eine Immobilienfirma

un **insecto** ‹II 1B, 8› ein Insekt

la **insolvencia** **II 5C** die Zahlungsunfähigkeit

inspirarse en algo ‹II 5A, 7› sich inspirieren lassen

una **instalación** deportiva ‹I 5A, 3› eine Sportanlage

instintivamente ‹II 4B› instinktiv (*adv*)

una **institución** **II 6C** eine Institution

un **instituto** **I 1A**; **I 5B** Gymnasium; ein Institut

el **Instituto** de la Juventud **I 5B** *Staatssekretariat für Jugendfragen*

una **instrucción** ‹I 4B, 3› eine Anweisung

un **instrumento** de música ‹II 4C, 7› ein Musikinstrument

insultar a alguien **II 3C** jdn. beleidigen

la **integración** ‹II 1A→B› die Integration, die Eingliederung

integrarse (en) **II 1C** sich integrieren (in), sich einfügen (in)

integrarse en el ejército ‹II 5B› in die Armee eintreten

intelectual ‹II 6A, 7› intellektuell, geistig

la (mala) **intención** ‹II 4→5› die (böse) Absicht

intentar (hacer) algo **II 1B** etw. (zu tun) versuchen

intercambiar algo ‹I 7B, 4› etw. (aus)tauschen

un **intercambio** **I 5A** ein Austausch

el **interés** ‹I 5C, P› das Interesse

un centro de **interés** ‹I 5C, P› ein Interessenschwerpunkt

interesante **I 1B** interessant

interesar a alguien ‹I 5C, P›; **II 1C** jdn. interessieren

interior **I 7A; II 6C** innere/r/s, Binnen-; innerlich, Innen-

el producto **interior** bruto ‹II 2C, 5› das Bruttoinlandsprodukt

la política **interior** **II 6C** die Innenpolitik

el **interior** **I 1B** das Innere

internacional ‹II 4C, 8›; **II 6B** international

(la) **Internet** ‹II 1C, 2› (das) Internet

una página **Internet** ‹II 1C, 2› eine Internet-Seite, eine Website

interno, -a **II 6C** innere/r/s, intern

una **interpretación** ‹II 2A, 1› eine Interpretation / Auslegung

interpretar algo ‹II 2B, Estr› etw. interpetieren

un / una **intérprete** **II 5A** ein / eine Dolmetscher / in

una **introducción** ‹II 2E, 5› eine Einleitung / Einführung

introducir algo (-zco) ‹II 4C, 4› etw. einleiten

inundar algo **II 5B** etw. überschwemmen

invadir algo **II 5B** etw. überfallen, einfallen in etw.

una **invasión** ‹II 1C› eine Invasion, ein Überfall

inventar algo ‹I 7B, 6›; **I M2** etw. erfinden

un **invernadero** **II 2B** ein Gewächshaus

el **invierno** **I 8A** der Winter

una **invitación** **II 2B** eine Einladung

un **invitado**, una **invitada** **II 3C** ein Gast (m + f)

invitar a alguien **II 3C** jdn. einladen

ir **I 2A** gehen

ir de excursión **I 2B** einen Ausflug machen

ir de vacaciones **I 5B** Ferien / Urlaub machen

ir en bicicleta **I 6A** mit dem Rad fahren

ir por la ciudad **I 6A** durch die Stadt fahren

ir a hacer algo **I 3B** etw. tun werden

Vamos. **I 2A** Gehen wir.

¡Qué **va**! **I 7A** Ach was!

ido **I 6A** gegangen

fue **I 8A** er / sie / es ging

irse **I 5B** weggehen

¿Adónde os **fuisteis**? **I 8A** Wo gingt ihr hin?

ir a buscar a alguien **II 1A** jdn. abholen

ir con algo ‹II 1A, 1› mit etw. gehen, zu etw. passen

(yo) **iba** **II 2E** ging (Imperf.)

ir ‹II 2C› hier: fließen

así **vamos** ‹II 3D› und so läuft das dann

ir con cuidado ‹II 1B› vorsichtig sein

¿Qué tal te **va**? **II 1A** Wie geht's dir denn so? Wie läuft's bei dir?

¿Cómo **va** todo? **II 2B** Wie geht's denn so?

Irlanda f **I 7A** Irland

irónico, -a **II 1B** ironisch

una **isla** **II 1A** eine Insel

las **Islas** Canarias ‹I M2, 9› die Kanarischen Inseln

Israel m **II 6A** Israel

Italia f ‹II 1B, 6› Italien

italiano, -a ‹II 5A› italienisch

un **italiano** ‹I 7B, 9› ein Italiener

izquierdo, -a **I 6B** linke / r / s

a la **izquierda** de **I 2A** links von

a la **izquierda** **I 6A** nach links

J

un **jabalí** ‹II 1B› Wildschwein

un **jaguar** ‹I 4B, 9› ein Jaguar

(el) **jamón** **I 4A** (der) Schinken

Japón m ‹I 4B, 9›; **I 8A** Japan

un **jardín** **I 3A** ein Garten

una **jarra** **I 4B** ein Krug

un **jefe** **II 5B** ein Chef, ein Leiter

un **Jefe** del Estado **II 6C** ein Staatschef

un **jersey** **I 4B** ein Pullover

una **jornada** de trabajo **II 6B** ein Arbeitstag

joven (pl jóvenes) **I 2B** jung

un / una **joven** **I 5B** ein junger Mann / ein junges Mädchen, eine junge Frau

los **jóvenes** ‹I 2B, 5›; **I 5B** (die) Jugendliche(n)

una **joya** ‹II 2E› ein Juwel, ein Schmuckstück

un **jubilado** **II 1C** ein Rentner

judío, -a **I M2**; ‹II 2A›; **II 6A** jüdisch

un **judío** **I M2; II 6A** ein Jude

un **juego** ‹I 5A, 7›; **II 4B** ein Spiel

los **Juegos** Olímpicos ‹I 8A, 6› die Olympischen Spiele

jueves m **I 3B** Donnerstag

un **juez** **II 3D** ein Richter

jugar (-ue-) **I 3B** spielen (Sport und Spiele)

jugar al tenis **I 3B** Tennis spielen

un **juicio** ‹II 6C, 6› ein Urteil

julio m **I 5A** Juli

junio m **I 5A** Juni

la **Junta** de Andalucía ‹II 2A› das Regionalparlament von Andalusien

junto(s), -a(s) **I 8B** zusammen

junto, -a a algo/alguien ‹II 5B› neben, bei

la **justicia** **II 5B** die Gerechtigkeit

justificar algo ‹II 3D, 1› etw. rechtfertigen, etw. belegen

justo, -a **I M1; II 1C** gerecht

justamente (adv) **I M1** genau, gerade

la **juventud** **I 5B** die Jugend

K

(el) **kárate** ‹II 3D› (das) Karate
un **kilo** I 4A ein Kilo
un **kilo** y medio I 4A eineinhalb Kilo
un **kilómetro** I 4A, 6 ein Kilo-
meter
estar a … **kilómetros** de …
I 4A, 6 … km von … entfernt
sein

L

l (*Abkürzung für* litro) ‹I 7A, 2›
Liter
la (*best. Artikel*) s. el, la
la (*pron*) I 7B ihn / sie / es
los **labios** II 4B die Lippen
un día **laborable** ‹II 1C, P› ein
Arbeitstag (*im Gegensatz
zum Feiertag*)
lacio,-a II 5A glatt (*Haar*)
al **lado** de I 2A neben
a su **lado** ‹II 3D, 3›; II 5B an
seiner/ihrer Seite
por un **lado** II 6B auf der
einen Seite
un **lago** II 5C ein See
lanzarse ‹II 4A› *hier*: losstürzen
largo,-a ‹I 6B, 8›; II 1B lang
(*zeitl. und räuml.*)
a **largo** plazo II 1B langfristig,
auf lange Sicht
las (*Artikel*) I 1A die
las (*Pron*) ‹I 4B, 9›; I 7B sie
No **las** conozco. I 7B Ich
kenne sie nicht.
la **lástima** II 4B das Mitleid
que da **lástima** II 4B mickrig
una **lata** II 1B eine Dose, eine
Büchse
(el) **latín** II 6A (das) Latein,
die lateinische Sprache
latino,-a ‹I M2, 4› lateinisch
Latinoamérica *f* I 8A Lateinamerika
latinoamericano,-a I 7B la-
teinamerikanisch
lavarse I 6B, 5 sich waschen
lavar algo ‹II 1B, 7›; II 3D
etw. waschen
le I 4A ihm / ihr / Ihnen (*sg*)
(la) **leche** II 4B (die) Milch
un **lector** ‹II 3D, 1› ein Leser

la **lectura** II 3D die Lektüre
(*Buch + Akt des Lesens*)
leer (algo) I 2B (etw.) lesen
la **legislación** II 6C die Gesetz-
gebung
lejos I 5A, 3 weit weg, entfernt
la **leña** ‹II 3A› das Brennholz
una **lengua** ‹I 5C›; I 7A eine
Sprache; eine Zunge
el **lenguaje** escrito ‹II 3D, 4›
die Schriftsprache
el **lenguaje** oral ‹II 3D, 4› der
mündliche Sprachgebrauch
las **lentejas** ‹II 6B, 5› die Linsen
lento,-a II 2E langsam
un **león** ‹I 4B, 9› ein Löwe
les I 4A ihnen / Ihnen (*pl*)
una **letra** ‹II 5A, E› ein Buch-
stabe
las **letras** II 3D *ungefähr*:
die Geisteswissenschaften
levantarse I 5A aufstehen
levantarse (*de cosas*) II 2D
sich erheben, aufkommen
(*von Dingen*)
Se **levantó** mucho viento. II
2D Es kam starker Wind auf.
levantarse en armas ‹II 5B›
sich erheben, einen bewaffne-
ten Aufstand beginnen
una **ley** II 3D ein Gesetz
una **leyenda** ‹II 5B, 4› eine
Legende, eine Geschichte
la **liberación** II 5B die Befrei-
ung
liberal ‹II 5B, 3›; II 6B liberal
la **libertad** II 3B die Freiheit
las **libertades** civiles ‹II 6C›
die Bürgerrechte
la Sociedad **Libertaria** ‹II 6B›
*anarchistische Gesellschafts-
utopie*
libre II 5C; II 6C frei
un **libro** I 2A ein Buch
líder ‹II 1A→B› *hier*: führend
un **líder** ‹II 6C, 6› ein Führer,
ein Leiter, *hier*: Sprecher
einer Partei im Parlament
la **lidia** ‹II 2E› der Stierkampf
ligero,-a ‹II 3A, 1› leicht
un **limón** I 4A eine Zitrone
(el) **limón** I 4A (die) Zitro-
nenlimonade
limpiar algo I 3A etw. reinigen,
etw. saubermachen
hacer la **limpieza** ‹II 4B› sauber machen, putzen

limpio,-a I 3A sauber
lindo,-a (*lat. am.*) I 8A hübsch
una **línea** ‹I 4A, 1; I 8A, 3›
eine Zeile; eine Linie
una **línea** telefónica ‹II 2A, 1›
eine Telefonleitung
el **lío** II 4C das Durcheinander,
die Unordnung
¡Es un **lío**! (*mex*) II 4C
¡Ätzend!
liquidar algo ‹II 6B› etw. erle-
digen
el yo **lírico** ‹II 5C, 1› das
lyrische Ich
una **lista** ‹I 4A, 5› eine Liste
(estar) **listo,-a** I 7B fertig (sein)
(la) **literatura** ‹I 5C›; I 7A
(die) Literatur
llamar I 2A rufen
llamar (por teléfono) I 2B
anrufen
llamar a la puerta I 4B (an
der Tür) läuten
llamarse I 5A heißen
¿Cómo te **llamas**? I 1A Wie
heißt du?
Me **llamo**… I 1A Ich heiße …
llamar algo a alguien II 5C
jnd. etw. nennen, jdn. als etw.
bezeichnen
llamar amigo a alguien II 5C
jdn. einen Freund nennen
una **llave** ‹II 4C, 5›; II 6A ein
Schlüssel
la **llegada** ‹II 1B, 6› die Ankunft
llegar I 1A (an-)kommen
llenar a alguien de algo ‹II 4B›
jdn. mit etw. erfüllen
llenarse (de algo) II 5C sich
füllen (mit etw.)
(estar) **lleno,-a** I 5A voll (sein)
llevar algo / a alguien a un sitio
I 6A etw. / jdn. an einen Ort
bringen
llevar algo I 6A etw. tragen
(*auch Kleidung*)
llevar (+ *Zeitraum*) II 2D
sein, (Zeit) verbringen
llevarse algo II 6A etw. mitnehmen
llorar II 2B weinen
llover (-ue-) I 7B regnen
la **lluvia** I 7B der Regen
lo (+ *adj*) II 1C das (+ *adj*)
Esto es **lo** triste. II 1C Das ist
das Traurige.
a **lo** mejor I 3B vielleicht

lo (*pron*) **I 7B** ihn / sie / es
¿Por qué **lo** sabéis? ‹I 6B, 2›
Woher wisst ihr es?
No **lo** creo. **I 8B** Ich glaube
es nicht.
lo de … **II 6B** das von …, die
Sache mit …
lo que I M1; II 1A (das,) was
(*Relativpron*)
lo que dice **I M1** (das) was er
sagt
nada de **lo que** se dice ‹I 5C,
P› nichts von dem, was gesagt
wird
lo que sea **II 6B** was auch
immer
un **local** ‹I 7B, 8› ein Lokal
loco, -a I 6A verrückt
lógico, -a II 1C logisch
lógicamente (*adv*) ‹I 8B, 2›
logisch
lograr algo / que (+ *subj*) **II 5B**
etw. erreichen, erreichen, dass
un / una **londinense** ‹I 5B, 2›
ein / eine Londoner / in
Londres ‹I 4B, 7› London
la **longitud** ‹II 1B› die Länge
los (*Artikel*) **I 1A** die
los (*pron*) **I 7B** sie
¿**Los** ponemos? **I 7B** Legen
wir sie auf?
una **lucha I M2; II 5B** ein
Kampf
luchar (por algo) **II 3C** (für
etw.) kämpfen
luego I 2A dann, später
hasta **luego I 2A** Bis später /
nachher!
un **lugar** ‹I 8A, 7›; **II 1A** ein
Ort, eine Stelle
el **lugar** de nacimiento ‹I 2B,
2› der Geburtsort
en **lugar** de alguien **II 3C** an
jds. Stelle
yo o en su **lugar II 3C** ich an
seiner / ihrer Stelle
lunes *m* **I 3B** Montag
la **luz II 5B** das Licht

M

m'ija ‹II 3D› *zärtliche Anrede, ungefähr*: mein Kleines
un **macareno** ‹II 2E› Mitglied
der Macarena-Bruderschaft

una **macedonia I 4A** ein Obstsalat
la **madre I 1A** die Mutter
un **madrileño** ‹II 2C› ein Einwohner von Madrid
un **maestro II 5B** ein (Grund-
schul-)Lehrer
un **maestro** de ceremonias ‹II
2B, 5› ein Zeremonienmeister
mágico, -a ‹II 4B› magisch,
Zauber-
un **mago II 4B** ein Zauberer
(el) **maíz** ‹I 8B, 6›; **II 3A** (der)
Mais
mal (*adv*) **I 1A** schlecht
mal entendido, -a ‹II 2E›
falsch verstanden (*fig*)
estar **mal** que (+ *subj*) **II 1C**
schlecht / nicht richtig sein,
dass
el **mal II 5C** das Böse
la **maldición** ‹II 5C› der Fluch,
die Verwünschung
maldito, -a I M1; II 5A verdammt, verflixt, verflucht
un **maleficio** ‹II 5C› ein
(böser) Zauber
un **malentendido** ‹II 4→5›
ein Missverständnis
una **maleta II 2B** ein Koffer
un **mallorquín** ‹II 1C› ein
Mallorkaner
malo, -a I 3B schlecht
tener **mala** suerte **I 4B** Pech
haben
mal + *m sg* **I 7B** schlecht
el **malo** ‹I 7B, P› das Schlechte
mamá I 2A Mama
mañana I 2B morgen
una **mañana I 2B** ein Vor-
mittag; ein Morgen
las diez de la **mañana I 2B**
zehn Uhr morgens
un **mandamiento** ‹II 4A, 4› ein
Gebot
mandar algo a alguien **I 5A**
jdm. etw. schicken
que se **mandó** ‹II 4B› *hier*:
wundervoll
una **mandarina I 4A** eine
Mandarine
una **manera II 2E** die Art und
Weise
una **manga I 6B** ein Ärmel
una **mano I 5B** eine Hand
una **manta II 4A** eine Decke
un **mantel I 7B** ein Tischtuch

mantener algo (-tengo) ‹I 4B, 9›;
‹II 1B› etw. (aufrecht-)erhalten
mantenerse ‹I 4B, 9›; ‹II 6C›
bleiben; sich erhalten
el **mantenimiento** ‹II 2C› der
Erhalt
un **manto** ‹II 2E› ein Umhang
una **manzana I 4A** ein Apfel
un **mapa** ‹I 7B, 4›; **II 1C** eine
Landkarte
el **maquillaje II 5A** das
Schminken, das Make-up
maquillarse II 5A sich
schminken
una **máquina II 6B** eine Ma-
schine
el **mar I 0** das Meer
el **mar** Cantábrico **I 7A** der
Golf von Biscaya
maravilloso, -a II 1C wunderbar, wunderschön
una **marca** ‹I 7A, 2› eine Marke
marcar algo ‹II 1B, 3› etw.
markieren
estar / ponerse en **marcha II 6B**
in Gang sein, sich auf den
Weg machen
¡En **marcha**! **I 4A** Auf geht's!
/ Los!
marchar II 2E gehen; mar-
schieren
el **marido I 4B** der Ehemann
(la) **marihuana** ‹II 3B› (das)
Marihuana
(los) **mariscos I 7A** (die)
Meeresfrüchte
Marruecos *m pl* **II 2C** Marokko
martes *m* **I 3B** Dienstag
el **martirio** ‹II 5A› das Marty-
rium, die Qual
marzo *m* **I 5A** März
más I 4A; II 2C mehr; am
meisten
más pequeño que **I 5A** kleiner als
más rápidamente que **II 2C**
schneller
ser (+ *Nomen*) que crece **más**
rápidamente **II 2C** am
schnellsten wachsen
ser (+ *Nomen*) que gana **más**
II 2C am meisten verdienen
más de (+ *Zahl oder Mengen-
angabe*) **II 1B** mehr als
más de un tercio **I 5B** mehr
als ein Drittel

más de tres horas **II 1B** mehr als drei Stunden

con **más** años **I 8B** (ein paar Jahre) älter

más tiempo **II 6B** länger, am längsten

más o menos **II 3D** mehr oder weniger

algo **más** que **II 1B** (noch) mehr als, noch etwas anderes als

No pienses **más** en ella. **I M1** Denke nicht mehr an sie.

una **masacre** ‹II 3C› ein Massaker

una **máscara** ‹II 4C, 7› eine Maske

una **mascota** **I 1B** ein Maskottchen

matar a alguien **II 2D** jdn. töten, jdn. umbringen

(la) **matemática** **I M2** (die) Mathematik (*als Wissenschaft*)

(las) **matemáticas** ‹I 5C; I M1, 3›; **II 3D** (die) Mathematik

la **materia** prima **II 5C** der Rohstoff

el **material** ‹I 7B, P› das Material, der Stoff

un **matrimonio** (*lat. am.*) ‹II 3D› eine Hochzeit

máx. (= máximo) ‹II 1A, 5› maximal, höchstens

maya ‹I 8B, 6› Maya-

los **mayas** ‹I M2, 8› die Maya

mayo *m* **I 5A** Mai

mayor **I 5B; I 7B** älter; alt, betagt

el hermano **mayor** **I 5B** der ältere Bruder

la Plaza **Mayor** **I 1B** der Marktplatz

la **mayoría** **I 8A** die Mehrheit

(el) **mazapán** ‹II 5C, P› (das) Marzipan

me **I 4A** mir; mich

Me llamo… **I 1A** Ich heiße…

la **mecánica** ‹I 8B, *Un texto más*› die Mechanik

un **mecánico** **I 5B** ein (Auto-)Mechaniker

una **mecánica** ‹I 5B, 9› eine (Auto-)Mechanikerin

(la) **medianoche** **II 3A** (die) Mitternacht

mediante ‹II 6C› mittels

una **médica** **I 5B** eine Ärztin

un **médico** **I 5B** ein Arzt

(la) **medicina** **II 6A** (die) Medizin

una **medicina** ‹II 4A, 3› eine Medizin, ein Medikament

medieval **II 6A** mittelalterlich

medio,-a **I 4A** (ein / eine) halbe / r / s

Es la una y **media**. **I 2A** Es ist halb zwei (Uhr).

un kilo y **medio** **I 4A** eineinhalb Kilo

la Edad **Media** **I M2; II 6A** das Mittelalter

medio,-a ‹II 5A› mittlere / r / s, halbhoch

tacones **medios** ‹II 5A› halbhohe Absätze

la clase **media**-alta ‹II 3D› die obere Mittelschicht

un término **medio** ‹II 2E› ein Mittelweg, ein Kompromiss

el **medio** **II 2D; II 3C** die Mitte; das Umfeld, die Umgebung

en **medio** de **II 2D** inmitten von

el **medio** ambiente **I 3A** die Umwelt

la protección del **medio** ambiente **II 6C** der Umweltschutz

un **medio** de comunicación **II 1C** ein Massenmedium

un **medio** de transporte ‹I 6B, 8› ein Transportmittel

el **mediodía** **I 2B** der Mittag

la **meditación** ‹II 3A› die Meditation, das Nachdenken

meditar ‹II 3A› meditieren, nachdenken

mediterráneo,-a **I 7A** südländisch, zum Mittelmeer(raum) gehörend

el **Mediterráneo** **II 1C** das Mittelmeer; der Mittelmeerraum

mejor **I 5A** besser

a lo **mejor** **I 3B** vielleicht

la **mejora** **II 3D** die Verbesserung

mejorar **II 3D** sich verbessern, besser werden

un **melocotón** ‹I 4B, 2› ein Pfirsich

la **memoria** ‹I 7A, 2› das Gedächtnis; (*beim Computer*) der Speicher

mencionado, -a ‹II 6C, 4› erwähnt

mencionar algo ‹II 4C, 2› etw. erwähnen

menos **I 2A** weniger

las dos **menos** veinte **I 2A** zwanzig vor zwei

menos (conocido) que **I 5A** weniger (bekannt) als

… **menos** en español **I 6B** … schon gar nicht auf Spanisch

al **menos** **I 8B** wenigstens; mindestens

echar de **menos** algo / a alguien **I 5A** etw. / jdn. vermissen

ganar **menos** que alguien **II 2C** weniger verdienen als jmd.

más o **menos** **II 3D** mehr oder weniger

por lo **menos** ‹II 1A, 7›; **II 5A** mindestens, zumindest

mentir (-ie-/-i-) ‹II 4A, 4› lügen

una **mentira** **II 6B** eine Lüge

el **mercado** **I 4A** der Markt

merecer algo / que (+ *subj*) (-zco) **II 3D** etw. verdienen / verdienen, dass

un **mes** **I 2B** ein Monat

una **mesa** **I 2A** ein Tisch; ein Schreibtisch

poner la **mesa** **I 6B**, 2 den Tisch decken

quitar la **mesa** **I 4B** den Tisch abräumen

una **meseta** **I 7A** eine Hochebene

un **mestizo** **I 8A** ein Mestize (*Mischling zwischen Weißen und Indios*)

una **mestiza** **II 5A** eine Mestizin

(el) **metal** **II 5C** (das) Metall

meter algo en algo **I 7B** etw. in etw. stecken; etw. in / auf etw. stellen / legen

el **metro** ‹II 2B, 5›; **II 4C** die U-Bahn

un **metro** **II 1A** ein Meter

un **mexicano**, una **mexicana** **II 4C** ein / eine Mexikaner / in

México **I 8A** Mexiko (*Land und Stadt*)

Ciudad de **México** **II 4C** Mexico City

una **mezcla** **II 1C** eine Mischung

mezclar algo (con algo) ‹I 4B, 2›; **II 6A** etw. mischen, etw. mit etw. vermischen

una **mezquita** **II 6A** eine Moschee

mi **I 1A** mein(e)

(para) **mí** **I 5B** (für) mich

un **micrófono** **II 3C** ein Mikrofon

el **miedo** **I 6B** die Angst

¡Qué **miedo**! **I 6B** Wie schrecklich!

tener **miedo** de que / a algo / a alguien **II 1C** Angst haben (vor), befürchten, dass

dar **miedo** a alguien **II 5B** jdm. Angst machen

un **miembro** ‹I 4B, 9›; **II 2E** ein Mitglied

un **miembro** **II 3A** ein Körperteil

mientras (conj) **II 3D** während (conj)

mientras que **II 2C** während, wohingegen

mientras tanto **II 2B** währenddessen, inzwischen

miércoles m **I 3B** Mittwoch

mil **I 4A**, G tausend

un **milagro** ‹II 5C, 9› ein Wunder

un **milenio** ‹II 2A› ein Jahrtausend

militar ‹II 2D, 3› militärisch

los **militares** ‹II 6B› das Militär

un **millón** **I 8A** eine Million

7 **millones** de habitantes **I 8A** 7 Millionen Einwohner

una **mina** **II 5C** eine Mine (Bodenschätze)

la **minería** **II 2A** der Bergbau

un **minidiálogo** ‹I 6B, 7› ein Minidialog

mínimo, -a ‹II 1A→B› mindeste / r / s, Mindest-

un **ministerio** **I M1; II 6A** ein Ministerium

el **Ministerio** de Educación **I M1** das Kultusministerium

el **Ministerio** de Cultura **II 6A** das Kultusministerium

un **ministro** **II 6C** ein Minister

un **minuto** **I 4B** eine Minute

mío, mía **II 3D** mein(e / r / s) (Possessivpron)

Pasas a ser **mía**. **II 3D** Du wirst mein.

una **mirada** **II 2A** ein Blick

mirar **I 2A** (an- / hin-) schauen

¡**Mira**! **I 1A** Schau / Sieh' mal!

mirándolo creí … ‹I M2, P› als ich es sah, glaubte ich …

mirarse ‹II 4B› sich ansehen

mis **I 2A** meine (pl)

una **misa** ‹II 2E, 4› eine Messe, ein Gottesdienst

la **miseria** **II 4A** die Not, das Elend

el **mismo**, la **misma** **I 7A** der / die / das gleiche

ahora **mismo** **I 1B** sofort, jetzt gleich

al **mismo** tiempo **I 7A** gleichzeitig

mismo, -a **II 1C** selbst, selber

¿Qué dicen los alemanes **mismos**? **II 1C** Was sagen die Deutschen selbst?

él **mismo** ‹I 5C, P› er selbst

sí **mismo** ‹II 6B, 8› sich selbst

un **misterio** ‹II 2E› ein Geheimnis, ein Mysterium

la **mitad** (de) ‹II 1B, 6›; **II 3B** die Hälfte (von)

un **mito** ‹II 4C, P› ein Mythos, eine Sage

mm (milímetros) **I M1**, 2 mm

una **mochila** **I 7A** ein Rucksack

la **moda** **II 5A** die Mode

poner algo de **moda** **II 5A** etw. in Mode bringen, „in" machen

un **modelo** ‹I M2, 3›; ‹II 1A, 5›; **II 5A** ein Modell, ein Vorbild

una **modelo** **II 5A** ein (Foto-) Modell

moderno, -a **I 4A**, 4 modern

un **modo** ‹II 3B, 3› ein Modus

de todos **modos** **I M1** auf alle Fälle, jedenfalls

molestar a alguien **II 1C** jdn. stören, jdn. ärgern

un **molino** **II 1A** eine Mühle

un **molino** de viento **II 1A** eine Windmühle

un **momento** **I 2A** ein Augenblick

un **monarca** ‹II 5C› ein Monarch, ein Herrscher

la **monarquía** **II 6C** die Monarchie

los **monárquicos** ‹II 6B› die Monarchisten, die Anhänger der Monarchie

una **moneda** **II 3D** eine Münze

la otra cara de la **moneda** **II 3D** die andere Seite der Medaille

un **mono** **II 4B** ein Affe

un **moño** (lat. am.) ‹II 4B› eine (Haar-)Schleife

monolingüe ‹II 5A, Estr› einsprachig

un **monólogo** ‹II 5A, 6› ein Monolog

el **monopolio** ‹II 5B, 6› das Monopol

monopolizar algo ‹II 5B› etw. monopolisieren

una **montaña** **I 3A** ein Berg; ein Gebirge

montañoso, -a ‹I 7B, 9› gebirgig

montar **II 5C** aufsteigen, aufsitzen, einsteigen

ir **montado** **II 5C** reiten

un **monte** **II 3A** ein Berg

un **montón** **I 7A** ein Haufen

un **montón** de veces (fam) **I 7A** unzählige Male, sehr oft

un **montón** (fam) **II 1A** unheimlich (viel)

reirse un **montón** **II 1A** unheimlich viel lachen

monumental ‹II 6C, P› riesig, monumental

un **monumento** **I 1B** ein Monument, eine Sehenswürdigkeit

un **moratón** **I 6A** ein blauer Fleck

moreno, -a **I 4B** dunkelhaarig

morir (-ue- / -u-) **I 6B**, 2 sterben

ha **muerto** **I 6B**, 2 er ist gestorben

morir tranquilo, -a **II 2B** ruhig / zufrieden sterben

morirse ‹II 4B› sterben, eingehen (fam)

mortal **II 2D** tödlich

mostrar (-ue-) algo ‹II 2A, 1›; **II 3C** etw. zeigen

mostrarse (-ue-) (+ adj) **II 5C** sich zeigen (+ adj), sein

un **motivo** ‹I 6B, 2›; ‹II 1B› ein Motiv; ein Grund, ein Anlass

una **moto** **II 1A** ein Motorrad

mover algo (-ue-) **I 6B** etw. bewegen

moverse (-ue-) **II 2B** sich bewegen

una **muchacha** **II 3A** ein junges Mädchen, eine junge Frau

un **muchacho** **II 2B** ein Junge, ein junger Mann

mucho (*adv*) **I 1A** viel; sehr

muchísimo ‹I 6B, 8› sehr, sehr gut

mucho(s), -a(s) **I 3A** viel(e)

muchísimo(s), -a(s) **I 7A** sehr viel(e)

mudarse (a …) **I M1** umziehen (nach …)

la **muerte** **I M1; I M2; II 2D** der Tod

(estar) **muerto** **II 2D** tot (sein)

ha **muerto** **I 6B**, 2 er ist gestorben

un **muerto** **I 6B**, 2 ein Toter

el Día de los **Muertos** ‹II 5C, P› Allerheiligen (1. November)

una **mujer** **I 4A**, 4 eine Frau

mi **mujer** **I 6A** meine (Ehe-) Frau

una **mujercita** **II 2B** *Diminutiv von* mujer, *meist als Koseform für Mädchen verwendet*

un **multimillonario** ‹I 6B, 2› ein Multimillionär

una **multinacional** ‹II 1A→B› multinationaler Konzern

mundial ‹II 3B, 5›; **II 5C** weltweit, Welt-

la economía **mundial** **II 5C** die Weltwirtschaft

el **Mundial** (de Fútbol) **II 4C** die (Fussball-)Weltmeisterschaft

el **mundo** ‹I 4B, 9›; **I 8B** die Welt

todo el **mundo** **II 1B** alle, jedermann

una **muñeca** **II 3A**, 4 eine Puppe

un **mural** **II 4C** ein Wandbild, ein Fresko

murmurar algo **II 4B** etw. murmeln

un **museo** **I 0** ein Museum

(la) **música** **I 2A** (die) Musik

una cadena de **música** **I 2A** eine Stereoanlage

musical ‹I M2, P› musikalisch, Musik-

un **músico** ‹II 5A, 3› ein Musiker

muy (*adv*) **I 1A** sehr

N

nacer (-zco) **I M2; II 2A** geboren werden; entstehen

el **nacimiento** ‹I 8A, 7› die Geburt

la fecha de **nacimiento** ‹I 2B, 2› das Geburtsdatum

el lugar de **nacimiento** ‹I 2B, 2› der Geburtsort

una **nación** **II 6C** eine Nation

nacional ‹I 7B, 9›; **II 2E** national, zu einem Staat gehörend

la fiesta **nacional** **II 2E** *Bezeichnung für den Stierkampf; auch* Nationalfeiertag

los **nacionalistas** **II 6B** die Nationalisten

nada **I 6A** nichts

de **nada** **II 2B** keine Ursache, gern geschehen

nadar **I 3B** schwimmen

nadie **I 6B** niemand

una **naranja** **I 1B** eine Orange

un zumo de **naranja** **I 1B** ein Orangensaft

(la) **naranja** **I 4A** (die) Orangenlimonade

la **naranjada** **II 4B** die Orangenlimonade

un **naranjo** **II 2C** ein Orangenbaum

natural **II 1C** natürlich

la **naturaleza** **I 3A** die Natur

naturalmente **I M1** natürlich

un **nazareno** ‹II 2E› als Nazaräer gekleidete Mitglieder einer Bruderschaft, *s. glosario S. 44*

necesario, -a **I 6A** notwendig, nötig

la **necesidad** **II 2D** die Not, die Notwendigkeit

necesitar algo **I 2B** etw. benötigen, etw. brauchen

negativo, -a ‹II 1C, 7› negativ

un imperativo **negativo** ‹II 2B, 4› ein verneinter Imperativ

negro, -a **I 4B** schwarz

lo **negro** ‹I 7B, P› das Schwarze, die schwarze Farbe

nervioso, -a ‹I 6B, 4›; **II 2B** nervös

el **neutro** ‹II 4B, 5› das Neutrum

ni ‹I M1, P›; **II 1B; II 4C** nicht einmal; überhaupt nicht

ni siquiera **II 4B** nicht einmal

no (… **ni**) … **ni** **II 3D** weder … noch

un **nieto** **I M1; II 3D** ein Enkel(sohn)

(la) **nieve** **II 2C** (der) Schnee

una **niña** **II 3B** ein Mädchen (*lat.am. auch:* junge Frau)

ningún/ninguno, ninguna **I 6B; I 7B** kein(e)

un **niño** **I 8B** ein Kind; ein Junge

no **I 1A** nein; nicht

¿**no**? **I 1A** nicht wahr?

una **noche** **I 0** eine Nacht

esta **noche** **I 4A** heute Abend

(ser) de **noche** ‹I M2, P›; **II 3A** nachts (sein)

la **Nochevieja** **I 4B** Silvester (abend)

nombrar a alguien (algo) **II 6C** jdn. (zu etw.) ernennen

un **nombre** **I 1B** ein Name

el **nombre** y los apellidos **I 2B** der Vorname und die Nachnamen

normal **I 3A** normal

normalmente ‹I 2B, P› normalerweise

la **normalidad** **II 6B** die Normalität

el **norte** **I 7A** der Norden

un europeo del **norte** ‹II 1B› ein Nordeuropäer

norteamericano, -a ‹II 5A› nordamerikanisch

nos **I 4A** uns

nosotros, -as **I 1A** wir

una **nota** ‹I 2B, 2›; **I 5A** eine Note, eine Zensur

una **nota** ‹II 1B, 3› eine Notiz

tomar **nota** ‹I 3B, 8› sich Notizen machen

notar algo **II 1B** etw. bemerken

una **noticia** **II 2B** eine Nachricht, eine Neuigkeit

dar la **noticia** **II 2B** eine Neuigkeit bekannt geben

las **noticias** ‹II 3D, 5› die Nachrichten

una **novela** **I M2; II 6B** ein Roman

noventa **I 2B**, G neunzig

una **novia** **I 4A**, 7 eine (feste) Freundin

el **noviazgo** ‹II 3B› Verlobungszeit; Beziehung

noviembre *m* **I 5A** November

un **novillo** ‹II 2E, 7› ein Jung-
stier
un **novio** I 4A, 4 ein (fester)
Freund
una **nube** I 7B eine Wolke
nuestro, -a I 2A unser(e)
Nueva York ‹II 4C, 6› New York
nueve I 2A, G neun
nuevo, -a I 1B neu
de **nuevo** II 2D wieder, noch
einmal
numerar algo ‹I M1, 4› etw.
nummerieren
un **número** I 2A; II 5C eine
Nummer, eine Zahl; eine
Anzahl, eine Menge
un **número** ‹II 3B, 5› eine Nummer (Ausgabe einer Zeitschrift)
un **número** ordinal ‹I 8A, 6›
eine Ordnungszahl
nunca I 6B niemals; noch nie

O

o I 2B oder
ó (*zwischen Ziffern*) I 5A oder
u I 6B oder (vor [o])
o sea II 1A das heißt
un **objeto** ‹I M2, 3› ein Gegen-
stand; ein Objekt (*auch
grammatisch*)
obligatorio, -a ‹I 5C› verpflich-
tend, Pflicht-
una **obra** ‹I 8A, 7›; I M2; II 6A
ein Werk
un **obrero** II 6B ein Arbeiter
observado, -a ‹I 5C, P› beob-
achtet, betrachtet
observar algo I 3A etw. beob-
achten
un **obstáculo** II 3B ein Hindernis
obtener algo (-tengo) II 5B
etw. erhalten, etw. gewinnen
el **Océano** Pacífico ‹I 8A, 3›
der Pazifische Ozean
el **Océano** Atlántico II 5C
der Atlantik
ochenta I 2B, G achtzig
ocho I 2A, G acht
octubre *m* I 5A Oktober
una **ocupación** ‹I 8A, 7› eine
Beschäftigung
ocupar algo II 2C etw. einnehmen, etw. ausfüllen

ocupar el segundo lugar en
importancia II 2C am zweitwichtigsten sein
ocuparse (de) ‹I 4B, 9› sich
kümmern um
ocurrir II 6B vorkommen,
passieren, sich ereignen
ocurrir a alguien ‹II 4C, 3›
jdm. einfallen
odiar algo / a alguien II 2E
etw. / jdn. hassen
el **oeste** I 7A der Westen
al **oeste** (de) I 7A im Westen
(von)
ofender a alguien ‹II 4→5› jdn.
verletzen
una **oficina** I 7A ein Büro
una **oficina** de turismo I 7A
ein Fremdenverkehrsamt
ofrecer algo a alguien (-zco)
I 4B jdm. etw. anbieten
oír algo (oigo) II 2A hören
oye I 6B hör mal; na so was!
¡Oiga! II 1C Hören Sie 'mal!
hacer **oír** algo II 2A etw. hören lassen, erschallen lassen
al **oírnos** hablar ‹I M1, P› als
sie uns sprechen hörten
¡ojalá! (+ *subj*) II 4C Hoffentlich!
un **ojo** II 2E ein Auge
una **ola** II 2D eine Welle
olé II 1C *Ruf zur Aufmunte-
rung beim Stierkampf*
los Juegos **Olímpicos** ‹I 8A, 6›
die Olympischen Spiele
una **oliva** II 2C eine Olive
(el) aceite de **oliva** II 2C (das)
Olivenöl
un **olivo** II 2A ein Olivenbaum
olvidar algo I 7A etw. vergessen
once I 2A, G elf
hacer **ondular** algo ‹II 4B›
etw. flattern lassen
una **ONG** *s.* organización
un **operador** (turístico) ‹II 1B›
ein Reiseveranstalter
opinar (de algo / que) II 3B
meinen / denken, dass; eine
eigene Meinung haben / sagen
una **opinión** ‹I 6B, 8›; II 1C
eine Meinung
oponer algo a algo / alguien
(opongo) II 5C jdm. / etw.
etw. entgegensetzen, -stellen
una **oportunidad** ‹II 3D› eine
Chance

optativo, -a I 5C nicht ver-
bindlich, Wahl-
una asignatura **optativa** I 5C
ein Wahlfach
el **optimismo** II 6C der Opti-
mismus
optimista ‹I 5B, 7› optimistisch
una **oración** ‹II 3A› ein Gebet
oral I 6B mündlich
el **orden** ‹II 2E, 1› die Ordnung, die Reihenfolge
una **orden** ‹II 4A, 5› ein Befehl
ordenado, -a II 6C ordentlich,
geordnet
un **ordenador** I 2A ein Computer
un **ordenador** personal
‹I 2B, 4› ein PC
ordenar algo ‹I 7A, 1› etw.
ordnen
un número **ordinal** ‹I 8A, 6›
eine Ordnungszahl
una **oreja** ‹II 2E, 6›; II 3A ein Ohr
una **organización** I 8B eine
Organisation
una **organización** no gubernal-
mental (ONG) II 3C eine
Nichtregierungsorganisation
la **organización** ‹II 6C› das
Organisieren
organizar algo ‹I 7A, 2›; II 3C
etw. organisieren
el **orgullo** II 4B der Stolz
(estar) **orgulloso, -a** (de algo /
alguien) II 4B, 1 stolz (auf
etw. / jdn.) (sein)
un **oriental** I 8A ein Orientale;
ein Asiate
el **origen** I 7A die Herkunft,
der Ursprung
original II 1A originell, außergewöhnlich
ornamental ‹II 4A, 3› Verzie-
rungs-, Zier-
un **ornamento** II 6A eine Verzierung, ein Ornament
(el) **oro** I M2; II 2E (das) Gold
os I 4A euch
oscuro, -a II 4C dunkel
azul **oscuro** II 4C dunkelblau
el **otoño** I 8A der Herbst
otro, -a I 3B (ein) anderer / -s,
(eine) andere
otra cosa I 5A etwas anderes
de **otra** forma I 8B auf
andere Art
oye I 6B hör mal; na so was!

P

un **pabellón** ‹II 6C, P› ein Pavillon

la **paciencia** I 6B die Geduld

pacífico, -a II 5B friedlich, gewaltlos

el Océano **Pacífico** ‹I 8A, 3› der Pazifische Ozean

pacifista II 3C pazifistisch

un grupo **pacifista** II 3C eine pazifistische Gruppe

el **padre** I 1A der Vater

los **padres** I 2A die Eltern

una **paella** I 0 eine Paella (*span. Reisgericht*)

pagar I 4A (be)zahlen

una **página** ‹I 8A, 6›; II 2A eine Seite

el dibujo de la **página** 25 ‹II 1C, 1› die Zeichnung auf Seite 25

en la **página** 25 II 2A auf Seite 25

un **país** I 7A ein Land

el **País** Vasco I 7A das Baskenland

los **Países** Bajos ‹I M2, 1› die Niederlande

un **paisaje** I 7A eine Landschaft

un **pájaro** II 4A ein Vogel

una **palabra** ‹I 2B, 5›; II 3B ein Wort

una **palabra** clave ‹II 3A, 3› ein Schlüsselwort

la **Pampa** ‹I 7B, 9› die Pampa (*Grassteppenlandschaft in Argentinien*)

(el) **pan** I 4A (das) Brot

una **panadería** I 4A eine Bäckerei

un **panda** ‹I 4B, 9› ein Panda (-bär)

una **pandilla** I 6B eine Clique, eine Bande

los **pantalones** I 4B die Hose

los **pantalones** vaqueros ‹II 3D, 3› die Jeans

el **papá** (*fam*) ‹I 5B, 2› der Papa

mis **papás** (*fam*) I 8A meine Eltern

(el) **papel** I 3A (das) Papier, ein (Blatt / Stück) Papier

un **papel** ‹I 7B, 4›; II 5C eine Rolle

intercambiar los **papeles** ‹I 7B, 4› die Rollen tauschen

para I 2B für

para (+ *inf*) I 6A um … zu

para que (+ *subj*) II 2B damit

para eso ‹I M2, P› deswegen, dafür

un **parado** II 2C ein Arbeitsloser

la tasa de **parados** II 2C die Arbeitslosenquote

el **paraíso** ‹II 1A, 5›; II 2D das Paradies

parar II 2E anhalten

parcial ‹I 2B, 2› Einzel-

parecer (algo) (a alguien) (-zco) I 4A (er-)scheinen

¿Qué os **parece**? I 4A Was haltet ihr davon?

¿Qué te **parece** Rubén? I 4B Wie findest du Rubén?

Parecen simpáticos. I 4A Sie scheinen nett zu sein.

Me **parecen** simpáticos. I 4A Ich finde sie nett.

parecer algo I 7A aussehen wie etw.

nadie **parece** haberse dado cuenta ‹I 5C, P› niemand scheint es bemerkt zu haben

me **parece** bien que (+ *subj*) II 1C ich finde es gut / richtig, dass

parece que II 4C es scheint, dass

parecido, -a (a) II 1A ähnlich (wie), vergleichbar (mit)

algo **parecido** II 1A etwas Ähnliches

una **pared** II 2B eine Wand, eine Mauer

las fotos de la **pared** II 2B die Fotos an der Wand

una **pareja** ‹I 2B, 6› ; II 3B ein Paar

mi **pareja** II 3D mein / e Partner / in, mein / e Lebensgefährte / in

un **paréntesis** ‹I 8A, 2› eine Klammer

entre **paréntesis** ‹I 8A, 2› in Klammern

París ‹I M2, 4› Paris

parlamentario, -a II 6C parlamentarisch

la monarquía **parlamentaria** II 6C die parlamentarische Monarchie

el **parlamento** ‹II 2A›; II 6C das Parlament

el **paro** II 2C die Arbeitslosigkeit

estar en **paro** II 2C arbeitslos sein

un **parque** I 3A ein Park

un **parque** natural ‹II 2A› ein Naturschutzgebiet

un **párrafo** ‹II 2C, 3› ein Paragraph, ein Abschnitt

una **parte** ‹I 8A, 4›; I M1; II 1A; II 2E ein Teil; eine Gegend

ser **parte** de algo I M1 ein Teil von etw. sein, zu etw. gehören

a **partes** iguales II 3D zu gleichen Teilen

buena **parte** de ‹II 5A› ein guter Teil, ein großer Teil von

en **parte** II 1B zum Teil

Da recuerdos a … de mi **parte**. I 6B Grüße … von mir.

en todas **partes** II 3C überall

la **participación** II 6C die Teilnahme

un / una **participante** ‹II 2D, 4› ein / eine Teilnehmer / in

participar (en algo) I 3A (an etw.) teilnehmen, (bei etw.) mitmachen

un **participio** ‹I M2, 3› ein Partizip

un **participio** pasado ‹II 5C, 5› ein Partizip der Vergangenheit

un **partido** I 3B Spiel, Match

un **partido** de baloncesto I 3B ein Basketballspiel

a **partir** de II 3D von … an

a **partir** de mañana II 3D von morgen an

pasado, -a I 8A vergangene / r / s, letzte / r / s

el **pasado** I 8B die Vergangenheit

un participio **pasado** ‹II 5C, 5› ein Partizip der Vergangenheit

un **pasaporte** II 2D ein Pass, ein Ausweis

pasar I 2B; I 8A; II 2B; II 2E geschehen; (Zeit) verbringen; hereinkommen; vorübergehen, vergehen; vorüberziehen

¿Qué **pasa**? I 2B Was ist los?

¿Qué te **pasa**? ‹I 6B, P› Was ist los mit dir?

pasar algo a alguien I 2B jdm. etw. reichen / geben

pasar de alguien a alguien **II 2B** von jdm. zu jdm. weitergegeben werden

pasar a un lugar **I M2** zu einem Ort weitergehen, an einen Ort gelangen

pasar (de un lugar) a un lugar **II 2C** weitergehen, (von einem Ort) an einen Ort gelangen

pasar a algo **I M2; II 3C** zu etw. übergehen

pasar a un/a otro tema **I M2; II 3C** zu einem Thema übergehen

¡**Pasa, pasa**, hombre! **II 2B** Mensch, komm doch herein!

pasar a ser algo **II 3D** zu etw. werden

pasar(se) II 1A (kurz) vorbeikommen, herkommen

pasear por un lugar **II 1C** an einem Ort spazierengehen

un **paseo I 6A; II 6B** eine Promenade; eine breite Straße; ein Spaziergang

la **pasión** ‹II 2E› die Leidensgeschichte

la (voz) **pasiva** ‹II 3D, 4› das Passiv

una frase **pasiva** ‹II 3D, 4› ein Passiv-Satz

un **paso** ‹II 2E› *s. glosario S. 44*

una **pata** ‹II 2E, 6› ein Bein, eine Pfote

la **Patagonia** ‹I 7B, 9› Patagonien

una **patata I 4A** eine Kartoffel

(las) **patatas** fritas **I 4A** (die) Kartoffelchips

el **patio I 3A** der (Schul-)Hof

la **paz I M2; II 3C** der Friede

P. D. (= posdata) **II 1A** Nachschrift, P. S.

un **peatón** ‹I 6B, 8› ein Fußgänger

el **pecho II 3A** die Brust, der Oberkörper

un **pedazo** ‹II 4B› ein Stück, ein Fetzen

pedir algo (-i-) **I 6A** um etw. bitten; nach etw. fragen

pedir que (+ *subj*) (-i-) **II 3B** verlangen/bitten, dass

una **pega I 6B** eine Schwierigkeit

poner **pegas** (a alguien) **I 6B** (jdm.) Schwierigkeiten bereiten

un **peinado II 5A** eine Frisur

pelar algo **I 4A** etw. schälen

una **película I 0** ein Film

una película de **horror** ‹I 5C, P› ein Horrorfilm

un **peligro** ‹I 4B, 9›; **I 8B** eine Gefahr

peligroso, -a I 7A gefährlich

tener unas **pelillas** (*fam*) **II 1A** ein bisschen Geld übrig haben

el **pelo II 2E** die Haare, die Frisur

un **pendiente** ‹II 4C, 7› ein Ohrring

una **península I 7A** eine Halbinsel

la **penitencia** ‹II 3A› die Buße

pensar (en algo) (-ie-) **I 3A** (an etw.) denken

pensar hacer algo **I 3B** vorhaben etw. zu tun, etw. tun wollen

Pentecostés ‹II 2E› Pfingsten

un **peón** ‹II 5B› ein Tagelöhner, ein Landarbeiter

peor I 5A schlechter; schlimmer

lo **peor** de todo **II 1C** das Schlimmste von allem/am Schlimmsten von allem

pequeño, -a I 1B klein

una **pera I 4A** eine Birne

perder algo (-ie-) **I 5B** etw. verlieren

una **perdiz II 6A** ein Rebhuhn

y todos fueron felices y comieron **perdices**. **II 6A** und wenn sie nicht gestorben sind, so leben sie noch heute.

Perdón. I 1A Entschuldigung.

perdonar algo (a alguien) **II 2B** (jdm.) etw. verzeihen

Perdone. II 2B Entschuldigung./Bitte entschuldigen Sie.

perfecto, -a ‹I 7B, P›; **II 3B** perfekt, vollkommen

perfectamente I M; II 4B vollkommen; (ganz) genau (*adv*)

un **periódico I 2B** eine Zeitung

un/una **periodista** ‹II 3D, 5› ein/eine Journalist/in

un **periodo** ‹II 1B, 6› eine Periode, ein Zeitraum

una **perla** ‹I M2, 1›; **II 5C** eine Perle

el (*mex*)/la **permanente** ‹II 5A› die Dauerwelle

el **permiso II 4B** die Erlaubnis

(estar) **permitido, -a II 1B** erlaubt (sein)

pero I 1A aber

un **perro I 1B** ein Hund

perseguir (-i-) a alguien **II 2D** jdn. verfolgen

una **persona I 1B** eine Person

un **personaje I M2** eine Persönlichkeit, eine (Roman-)Figur

personal ‹I 5B, 7› persönlich

un ordenador **personal** ‹I 2B, 4› ein PC

una **personalidad** ‹I 8B, 6› eine Persönlichkeit

personalizado, -a ‹II 3D, 4› auf eine (bestimmte) Person bezogen, personalisiert

Perú *m* **I 4B** Peru

una **peruana** ‹II 3D› eine Peruanerin

un **peruano** ‹I 8A, 1› ein Peruaner

pesar I 4A wiegen

la **pesca II 2A** die Fischerei

pescar ‹II 3A› fischen

una **peseta** (pta.) **I 4A** eine Pesete

pesimista I 5B pessimistisch

un/una **pesimista** ‹II 4A, 5› ein/eine Pessimist/in

el **peso** ‹II 3A, 1›; **II 3B** das Gewicht

pesquero, -a I 7A Fischer-, Fischerei-

(el) **petróleo II 4C** (das) Erdöl

pico II 1A ein paar, einige; etwas

un **pico II 1A** ein Berg, ein Gipfel

un **pictograma** ‹II 3A› ein Piktogramm (*stilisierte und vereinfachte Zeichnung*)

un **pie II 2E** ein Fuß

a **pie** ‹II 1B, 7›; **II 5B** zu Fuß

la **piel I 3C** die Haut

sufrir algo en la propia **piel II 3C** etwas am eigenen Leib erleiden/erfahren

una **pierna I 6A** ein Bein

un **pingüino** ‹I 7B, 9› ein Pinguin

una **pintada** ‹II 5B› ein Graffiti

un **pintor I M2** ein Maler

la **pintura I M2** die Malerei

una **piscina** I 1B ein Schwimmbad

un **piso** ‹I 2B, 2›; I 8B ein Stockwerk; eine Wohnung

la **pista** I 4B die Tanzfläche

una **pizza** ‹I 7B, 8› eine Pizza

un **plan** ‹I 3B, 1, 9› ein Plan

un **planeta** ‹I 4B, 9› ein Planet

un **plano** ‹I 6B, 4› ein Plan, eine Zeichnung

una **planta** I 3A eine Pflanze

plantar (un árbol) I 3A (einen Baum) pflanzen

(el) **plástico** ‹I 6B, 5›; II 1B (das) Plastik, der Kunststoff

(la) **plata** II 4C (das) Silber

un **plátano** I 4A eine Banane

un **plato** I 4B; ‹II 1A, 5› ein Teller; ein Gericht

una **playa** I 0 ein Strand

una **plaza** I 1B ein Platz

la Plaza **Mayor** I 1B der Marktplatz

la **plaza** II 1A der (Markt-) Platz

la **plaza** (de toros) II 2E die Stierkampfarena

a largo **plazo** II 1B langfristig, auf lange Sicht

pleno, -a II 5C voll, Voll-

en **pleno** siglo XX II 5C mitten im 20. Jahrhundert

a **plena** luz del día II 5C am hellichten Tag

plenamente II 3D vollständig, vollkommen (adv)

una **pluma** II 3D eine Feder

el pretérito **pluscuamperfecto** ‹II 4B, 8› das Plusquamperfekt

la **población** I 8A die Bevölkerung

poblado, -a II 2A bewohnt, bevölkert

pobre I 4B; II 3D arm; bedauernswert

¡**Pobre!** I 4B Du Ärmste(r)!

una **pobre** chica II 3D ein bedauernswertes Mädchen

poco (adv) I 3A wenig; zu wenig

un **poco** I 4B ein bisschen

poco a **poco** II 1C langsam, nach und nach, allmählich

poco(s), -a(s) I 3A wenig(e)

poder hacer algo (-ue-) I 4B etw. tun können (in der Lage sein / die Möglichkeit haben)

no **puedes** hacer algo I 5B du darfst / man darf etw. nicht tun

se **puede(n)** ‹I 7B, P› man kann

(yo) **podré** II 4A ich werde können

(yo) **pude** II 4C ich konnte

el **poder** II 5B die Macht

subir al **poder** II 5B die Macht ergreifen

poderoso, -a I M2; II 4C mächtig

un **poema** ‹II 2C, 1› ein Gedicht

la **policía** ‹I 6A, 2›; I 8B die Polizei

un **policía** ‹II 2D, 6› ein Polizist

un **polideportivo** I 1B eine Sporthalle, ein Sportstadion

la **política** II 6B; II 6C die Politik

político, -a II 6B; II 6C politisch

un **político** ‹II 2D, 4› ein Politiker

poner (pongo) I 4A setzen, stellen, legen

poner la tele(visión) II 2E den Fernseher einschalten

Ponen una película. I 2A, 2 Es läuft ein Film.

¿Qué **ponen** en la radio? I 2B, 5 Was kommt / läuft im Radio?

¿Qué **pone** (en el folleto)? I 7A Was steht (in der Broschüre) drin?

¿Qué te / os / le / les **pongo**? I 4A Was darf's sein?

poner la mesa I 6B, 2 den Tisch decken

poner pegas I 6B Schwierigkeiten bereiten

poner una condición a alguien I 8B jdm. eine Bedingung stellen

poner una escayola I 6B einen Gipsverband anlegen

poner un disco I 7B eine Schallplatte auflegen

poner algo a alguien I 6B jdm. etw. anziehen

ponerse con alguien I 7B sich zu jdm. setzen

poner triste a alguien ‹II 4B, 1› jdn. traurig machen

poner algo de moda II 5A etw. in Mode bringen, „in" machen

puesto I 6B Partizip Perfekt von poner

ponerse algo II 5A etw. anziehen

ponerse a hacer algo II 5B sich daran machen etw. zu tun

ponerse en marcha II 6B sich auf den Weg machen

ponerse II 6B hier: sich aufregen

popular I 0 volkstümlich, populär

una fiesta **popular** I 0 ein volkstümliches Fest; ein Volksfest

por ‹I 4B, 9›; I 7A; II 2A; II 3C wegen; für; durch; um … willen

llamar **por** teléfono I 2B anrufen

por la tarde I 2B nachmittags

ir **por** la ciudad I 6A durch die Stadt fahren

ir **por** su carril I 6A auf seiner Spur fahren

el segundo **por** la derecha I 8A der zweite von rechts

Tomaos una coca-cola **por** mí. I 6B Trinkt ein Coca-Cola für mich / an meiner Stelle

por última vez I 6B zum letzten Mal

ser conocido, -a **por** algo I 7A bekannt wegen / für etw. sein

por desgracia I 5A leider

por ejemplo I 3A zum Beispiel

por eso I 6B deshalb, daher

por favor I 2A bitte

por fin I 0 schließlich, endlich

presentado **por** ‹I 5C, P› präsentiert von

el precio **por** noche ‹I 5A, 3› der Preis pro Nacht

¿**por** qué? I 3A warum?, weshalb?

por esta razón II 2A deshalb, aus diesem Grund

por ti II 2A durch dich

por 4 años II 6C für 4 Jahre

por supuesto II 4A natürlich, selbstverständlich (adv)

por descontado II 6B selbstverständlich

por lo menos **II 5A** mindestens, zumindest

por todo el mundo **II 3C** in der ganzen Welt

por un lado **II 6B** auf der einen Seite

por un momento **II 4B** einen Augenblick lang

5 metros **por** 2 **II 2D** 2 auf/mal 5 Meter

por Tutatis ‹II 1B› beim Tutatis

tener mucho **por** aprender **II 3B** (noch) viel zu lernen haben

un **porcentaje** ‹II 1B, 6› ein Prozentsatz

porque I 3A weil

Portugal m ‹II 1B, 6› Portugal

el **porvenir** ‹II 6C› die Zukunft

P. D. (= **posdata**) **II 1A** Nachschrift, P.S.

poseer algo **II 5B** etw. besitzen

la **posesión** **II 5B** der Besitz

un determinante **posesivo** ‹II 5C, 1› ein Possessivbegleiter

un pronombre **posesivo** ‹II 3D, 3› ein Possessivpronomen

una **posibilidad** ‹II 1A, 7›; **II 3C** eine Möglichkeit

posible **II 5A** möglich

positivo,-a ‹II 1B, 2›; **II 3D** positiv

una **postal** **II 1A** eine Postkarte

un **póster** I 2A ein Poster

un **postre** I 4A ein Nachtisch

una **potencia** ‹II 6B› eine Großmacht

practicar ‹I 7B, 9› (aus-)üben

práctico,-a ‹II 3D, 5; 4B, 5› praktisch; praxisorientiert

precario,-a ‹II 1B› hier: nicht von Dauer

el **precio** I 4A, 5 der (Kauf-)Preis

precioso,-a I 1B (wunder-)schön

preciso,-a ‹II 3A, 3› präzise, genau

preferir algo (a algo/alguien) (-ie-/-i-) I 3A etw. vorziehen, etw. lieber mögen (als etw./jdn.)

un **prefijo** ‹II 3B, 2› ein Präfix, eine Vorsilbe

una **pregunta** ‹I 2B, 6› eine Frage

preguntar (algo) (a alguien) I 2B (jdn.) (etw.) fragen

preguntar por algo **II 4B** nach etw. fragen

preguntarse algo **II 2E** sich etw. fragen

prehistórico,-a ‹II 2A› prähistorisch

un **prejuicio** **II 5A** ein Vorurteil

un **premio** ‹I 8A, 7› ein Preis

la **prensa** ‹II 3D, 5› die Presse

una **preocupación** ‹II 3B, 4› eine Sorge, ein Kummer

(estar) **preocupado,-a** **II 4B** besorgt

preocupar a alguien **II 1B** jdn. beunruhigen, jdm. Sorgen machen

preocuparse por algo/alguien **II 2B** sich kümmern um jdn./etw., sich Sorgen machen um

No se **preocupen** por mí. **II 2B** Kümmern Sie sich nicht um mich!

la **preparación** ‹II 2E, 1› die Vorbereitung

estar **preparado** para hacer algo ‹II 4B, 2› vorbereitet sein, etw. zu tun

preparar algo I 2A etw. zu-/vorbereiten

prepararse (para algo/para hacer algo) **II 3A** sich vorbereiten (auf etw./darauf, etw. zu tun)

una **presentación** ‹II 3A, 3› eine Präsentation

un **presentador** **II 3C** ein Moderator

presentar a alguien I 4B jdn. vorstellen

presentado por ‹I 5C, P› präsentiert von

(estar) **presente** ‹II 2D, 6›; **II 3D** anwesend (sein)

el **presente** ‹II 2B, 2› das Präsens, die Gegenwart

el **presente** **II 5C** die Gegenwart

el **presidente** I 8A der Präsident

el **Presidente** del Gobierno **II 6C** der (spanische) Ministerpräsident

la **presión** ‹II 3B› der Druck

presionar a alguien a hacer algo **II 3D** jdn. bedrängen/unter Druck setzen, etw. zu tun

presionado,-a por ‹II 3B, 4› unter Druck gesetzt von

prestar algo a alguien **II 4B**, 6 jdm. etw. leihen

el **pretérito** perfecto ‹II 2E, 4› das Präteritum

la **previsión** del tiempo ‹II 2A, 2› der Wetterbericht

una **prima** I 8A eine Cousine

la materia **prima** **II 5C** der Rohstoff

la Educación **Primaria** ‹I 5C› entspricht ungefähr der Grundschule

la **primavera** I 8A das Frühjahr

primer(o),-a I 8A; **II 1B** erste/r/s; wichtigste/r/s

primero de ESO I 5C 7. Schuljahr/Klasse

el **primero**, la **primera** I 6B der/die Erste

salir **primero,-a** **II 4B** erste/r sein/werden

salir **primero,-a** en un examen **II 4B** ein Examen als beste/r abschließen

primero (adv) I 2B zuerst

un **primo** I 7A ein Cousin

una **prima** I 8A eine Cousine

una **princesa** **II 5C** eine Prinzessin

principal **II 2C** hauptsächlich, Haupt-

los **principales** productos **II 2C** die Hauptprodukte

una (frase) **principal** ‹II 3C, 7› ein Hauptsatz

el **principio** I 5A der Anfang

al **principio** I 5A am Anfang

a **principios** de agosto I M1 Anfang August

un **principio** ‹II 6C› ein Anfang; ein Prinzip

en el **principio** ‹II 4A› am Anfang, im Anfang

la **prisa** I 7B die Eile

darse **prisa** I 7B sich beeilen

una **prisión** ‹II 5C› ein Gefängnis

privado,-a ‹II 2D, 3› privat

probable **II 1B** wahrscheinliche/r/s (adj)

probablemente I M1; **II 1B** wahrscheinlich (adv)

probar algo (-ue-) **II 3B** etw. (aus-) probieren

un **problema** I 3A ein Problem

procedente de **II 6A** kommend/stammend aus

una **procesión** **II 2E** eine Prozession, ein Umzug

un **proceso** **II 6C** ein Prozess, ein Vorgang

proclamar algo/a alguien algo **II 5B** etw. verkünden, etw. proklamieren/jdn. zu etw. ausrufen

producir algo (-zco) **I M1** etw. herstellen, etw. erzeugen

un **producto** ‹I M2, 4›; **II 1B** ein Produkt, ein Erzeugnis

el **producto** interior bruto ‹II 2C, 5› das Bruttoinlandsprodukt

un **productor** **II 5C** ein Produzent

profano, -a ‹II 2E, 4› weltlich, profan

el **profe** (*fam*) **I 6B** *kurz für* profesor

una **profecía** **II 5C** eine Profezeiung

una **profesión** ‹I 2B, 2›; I 5B ein Beruf

de **profesión** **I M2** von Beruf

la formación **profesional** **I 5B** die Berufsausbildung

un **profesor** **I 1A** ein Lehrer

una **profesora** **I 1A** eine Lehrerin

un **profesor** de inglés **I 1A** ein Englischlehrer

profundo, -a **II 2E** tief (*auch fig*)

un **programa** ‹I 2B, 5›; **II 3C** eine Sendung (im Fernsehen, Radio)

una **programadora** **I 5B** eine Programmiererin

un **programador** ‹I 5B, 9› ein Programmierer

el **progreso** **II 2C** (der) Fortschritt

una **prohibición** ‹II 4A, 4› ein Verbot

una **promesa** **I M1** ein Versprechen

prometer algo (a alguien) **I M1; II 1A** jdm. etw. versprechen

Lo que uno **promete** es deuda. **II 1A** Was man verspricht, muss man auch halten.

promover algo (-ue-) ‹II 1B› etw. fördern

un **pronombre** ‹I 4A, 3› ein Pronomen

un **pronombre** indefinido ‹II 3D, 4› ein Indefinitpronomen

un **pronombre** relativo ‹I M1, 7› ein Relativpronomen

un **pronombre** demostrativo ‹I 4A, 3› ein Demonstrativpronomen

un **pronombre** posesivo ‹II 3D, 3› ein Possessivpronomen

pronto (*adv*) **I 5A** bald; früh

pronto, -a ‹II 3A› schnell, prompt

pronunciar algo ‹II 2E, 2› etw. aussprechen

la **propiedad** **II 6B** der Besitz

un **propietario** **II 5B** ein Besitzer

propio, -a **II 1B** eigene/r/s

proponer algo (a alguien) (propongo) **I 3B** (jdm.) etw. vorschlagen

a **propuesta** de **II 6C** auf Vorschlag von

la **protección** **II 5B** der Schutz

la **protección** del medio ambiente **II 6C** der Umweltschutz

proteger a alguien **II 3D** jdn. beschützen

protegerse ‹II 1B, 8› sich schützen

una **provincia** **I 7A** eine Provinz

próximo, -a **I 6B** nächste/r/s

en los **próximos** meses **I 6B** in den nächsten Monaten

un **proyecto** ‹I 6B, 4›; **I 8A** ein Projekt, ein Vorhaben

una **prueba** **II 4B** eine Prüfung, ein Test

psicológico, -a ‹II 3C, 5› psychologisch

publicar algo **I 5B** etw. veröffentlichen

la **publicidad** **I 7A** die Reklame, die Werbung

publicitario, -a ‹II 2C, 7› Werbe-

público, -a **II 4C** öffentlich

una biblioteca **pública** **II 4C** eine öffentliche Bücherei

los transportes **públicos** **II 4C** die öffentlichen Verkehrsmittel

el **público** ‹II 2E, 6› das Publikum, die Zuschauer

(yo) **pude** **II 4C** ich konnte (*Indefinido*)

un **pueblo** **I 3A; II 1C** ein Dorf; ein Volk

se **puede(n)** ‹I 7B, P› man kann

un **puente** **I 1B** eine Brücke

un **puente** ‹II 1C, P› ein Brücken(feier)tag

una **puerta** **I 2A** eine Tür

un **puerto** **I 7A** ein Hafen

pues **I 4A; II 1B** also, nun; denn

puesto **I 6B** *Partizip Perfekt* von poner

una **pulsera** **II 4B** ein Armband

hacer la **puñeta** a alguien (*vulg*) ‹II 6B› jdn. schikanieren

un **punto** ‹II 3B, 5› ein Punkt, ein Aspekt; ein Ort

el **punto** de vista **II 2E** der Standpunkt, die Perspektive

la **puntuación** ‹II 2C, 5› die Punktevergabe

puro, -a **II 2E** rein; echt, wahr

Q

que (*conj*) **I 5A; I 8B** als; dass

Pienso **que** no son suficientes. **I 8B** Ich finde, dass es nicht genug davon gibt.

¡Claro **que** no! **I 1B** Natürlich nicht!

¡**que** (+ *subj*)! **II 6B** Dass doch...! Ach möge doch...!

Es **que** ... ‹I 3B, P›; **I 6A** Es ist (nämlich) so/Das kommt daher, dass ...

a **que** ‹I 8B, *Un texto más*› *hier*: damit

a **que**... ‹3C, 5› Wetten, dass...

así **que** ‹I M1, P›; **II 2D** so dass, daher

más pequeño **que** **I 5A** kleiner als ...

que (*Relativpronomen*) ‹I 3B, 4›; **I 5B** der, die, das

que (*in Ausrufen*) **II 1C** schließlich, doch

¡**Que** estamos en España! **II 1C** Schließlich sind wir hier in Spanien!

¿**qué**...? (+ *subst*) **I 2B** was für ein(e) ...?

¿**Qué** hora es? **I 2A** Wie viel Uhr ist es?

¿A **qué** hora…? **I 2A** Um wie viel Uhr …?

¿**qué?** (*Pronomen*) **I 1B** was?

¿**Qué** os parece? **I 4A** Was haltet ihr davon?

¿**qué?** **I 4B** na? / und?

¿**Qué** tal (te va)? **I 1A; II 1A** Wie geht's (dir denn so)?

¿**Qué** tal estáis? **I 5A** Wie geht es euch?

¿**Qué** tal la visita? **I 1B** Wie ist / Was macht die Besichtigung?

¿**Qué** tal las clases? **I 2A** Wie war der Unterricht?

¡**qué** …! **I 5B** Wie …!, Was für …!

¡**Qué** graciosa! **I 6B** Wie witzig (du bist)!

¡**Qué** fastidio! **I 6B** Wie unangenehm!

¡**Qué** miedo! **I 6B** Wie schrecklich!

¡**Qué** rabia! **I 6B** Wie ärgerlich!

¡**Qué** rollo! **I 5B** Wie langweilig / öde!

¡**Qué** va! **I 7A** Ach was!

el **quechua** (*Sprache*) **I 8A** Ketschua (*eine Sprache der Ureinwohner von Peru*)

quedar **I 3B; II 2D** sich verabreden, sich treffen; (übrig) bleiben, (übrig) haben;

quedar (+ *adj*) **II 5A** sein (+ *adj*), bleiben (+ *adj*)

quedar(se) embarazada **II 3B** schwanger werden

quedar bien a alguien **II 5A** jdm. gut stehen

quedarse (en un sitio) **I 5A** (an einem Ort) bleiben

quedarse fuera **I 8B** draußen bleiben

quedarse en la calle hablando y bebiendo **II 3B** redend und trinkend auf der Straße (zurück-)bleiben

quejarse de algo / de que (+ *subj*) **II 3B** sich beklagen über etw. / dass

quemar (algo) **II 5A** (etw. ver-)brennen

querer (-ie-) **I 3A** (gerne) wollen, gerne haben

querer ser algo **I 5B** etw. werden wollen

querer a alguien **I 6B**, 2 jdn. lieben; jdn. gern haben

querido, -a **II 3C** liebe/r (*Anrede, auch im Brief*)

(el) **queso** **I 4A** (der) Käse

quien (*Relativpron*) ‹I 3B, P›; **II 2E** der, die (*Relativpron*)

¿**quién?**, ¿**quiénes?** **I 1A** wer?

¿De **quién** es? **I 1B**, 2 Wem gehört er / sie / es?

(la) **química** ‹I 5C›; **II 3D** (die) Chemie

químico, -a ‹II 5A› chemisch

quince **I 2A**, G fünfzehn

quinientos, -as **I 4A**, G fünfhundert

quinto, -a **I 8A** fünfte / r / s

(yo) **quise** **II 1A** ich wollte (*Indefinido*)

quitar algo a alguien **II 2D** jdm. etw. wegnehmen

quitar la mesa **I 4B** den Tisch abräumen

quizás **II 2E** vielleicht

R

la **rabia** **I 6B** die Wut, der Zorn

¡Qué **rabia!** **I 6B** Wie ärgerlich!

racial **II 5A** rassisch, Rassen-

radical ‹II 5B› radikal

la **radio** ‹I 2B, 5›; **II 1C** das Radio, der Rundfunk

una **rana** **I 1B** ein Frosch

rápido, -a **II 2C** schnell

raro, -a **I 1B** seltsam, außergewöhnlich

una **raza** ‹II 2A› eine Rasse, ein Volk

una **razón** **I 8B** ein Grund

tener **razón** ƒ **I 6A** Recht haben

por esta **razón** **II 2A** deshalb, aus diesem Grund

dar la **razón** a alguien **II 5A** jdm. Recht geben

razonable **I M1** vernünftig

una **reacción** ‹II 1C, 8›; **II 5A** eine Reaktion

reaccionar ‹I 5A, 10›; **II 1C** reagieren

la **realidad** ‹I 3B, P›; **I M2; II 3C** die Realität, die Wirklichkeit

en **realidad** **I M2** in Wirklichkeit

realista **I 5B** realistisch

realizar algo **II 3C** etw. verwirklichen, etw. durchführen

realmente (*adv*) **II 1C** wirklich (*adv*)

rebelarse ‹II 5B, 3› rebellieren, sich auflehnen

un **rebelde** ‹II 3B› ein Rebell, ein Aufrührer

una **rebelión** ‹II 5B, 3› eine Rebellion, ein Aufstand

la **recepción** ‹I 7B, 3› die Rezeption, der Empfang

una **receta** ‹I 4B, 2› ein Rezept

recibir algo **I 8B** etw. erhalten, etw. bekommen

el **reciclaje** ‹II 1B, 7› das Recycling

reciente ‹II 1A→B› neu, vor kurzem gemacht

un **recipiente** ‹I 4B, 2› ein Behälter

reclamar algo / que (+ *subj*) **II 3B** etw. fordern / fordern, dass

recoger algo **II 3A** etw. einsammeln, aufheben

recomendar algo a alguien (-ie-) **II 3C** jdm. etw. empfehlen

reconocer a alguien (-zco-) **II 2B** jdn. (wieder-)erkennen

reconocer algo **II 3D** etw. anerkennen

reconocerse ‹II 5A› sich (wieder-)erkennen

la **Reconquista** **II 6A** die Reconquista (*Rückeroberung Spaniens von den Arabern*)

reconquistar algo ‹II 6A, 7› etw. wieder- / zurückerobern

la **reconstrucción** **I M1** der Wiederaufbau

reconstruir algo ‹I M1, 5› etw. rekonstruieren

un **récord** ‹I M1, 2› ein Rekord

recordar algo (-ue-) ‹II 3A, 3› an etw. denken, etw. nicht vergessen

un **recreo** **I 2B** eine Pause (in der Schule)

seguir todo **recto** **I 6A** immer geradeaus fahren / gehen

recuerdos *m pl* **I 6B** Grüße

dar **recuerdos** a alguien **I 6B** jdm. Grüße ausrichten

recuperar algo **II 5B** etw. wiederbekommen / wiedererlangen

un **recurso** estilístico ‹II 5C, 6› ein Stilmittel

redactar algo ‹II 3D, 5› etw. verfassen

redescubrir algo **II 6A** etw. wiederentdecken

reducir algo (-zco) **II 1B** etw. verringern, etw. reduzieren

reemplazar algo ‹I 5C, 5› etw. ersetzen

reescribir algo ‹II 4A, 2› etw. wieder schreiben, etw. neu schreiben

referirse a algo ‹II 3D, 6› sich auf etw. beziehen

reflejarse ‹II 6C, 4› sich (wider-)spiegeln

una **reflexión** ‹II 1B› eine Überlegung

un motivo de **reflexión** ‹II 1B› ein Grund zum Nachdenken

reflexionar ‹II 6B, 6› nachdenken

reformado, -a ‹II 1A→B› renoviert

un **refresco** **I 4B** ein Erfrischungsgetränk

regalar algo a alguien **II 4B** jdm. etw. schenken

un **regalo** **II 4A** ein Geschenk

una **región** **I 3A** ein Gebiet, eine Region

regional **II 6C** regional

una **regla** ‹II 1B, 5› eine Regel

la **regularidad** **I 8B** die Regelmäßigkeit

regularmente ‹II 2D, 3› regelmäßig

una **reina** ‹II 2E› eine Königin

el **reinado** ‹II 6A, 4› die Regierungszeit

reinar ‹II 6A, 7› (als König) regieren, herrschen

un **reino** **I M2** ein (König-)Reich

reír(se) **II 1A** lachen, sich amüsieren

una **reivindicación** ‹II 5B, 5› eine Forderung

una **relación** (con) ‹II 2B, Estr›; **II 3B** eine Beziehung (zu), ein Verhältnis (zu)

relativamente (*adv*) **I 8B** relativ, ziemlich

un pronombre **relativo** ‹I M1, 7› ein Relativpronomen

una subordinada **relativa** ‹II 3C, 2› ein Relativsatz

un **relato** ‹II 4C, 4› eine Erzählung, ein Bericht

(la) **religión** ‹I 5C› (die) Religion, (der) Religionsunterricht

una **religión** **II 2A** eine Religion

religioso, -a **II 2A** religiös

rellenar algo ‹II 1B, 7› etw. ausfüllen

un **reloj** **II 2D** eine Armbanduhr

un **remitente** ‹I 2B, 2› ein Absender

una **remuneración** **II 3C** eine Bezahlung, eine Vergütung

renacentista ‹II 2A› Renaissance-

el **rendimiento** **II 3B** die Leistung

renovable ‹II 2C› erneuerbar

renunciar a algo **II 5A** auf etw. verzichten

una **repartición** ‹II 5B, 5› eine Aufteilung

repartir algo **II 3D** etw. aufteilen

de **repente** **II 4A** plötzlich (*adv*)

la **repercusión** ‹II 6B› die (Aus-)Wirkung

repetir algo (-i-) **I 6A** etw. wiederholen

repetir ‹II 1C› *hier*: wiederkommen, zum wiederholten Male kommen

repetirse algo ‹II 5A› sich etw. wiederholen, sich etw. immer wieder sagen

un **reportaje** ‹I 5C, P› ein Bericht, eine Reportage

un **reportero** ‹I 4B, 8›; **I 8B** ein Reporter

una **reportera** ‹I 4B, 8› eine Reporterin

una **representación** **II 2E** eine Darstellung, eine Aufführung

un **representante** ‹II 3D›; **II 6C** ein (Stell-)Vertreter, ein Beauftragter

representar algo ‹I 4A, 5› etw. aufführen, etw. spielen

representar a alguien ‹I 8B, 4› jdn. darstellen, jdn. spielen

reprimir algo/a alguien **II 5B** etw./jdn. unterdrücken

una **república** **II 6B** eine Republik

los **republicanos** **II 6B** die Republikaner, die Anhänger der Republik

requerir algo (-ie- / -i-) ‹II 1A → B› etw. fordern

rescatar a alguien **II 2D** jdn. retten, jdn. befreien

reservar algo **II 2B** etw. reservieren, etw. buchen

la **residencia** ‹I 2B, 2› der Wohnort

la **resistencia** **II 5C** der Widerstand

resolver (-ue-) un problema **I M1** ein Problem lösen

respetar algo / a alguien **II 1C** jdn. / etw. respektieren

el **respeto** (a algo / alguien) **II 1B** der Respekt (für etw. / jdn.)

respirar **II 4B** atmen

responder (a alguien) **I 2B** (jdm.) antworten

(ser) **responsable** (de / ante) **II 6C** verantwortlich sein (für / vor)

un **responsable** ‹II 1B, 2› ein Verantwortlicher

una **respuesta** ‹I 6A, 5› eine Antwort

un **restaurante** **0** ein Restaurant

un **resto** ‹I 4B, 9›; **II 6A** ein Rest

el **resto** de Europa **II 6A** das übrige/restliche Europa

un **resultado** ‹I 4A, 5›; **I 8B** ein Resultat, ein Ergebnis

resultar (+ *adj*) ‹II 1B› sein, sich erweisen als

resultar diferente ‹I 5C, P› sich als anders erweisen, anders sein

resultar (que) **II 5A** sich herausstellen, dass; sich erweisen, dass

un **resumen** ‹I 8A, 6› eine Zusammenfassung

resumir algo ‹II 1A, 3› etw. zusammenfassen

una **reunión** ‹II 5B, 5› eine Versammlung

reunir algo ‹II 1B, 4› etw. sammeln, etw. zusammentragen

reunirse **II 3D** sich versammeln, sich treffen

estamos **reunidos** **II 3D** wir sind versammelt

la **revancha** **II 6B** die Rache, die Revanch

una **revista** ‹II 1C, 8›; **II 3D** eine Zeitschrift

revoltoso,-a ‹II 4B› wild, ungestüm

una **revolución** **II 5B** eine Revolution

revolucionario,-a **II 5B** revolutionär, Revolutionslos jefes **revolucionarios** **II 5B** die Anführer der Revolution

un **revolucionario** **II 5B** ein Revolutionär

un **rey** **I M2;** ‹II 5C, 6›; **II 6A;** **II 6C** ein König

los **Reyes** Católicos **I M2; II 6A** *Beiname des Königspaares Isabel I und Fernando II*

rezar ‹II 2E, 4› beten

rico,-a **I 4A; II 4B** lecker, schmackhaft; reich

ridículo,-a ‹II 5C, 8› lächerlich

un **río** **I 0** ein Fluss

la **riqueza** **II 2C** (der) Reichtum

un **rizo** **II 5A** eine Locke

robar algo ‹II 4A, 4›; **II 5C** etw. rauben, etw. stehlen

un **rocío** ‹II 2E› *Wallfahrt zur Virgen del Rocío in Almonte (Andalusien)*

rodante ‹II 1B› rollend

una **rodilla** **I 6A** ein Knie

rojo,-a **I 4A** rot

la Cruz **Roja** ‹I 2B, 2› das Rote Kreuz

¡Qué **rollo!** **I 5B** Wie langweilig / öde!

Roma *f* **I 2B** Rom

una **romería** ‹II 2E› eine Wallfahrt

un **romero** ‹II 2E, 4› ein Wallfahrer

romper algo **II 4B** etw. zerbrechen

roto **II 4B** zerbrochen

la **ropa** **II 2B** (die) Kleidung

(estar) **roto,-a** **I 6A** gebrochen / zerbrochen (sein)

rubio,-a **I 4B** blond

una **rueda** ‹II 1B› ein Rad

el **ruido** **II 1B** der Lärm

una **ruina** **I 8A** eine Ruine

ir de **rumba** ‹II 3B, 4› einen „draufmachen"

una **ruta** ‹I M2, 9› ein Weg, eine Route

S

sábado *m* **I 3B,** 2 Samstag

saber algo **I 3B** etw. wissen

saber hacer algo **I 3B** etw. tun können (gelernt haben)

(yo) **supe** **II 4C** ich wusste (*Indefinido*)

el **saber** ‹II 3B→C› das Wissen

sacar algo **I 5B** etw. herausziehen, -nehmen, -holen

sacar buenas notas **I 5B** gute Noten bekommen

sacar una foto **I 8A** ein Foto machen

sacarse el carnet de moto **II 1A** den Motorradführerschein machen

un **sacerdote** **II 3A** ein Priester

un **sacrificio** **II 2E** ein Opfer, eine Opferfeier

sacudir a alguien ‹II 6B› jdn. verprügeln

una **saeta** ‹II 2E› eine Saeta, *s. glosario S. 44*

una **sala** **I 4B** ein Saal / Raum

una **sala** de estar ‹I 5A, 3› ein Aufenthaltsraum

la **sala** de espera ‹II 4C, 8› der Wartesaal

una **salchichita** ‹II 4B› ein Würstchen

la **salida** ‹I 7B, 3› die Abreise

salir (salgo) **I 3B** (hinaus-/ weg-/aus-) gehen

salir con un chico / una chica **I 4B** mit einem Jungen / Mädchen gehen

salir de casa **I 8B** aus dem Haus gehen

salir primero,-a **II 4B** erste / r sein / werden

salir primero,-a en un examen **II 4B** ein Examen als beste / r abschließen

salir adelante ‹II 5B, 6› vorwärtskommen, vorankommen

un **salón** de televisión ‹I 5A, 3› ein Fernsehraum

un **salón** de belleza ‹II 5A› ein Schönheitssalon

la **salud** **I M1** die Gesundheit

saludar (a alguien) ‹II 1B, 8›; **II 4B** grüßen, jdn. begrüßen

un **saludo** ‹I 7B, 9›; **II 4C** ein Gruß

Saludos a tu familia. **II 4C** Grüße an deine Familie.

una **fórmula** de saludo ‹II 1A, 2› eine Begrüßungsformel

un **salvaje** ‹II 5C, 8› ein Wilder

salvo (*prep*) **II 4B** außer (*prep*)

sanar ‹II 3C, 7› gesund werden

Sana, sana, colita de rana … ‹II 3C, 7› *Trostspruch für kleine Kinder, ungefähr* Heile, heile Segen …

un **sándwich** **I 4A** ein Sandwich

la **sangre** **II 3A** das Blut

sano,-a **II 3A** gesund; bekömmlich

santo,-a **II 2B** heilig

¡María **Santísima!** **II 2B** Heilige Maria!, Um Gottes Willen!

la Semana **Santa** **II 2B** die Karwoche (*Woche vor Ostern*)

la **satisfacción** **II 3C** die Befriedigung, die Freude

(estar) **satisfecho,-a** **I 5A** zufrieden (sein)

se **I 5A** sich

cuando **se** está en el extranjero **II 1B** wenn man im Ausland ist

lo que **sea** **II 6B** was auch immer

o **sea** **II 1A** das heißt

una **sección** ‹II 1C, 8› eine Sektion, ein Teil, ein Abschnitt

seco,-a **I 3A** trocken

una **secretaria** ‹I 5B, 10› eine Sekretärin

secreto,-a **II 6C** geheim

un **secreto** **II 3A** ein Geheimnis

sectario,-a ‹II 6C› sektiererisch, fanatisch

un **sector** ‹I 5B, 10›; **II 1B** ein Sektor, eine Branche

el sector de **servicios** **II 2C** der Dienstleistungssektor

un **secuestro** ‹II 3C› eine Entführung

secundario, -a ‹I 5C› *hier*: weiterführend

la **seda** ‹II 2E› (die) Seide

seductor, -ora II 5A verführerisch

el **sefardí** II 6A das Sephardische, das Judenspanisch

un **sefardí** (*pl* sefardíes) II 6A ein Sepharde (*aus Spanien stammender Jude*)

seguir (-i-) I 6A; I 8B fortfahren, weitergehen; bleiben, weiterhin bestehen

seguir todo recto I 6A immer geradeaus fahren / gehen

seguir (-i-) haciendo algo II 2E etw. weiterhin tun

según ‹I 6A, 5›; I 7A nach, gemäß

segundo, -a I 5B; I 8A zweite/r/s
estar en **segundo** de bachillerato I 5B *in der Abschlussklasse des Gymnasiums sein*
segundo de ESO I 5C *8. Schuljahr / Klasse*
el **segundo** por la derecha I 8A der zweite von rechts
la **segunda** Comunidad Autónoma en superficie. II 2C die zweitgrößte Autonome Region
ocupar el **segundo** lugar en importancia II 2C am zweitwichtigsten sein

seguro (*adv*) I 2A sicher(lich)

(estar) **seguro, -a** I 5B sicher
estar **seguro, -a** de que ‹I 5C, P› sicher sein, dass

seis I 2A, G sechs

la **selectividad** I 5B *Aufnahmeprüfung an der Universität*

una **selva** I 8A ein (großer) Wald; *lat. am.*: Urwald

un **semáforo** I 6A eine Verkehrsampel

una **semana** I 3A eine Woche
un fin de **semana** I 3A ein Wochenende
la **Semana** Santa II 2B die Karwoche (*Woche vor Ostern*)

un campo **semántico** ‹II 2C, 3› ein Wortfeld

sembrar (-ie-) ‹II 5B› (aus-)säen

el **Senado** II 6C der Senat (*2. Kammer des spanischen Parlaments*)

un **senador** ‹II 6C› ein Senator (*Mitglied des Senats*)

señalar algo I 6A (auf) etw. zeigen

un **señor** I 2A, 3 ein Herr (*Abkürzung* Sr.)
el **señor** Pérez I 2A, 3 Herr Pérez
señoras y **señores** I 4B meine Damen und Herren

una **señora** I 2A eine Dame (*Abkürzung* Sra.)
la **señora** Petersen I 2A Frau Petersen
señoras y señores I 4B meine Damen und Herren

una **señorita** ‹I 5C, P› ein Fräulein, ein junges Mädchen

sentarse (-ie-) I 7A sich setzen

una **sentencia** ‹II 2E› ein Urteil, eine Verurteilung

un **sentimiento** ‹II 1C, 8›; II 3B ein Gefühl

sentir (-ie- / -i-) algo ‹II 1A, 6›; II 2E etw. fühlen / empfinden
sentirse II 1C sich fühlen

una **separación** I M1 eine Trennung

separado, -a I M1 getrennt

separar algo de algo I 3A etw. von etw. trennen

septiembre *m* I 5A September

ser I 1A sein
Son dos menos veinte. I 2A Es ist zwanzig vor zwei.
Quiere **ser** médica. I 5B Sie will Ärztin werden.
¿De quién **es**? I 1B, 2 Wem gehört er / sie / es?
Es que ... I 6A Es ist (nämlich) so / Das kommt daher, dass ...
sido I 6A gewesen
fue I 8A er / sie / es war (*Indefinido*)
lo que **sea** II 6B was auch immer
¿**Será** Bochica? II 4A Ist das wohl Bochica?

un **ser** viviente II 2E ein Lebewesen
un **ser** humano II 5A ein menschliches Wesen ein Mensch

una **serie** de ‹II 4C, 7› eine Reihe von

serio, -a II 1A ernst, ernsthaft
en **serio** II 1A im Ernst

un **servicio** II 1B eine Dienstleistung
el sector de **servicios** II 2C der Dienstleistungssektor

una **servilleta** ‹II 3D, P› eine Serviette

servir para algo (-i-) I 6A für etw. taugen; zu etw. dienen
servir de nada (-i-) II 4A nichts wert sein, zu nichts zu gebrauchen sein
servir algo (a alguien) (-i-) II 4B (jdm.) etw. servieren

sesenta I 2B, G sechzig

el **sestercio** ‹II 1B› die Sesterze (*römische Münze*)

setenta I 2B, G siebzig

sevillanas *f pl* I 6B Tanz aus Sevilla (Flamenco)

el **sexo** II 3B das Geschlecht; der Sex

sexto, -a I 8A sechste/r/s

sexual ‹II 3B, 4› sexuell

si I 4B; II 1A ob; wenn, falls
como **si** (+ *subj imperfecto*) II 5B als ob, wie wenn

sí I 1A ja; doch; tatsächlich
Sí son de Salamanca. I 1A Sie sind (schon) aus Salamanca.
Sí hay problemas I 3A Es gibt sehr wohl Probleme.
¡**sí** señor! II 6B jawohl!, genau!

siempre I 1B immer
los de **siempre** ‹II 6B› die Üblichen, immer wieder die Gleichen

una **sierra** II 5C eine Gebirgskette

siete I 2A, G sieben

un **siglo** I 7A ein Jahrhundert

el **significado** ‹II 3B, 2› die Bedeutung

significar algo I M1 etw. bedeuten

un **signo** ‹II 3→4› ein Zeichen

siguiente ‹I 6B, P›; II 1B folgende/r/s

una **sílaba** ‹II 2E, 2› eine Silbe

el **silencio** II 2D die Stille, die Ruhe
en **silencio** II 2D schweigend, still (*adv*)

una **silla** I 2A ein Stuhl

simbolizar algo ‹II 6C› etw. symbolisieren

un **símbolo** I 1B ein Symbol, ein Wahrzeichen

la **simpatía** II 1C die Sympathie

simpático,-a I 1B nett, sympathisch

simplemente (*adv*) II 3B bloß, nur, einfach

sin I 3A ohne

sin embargo I 5B trotzdem; (je)doch

sin (+ *subj*) II 2B ohne dass

una **sinagoga** II 6A eine Synagoge, ein jüdisches Bethaus

un **sindicato** II 6B eine Gewerkschaft

sino I 8A sondern

un **sinónimo** ‹I 7A, 2› ein Synonym, ein bedeutungsgleiches Wort

ni **siquiera** II 4B nicht einmal

un **sitio** I 3B ein Platz, ein Ort

una **situación** ‹I 3B, 6›; II 1C eine Situation

estar **situado,-a** I 7A liegen, sich befinden

situar algo (-úo) ‹II 5C, 5› *hier:* sehen, wo sich etw. befindet

soberbio,-a II 5C hochmütig

sobrar II 3C zu viel sein; übrig bleiben

sobre I 2A über

sobre la cama I 2A über dem Bett

hablar **sobre** algo I 2B über etw. sprechen

sobre todo I 3A vor allem

social II 3D sozial

los problemas **sociales** II 3D die sozialen Probleme

la **sociedad** II 3C die Gesellschaft

el **sol** I 7B die Sonne

Hace **sol**. I 7B Die Sonne scheint.

un **soldado** II 3A ein Soldat

sólo I 3B nur

(estar) **solo,-a** I 8A allein (sein)

una **solución** I 3A eine Lösung

solucionar un problema ‹II 3C, 4› ein Problem lösen

un **sombrero** ‹II 4C, 7› ein Hut

un **son** II 2E ein Ton, ein Laut

bailar al **son** de la música II 2E zum Klang der Musik tanzen

sonar (-ue-) ‹II 2E, 2› klingen

soñar (-ue-) con algo / alguien II 2D von etw. / jdm. träumen

sonreír II 5A lächeln

sonriente II 4B lächelnd

una **sonrisa** II 4B ein Lächeln

una **sopa** I 7B eine Suppe

soportar algo II 5A etw. ertragen, etw. aushalten

sorprender a alguien ‹I M1, P›; II 5A jdn. überraschen

una **sorpresa** II 2B eine Überraschung

sortear algo ‹II 3B, 5› etw. verlosen

su I 2A sein(e), ihr(e)

subestimar algo / a alguien II 3B etw. / jdn. unterschätzen

un **subgrupo** ‹II 6B, 3› eine Untergruppe

la **subida** al poder ‹II 5B, 3› die Machtergreifung

subir I 4B; II 1C (in ein Fahrzeug) einsteigen; hinaufgehen; steigen

los precios **suben** II 1C die Preise steigen

subir al poder II 5B die Macht ergreifen

una (frase) **subordinada** ‹II 2B, 2› ein Nebensatz

una **subordinada** adversativa ‹II 5C, 6› ein Adversativsatz (*Nebensatz, der einen Gegensatz ausdrückt*)

una **subordinada** causal ‹II 5C, 6› ein Kausalsatz (*Nebensatz, der eine Ursache / Begründung angibt*)

subrayado,-a ‹II 6B, 10› unterstrichen

una **substancia** II 5A eine Substanz, ein (Werk-)Stoff

un **subtema** ‹II 3A, 3› ein Unterthema

un **suceso** ‹II 4→5› ein Ereignis, ein Geschehen

sucio,-a I 3A schmutzig, dreckig

Sudamérica *f* ‹I 4B, 9› Südamerika

el **sueldo** II 3C der Lohn

el **suelo** I 3A der Boden

un **sueño** ‹II 6B, 2› ein Traum

la **suerte** I 4B das Schicksal; das Glück

tener **suerte** / mala **suerte** I 4B Glück / Pech haben

por **suerte** ‹I M2, 1› zum Glück

suficiente(s) I 8B genügend, ausreichend

un **sufijo** ‹II 6C, 7› ein Suffix, eine Nachsilbe

el **sufragio** universal II 6C das allgemeine Wahlrecht

sufrir ‹II 1C, 8›; II 2E leiden

el **sujeto** ‹II 5A, 5› das Subjekt

(yo) **supe** II 4C ich wusste

super (*fam*) I 7A super, höchst, hoch…

la **superficie** II 2C die Oberfläche, die Fläche

Andalucía es la segunda Comunidad Autónoma en **superficie**. II 2C Andalusien ist die zweitgrößte Autonome Region.

un **superlativo** ‹I 7A, 2; I M2, 8› ein Superlativ

un **supermercado** ‹I 4A, 7› ein Supermarkt

un/una **superviviente** II 2D ein Überlebender

suplementario,-a ‹I 5A, 3› zusätzlich, ergänzend

una **suposición** ‹II 4C, 1› eine Vermutung

por **supuesto** II 4A natürlich, selbstverständlich (*adv*)

el **sur** I 7A der Süden

el **surf** II 1A (das) Surfen

una tabla de **surf** ‹II 1A, 5› ein Surfbrett

sus I 2A seine / ihre

un **sustantivo** ‹I M2, 3› ein Substantiv

sustituir algo ‹II 6A, 6› etw. ersetzen

susurrar algo a alguien II 4B (jmd.) etw. (zu-)flüstern

T

(el) **tabaco** II 5C (der) Tabak

una **taberna** ‹II 2E› eine Taverne, eine Bar

una tabla de **surf** ‹II 1A, 5› ein Surfbrett

un **tacón** II 5A ein Absatz (*am Schuh*)

una **tajadita** ‹II 4B› ein Scheibchen

tal II 2E solch, so ein / e

tal o cual II 5A diese / r / s oder jene / r / s

¿Qué **tal**? **I 1A** Wie geht's?

¿Qué **tal** la visita? **I 1B** Wie ist / Was macht die Besichtigung?

¿Qué **tal** las clases? **I 2A** Wie war der Unterricht?

¿Qué **tal** estáis? **I 5A** Wie geht es euch?

¿Qué **tal** te va? **II 1A** Wie geht's dir denn so? Wie läuft's bei dir?

un **taller** **I 8B** eine Werkstatt

también **I 1A** auch

un **tambor** ‹II 3A› eine Trommel

tampoco **I 6B** auch nicht

tan **II 2B** (genau) so; so sehr

tan … como … **II 2C** (genau) so … wie …

tanto **II 2C** so sehr, so viel

tanto como … **II 2C** so viel / sehr wie …

tanto(s), -a(s) **I 4A** so viel(e)

tarde **I 4B** spät; zu spät

una **tarde** **I 2B** ein Nachmittag

por la **tarde** **I 2B** nachmittags

una **tarta** **I 4A** ein Kuchen

una **tasa** **II 2C** ein Prozentsatz, eine Rate

un **taxi** ‹II 2B, 5› ein Taxi

una **taza** **I 7B** eine Tasse

te **I 4A; I 7B** dir; dich

¿Cómo **te** llamas? **I 1A** Wie heißt du?

el **teatro** ‹II 1A, 5› das Theater (-spielen)

técnico, -a ‹II 1A→B› technisch

(la) **tecnología** ‹I 5C› (die) Technologie, (der) Werkunterricht

tejer ‹II 3A› weben

la **tele** **II 2E** *kurz für* televisión

poner la **tele**(visión) **II 2E** den Fernseher einschalten

la **telecomunicación** ‹II 2C› die Telekommunikation, die Fernmeldetechnik

un **telefilme** ‹I 5C, P› ein Fernsehfilm

una línea **telefónica** ‹II 2A, 1› eine Telefonleitung

un **teléfono** **I 2B** ein Telefon

llamar por **teléfono** **I 2B** anrufen

la **televisión** **I 3B** das Fernsehen

ver la **televisión** **I 3B** fernsehen

un **tema** ‹I 4B, 9›; **II 3C** ein Thema

tratar un **tema** **II 2E** ein Thema behandeln

temer algo / que (+ *subj*) **II 3B** etw. fürchten; fürchten, dass

temerse algo **II 6A** etw. (be-) fürchten

el **temor** **II 5C** die Angst, die Furcht

un **templo** **II 3A** ein Tempel, ein Gotteshaus

temprano (*adv*) **I 6B**, 5 früh

una **tendera** **I 4A** eine Ladenbesitzerin, eine Händlerin

tener **I 2B** haben

(no) **tener** tiempo **I 2B** (keine) Zeit haben

Tengo 17 años. **I 2B** Ich bin 17 Jahre alt.

tener clase **I 3B** Unterricht haben

tener cuidado **I 4B** achtgeben, aufpassen

tener familia **I 7A** Verwandte haben

tener futuro **I 8B** eine Zukunft haben

tener ganas (de hacer algo) **I 3B** Lust haben (etw. zu tun)

tener novia **I 4A**, 7 eine (feste) Freundin haben

tener razón **I 6A** Recht haben

tener suerte / mala suerte **I 4B** Glück / Pech haben

tener la culpa **I 6A** schuld sein

tener un hijo **I 8B** ein Kind bekommen

tener que hacer algo **I 5B** etw. tun müssen

tener frío **II 2D** frieren, kalt sein

tener miedo **II 1C** Angst haben

tener que ver con algo **II 6A** mit etw. zu tun haben

el **tenis** **I 3B** Tennis

jugar al **tenis** **I 3B** Tennis spielen

teóricamente ‹II 3D, 5› theoretisch (*adv*)

tercer(o), -a **I 8A** dritte / r / s

tercero de ESO **I 5C** *9. Schuljahr / Klasse*

un **tercio** **I 5B** ein Drittel

terminar algo **I 1B** etw. (be-) enden, mit etw. aufhören; etw. austrinken

un **término** **II 2E** ein (Fach-) Ausdruck

un **término** medio ‹II 2E› ein Mittelweg, ein Kompromiss

un **terreno** **II 1C** ein Grundstück

el **territorio** **II 2C** das (Staats-) Gebiet

un **test** ‹I 4B, 9› ein Test

un **texto** **I 2A**, 5 ein Text

para **ti** ‹I 7B, 7› für dich

el **tiempo** **I 2B; I 7B** die Zeit; das Wetter

(no) tener **tiempo** **I 2B** (keine) Zeit haben

al mismo **tiempo** **I 7A** gleichzeitig

¿cuánto **tiempo**? ‹I 8A, 2› wie lange?

Hace buen **tiempo**. **I 7B** Es ist schönes Wetter.

el **tiempo** del verbo ‹I M1, 2› das Tempus, die Zeit

a **tiempo** **II 4C** rechtzeitig

la previsión del **tiempo** ‹II 2A, 2› der Wetterbericht

más **tiempo** **II 6B** länger, am längsten

una **tienda** **II 4B** ein Geschäft, ein Laden

la **tierra** **I M2; II 1C; I 5B** die Erde; das Land, das Gebiet; der Grundbesitz

un **tío** / una **tía** **I 7A** ein Onkel / eine Tante

los **tíos** **I 7A** Onkel und Tante

un **tío** (*fam*) **I M1** ein Typ, ein Kerl

tío (*fam*) **II 1A** Mensch!, Junge! (*Anrede*)

típico, -a **I 8A** typisch

un **tipo** (de) **I 7A** eine Art, eine Sorte, ein Typ

este **tipo** de cosas ‹II 1C› so etwas

tirar algo ‹I 4B, 9›; ‹II 2E, 4›; ‹II 5B› etw. (weg-) werfen; etw. ziehen; etw. niederreißen, etw. einreißen

titular algo ‹II 5C, 9› etw. benennen, etw. einen Titel geben

un **título** **I 5B** ein Titel, eine Überschrift

una **toalla** **II 1B** ein Handtuch
tocar (algo) **I 3B** (etw.) spielen (Musik)
  tocar a alguien **II 2D** an der Reihe sein
todavía **I 3B** noch (immer)
todo **I 1B; I 6A** alles; ganz (*adv*)
  Eso es **todo**. **I 1B** Das ist alles.
  sobre **todo** **I 3A** vor allem
  todo recto **I 6A** immer geradeaus
  (no) … del **todo** **II 1A** nicht ganz
todo(s), -a(s) **I 5A** ganz/e/er/es; alle/s; jede/r/s
  toda la clase **I 5A** die ganze Klasse
  toda la gente **I 5A** alle Leute
  todos los días **I 5A** jeden Tag
  todo el año ‹I 5A, 3› das ganze Jahr
  de **todos** modos **I M1** auf alle Fälle; jedenfalls
  todo el mundo **II 1B** alle, jedermann
  como sabe **todo** el mundo **II 1B** wie jeder weiß, wie allgemein bekannt ist
la **tolerancia** **II 6A** die Toleranz
(ser) **tolerante** **II 1C** tolerant (sein)
una **toma** de contacto **I 8B** eine Kontaktaufnahme
tomar algo **I 1B** etw. nehmen; etw. essen/trinken
  tomar nota ‹I 3B, 8› sich Notizen machen
  tomar una **decisión** **II 5B** eine Entscheidung treffen
  tomarse algo **I 6B** etw. essen/trinken
  tomar algo ‹II 5B› etw. einnehmen, etw. erobern
un **tomate** **II 2B** eine Tomate
un **tono** ‹II 4A, 5› ein Ton
una **tontería** **II 2E** eine Dummheit, Unsinn
tonto, -a **I M1** dumm
torear ‹II 2E, 6› (als Torero) in einem Stierkampf kämpfen
una **torera** **II 3D** eine Torera
un **torero** ‹II 2E, 6› ein Torero, ein Stierkämpfer
un **torneo** **II 1A** ein Turnier

un **toro** **I 1B** ein Stier
una **torre** **II 1A** ein Turm
una **torta** (*lat. am.*) **II 4B** eine Torte
una **tortilla** **II 3A** eine Tortilla (*in Lat. am. Nahrungsmittel auf Maisbasis, ähnlich wie Brot*)
la **tortura** ‹II 5A› die Folter, die Tortur, die Qual
una **tostada** **I 6A** ein(e Scheibe) Toast
la **totalidad** **II 6C** die Totalität, die Gesamtheit
  la **totalidad** de la población **II 6C** die gesamte Bevölkerung
totalmente (*adv*) ‹II 1A→B›; **II 3B** vollständig, vollkommen (*adv*)
trabajador, -ora **II 3D** Arbeiter-
  una familia **trabajadora** **II 3D** eine Arbeiterfamilie
un **trabajador** **II 6B** ein Arbeiter
trabajar **I 1A** arbeiten
  trabajar por algo **II 1B** zugunsten von/für etw. arbeiten
un **trabajo** **I 2B** eine Arbeit
una **tradición** **I 7A** eine Tradition, ein Brauch
tradicional **I 7A** traditionell; traditionsbewusst
una **traducción** ‹I 7A, 7›; **I M2** eine Übersetzung
traducir algo (-zco) (de – a) ‹I 7A, 7›; **I M2; II 6A** etw. übersetzen (von – ins)
un **traductor** ‹I M2, 4›; **II 6A** ein Übersetzer
  la Escuela de **Traductores** de Toledo **II 6A** die toledanische Übersetzerschule
traer algo a alguien (traigo) **I 6B** jdm. etw. mitbringen
  (yo) **traje** **II 4C** ich brachte (hin, mit)
  traerse algo **II 2B** etw. (schnell) herbringen
el **tráfico** **I 6A** der Verkehr
tragar algo **II 2D** etw. (hinunter-)schlucken
la **traición** ‹II 5B, 4›; **II 5C** der Verrat
(yo) **traje** **II 4C** ich brachte (hin, mit) (*Indefinido*)
un **traje** ‹II 2E, 4› eine Tracht

tranquilizar a alguien ‹II 4A, 6› jdn. beruhigen
tranquilo, -a **I 6A** ruhig, still
transformar algo (en algo) ‹I 5A, 8› etw. (in etw.) umwandeln
transportar algo/a alguien (a un lugar) ‹II 1C, 5› etw./jdn. transportieren; etw./jdn. (an einen Ort) bringen
los **transportes** **II 4C** die Verkehrsmittel
  los **transportes** públicos **II 4C** die öffentlichen Verkehrsmittel
  un medio de **transporte** ‹I 6B, 8› ein Transportmittel
tratar (de algo) (a alguien) **II 2E** (jdn.) (als etwas) behandeln
  tratar amablemente/de amigo a alguien ‹II 2C, 4›; **II 2E** jdn. freundlich/als Freund behandeln
  tratar un tema **II 2E** ein Thema behandeln
a **través** de ‹II 6C› durch (*fig*)
trece **I 2A**, G dreizehn
treinta **I 2A**, G dreißig
treinta y … **I 2B**, G …unddreißig
un **tren** ‹I 5A, 3› ein Zug
tres **I 2A**, G drei
(el) **trigo** **II 2C** (der) Weizen
triste **I 8A** traurig
una **tropa** ‹II 6B› eine Truppe, eine Armee
tropical ‹I 7B, 9› tropisch
tú **I 1A** du
tu **I 1B**, 8 dein(e)
una **túnica** ‹II 2E› eine Tunika, ein langes, weites Gewand
una **turbina** ‹I 7B, P› eine Turbine
el **turismo** **I 7A** der Tourismus
  una oficina de **turismo** **I 7A** ein Fremdenverkehrsamt
un/una **turista** **I 2B** ein/eine Tourist/in
turístico, -a **II 1A** turistisch
tus **I 2A** deine (*pl*)
tutear a alguien ‹II 2B, 4› jdn. duzen
la casa **tuya** ‹I 7B, P› dein Haus
TV ‹II 5A› *kurz für* televisión

U

u **I 6B** oder (vor [o])

último, -a **I 6B**, 2; ‹II 6B› letzte / r / s; letztgenannte / r / s
por **última** vez **I 6B**, 2 zum letzten Mal

un, una (*unbestimmter Artikel*) **I 0** ein, eine

único, -a ‹II 1A, 4›; **II 1C**; **II 2C** einzige / r / s; einzigartig, besondere(r/s)
la **única** persona en la isla **II 1C** die einzige Person auf der Insel
una forma de vida **única II 2C** eine einzigartige Lebensweise
la **unidad II 6C** die Einheit (*Maßeinheit + Einigkeit*)

un **uniforme II 4C** eine Uniform

unir (y/con) **II 2A** verbinden, zusammenbringen
unirse I 7A sich vereinigen

universal II 2A universell, allgemein

una **universidad I 1B** eine Universität

universitario, -a ‹II 1A → B› universitär, Universitäts-

el **universo** ‹I 5C, P›; **II 5A** das Universum

uno I 2A, G eins

uno, una II 1A eine/r; man
uno, -a a **uno, -a** ‹II 2E, 4›; **II 3A** eine/r nach dem/der anderen
uno, -a por **uno, -a II 4B** einer / eine nach dem / der anderen
cada **uno, -a II 6C** jede / r / s einzelne

unos, -as I 4A; I 4B ‹I 5A, 4› ungefähr; einige
unos sesenta **I 4A** ungefähr sechzig
unos minutos **I 4B** ein paar Minuten

el **uso** ‹II 2D, 3› der Gebrauch

usted, ustedes I 2B Sie (*höfliche Anrede*)

usurpar algo ‹II 5B› sich etw. (widerrechtlich) aneignen

útil ‹II 3 → 4› nützlich

utilizar algo ‹I 4A, 5›; **I 7B** etw. benutzen

una **uva I 4B** eine Weintraube

V

una **vaca II 2E** eine Kuh

(las) **vacaciones I 0** (die) Ferien
ir de **vacaciones I 5B** Ferien / Urlaub machen

una **vacuna** ‹II 1B, 8› eine Impfung

valer ‹II 1C, 6› gelten
Vale. I 1B In Ordnung. / OK.

valenciano, -a ‹II 1A, 5› valenzianisch, aus Valencia

valiente II 3C mutig

valioso, -a II 5C wertvoll

un **valle II 2C** ein Tal

el **valor II 2A; II 5C**; ‹II 6C, 2› der Wert; der Mut; der Stellenwert

valorar algo ‹II 1B›; **II 3D** etw. einschätzen; etw. (wert-) schätzen

Vamos. I 2A Gehen wir.
así **vamos** ‹II 3D› und so läuft das dann

los pantalones **vaqueros** ‹II 3D, 3› die Jeans

variado, -a ‹I 7B, 9›; **II 2C** vielfältig, unterschiedlich, abwechslungsreich

variar algo (-ío) ‹II 6B, 8› etw. abwechseln, etw. variieren

la **variedad II 6C** die Vielfalt, die Reichhaltigkeit

varios, -as ‹I 6B, 8›; **II 1C** verschiedene, unterschiedliche, mehrere

un **varón** ‹II 4B› ein Mann, ein Junge

vasco, -a I 7A baskisch
el País **Vasco I 7A** das Baskenland
el **vasco I 7A** die baskische Sprache
un **vasco I 7A** ein Baske

un **vaso I 4B** ein (Trink-)Glas

vaya II 2B *Subjuntivo von* ir

veinte I 2A zwanzig

veinti... I 2A ...undzwanzig

vencer (en algo; a alguien) **II 5B** siegen in/bei etw.; jdn. besiegen

una **vendedora I 2B** eine Verkäuferin
un **vendedor** ‹I 5B, 9› ein Verkäufer

vender algo ‹I 7A, 2›; **II 2D** etw. verkaufen
(nosotros) **venderemos II 4A** wir werden verkaufen
venderse ‹II 6B› sich verkaufen

¡Venga! I 4B Los! / Mach(t) schon!

venir (vengo) **I 3B** kommen
la semana que **viene** ‹I M1, P›; **II 1A** kommende / nächste Woche
venir a buscar a alguien **II 4B** jdn. abholen kommen
venirsele encima a alguien ‹II 4B› auf jdn. losstürzen, über jdn. herfallen

ventajoso, -a ‹II 1B› vorteilhaft, günstig

una **ventana I 2A** ein Fenster

ver algo (veo) **I 3B** etw. sehen
a **ver I 4A** mal sehen
ver la televisión **I 3B** fernsehen
ver un folleto **I 7A** eine Broschüre durchsehen
al **ver** ‹I M1, P› als ich sah
visto I 6A gesehen
ya **verás II 4C** du wirst schon sehen
verse ‹II 1C, 8› sich sehen, einander sehen
verse lindo, -a (*lat.am.*) **II 4B** sich schön finden

el **verano** ‹I 7B, 9›; **I 8A** der Sommer

un **verbo** ‹I 4B, 7› ein Verb
el tiempo del **verbo** ‹I M1, 2› das Tempus, die Zeit

la **verdad I 3A** die Wahrheit
Es **verdad. I 3A** Es ist wahr.
de **verdad I 1A** wirklich
¿**verdad? II 1C** nicht wahr?

verdadero, -a I 8A wahr (-haftig), echt

verde I 3A grün

una **vergüenza II 2E** die Scham; die Schande

verificar algo **II 4B** etw. überprüfen

un **verso** ‹II 3D, P› ein Vers
la columna **vertebral** ‹II 5A› die Wirbelsäule

(estar) **vestido, -a** de ‹I M2, P›; **II 2E** ge-, verkleidet als,
vestido, -a (con) ‹I M2, P›; **II 2E** bekleidet (mit)

un **vestido II 4B** ein Kleid

vestirse (-i-) **I 6B** sich anziehen

  vestir algo ‹II 5C, 5› sich bekleiden mit etw., etw. tragen, etw. anhaben

  vestido, -a (de/con) ‹I M2, P› **II 2E** gekleidet (in), bekleidet (mit)

una **vez I 6A** ein Mal

  alguna **vez I 6A** schon / irgend einmal

  otra **vez** ‹I 8B, 1›; **II 2E** noch ein Mal, wieder

  de **vez** en cuando ‹I 7B, 4› ab und zu

  esta **vez** ‹I M1, P› diesmal

  a **veces** ‹I 5C, P›; **II 2E** manchmal

  muchas **veces** ‹II 2C, 6›; **II 1B** oft

  pocas **veces II 1A** selten

  por primera **vez** ‹II 1C, P› zum ersten Mal

  a la **vez** (que) **II 6C** gleichzeitig

  cada **vez** (que) **II 1C** jedesmal wenn

  cada **vez** (+ *Komparativ*) **II 1C** immer (+ *Komparativ*)

viable ‹II 1B› gangbar

viajar ‹I 5A, 9›; **II 1B** reisen

un **viaje I 2B** eine Reise

  (estar) de **viaje I 8A** unterwegs / auf Reisen sein

un **viajero** ‹I 8A, 4›; **II 1B** ein Reisender

un **vicio II 3B** ein Laster

una **víctima** (de algo) **I 8B** ein Opfer (von etw.)

una **victoria** ‹II 5B, 3› ein Sieg

la **vida I 4B** das Leben

  con **vida II 2D** lebend, lebendig

el **vídeo I M1** das Video, die Videotechnik

(el) **vidrio II 2E** (das) Glas (*als Material*), die Glasscheibe

viejo, -a I 1B alt

la semana que **viene** ‹I M1, P› kommende Woche

el **viento II 1A** der Wind

  un molino de **viento II 1A** eine Windmühle

viernes *m* **I 3B** Freitag

  los **viernes I 3B** freitags

una **viña II 2A** ein Weinstock

(el) **vino I 7A** (der) Wein

la **violencia II 3C** die Gewalt

(ser) **violento, -a** ‹II 3B, 4›; **II 3C** gewaltsam; gewalttätig (sein)

la **Virgen II 2B** die Jungfrau Maria

visigodo, -a II 6A westgotisch

una **visión II 3C** eine Vorstellung, eine Vision

una **visita I 1B** ein Besuch, eine Besichtigung

visitado, -a ‹II 1B› besucht

un / una **visitante II 1B** ein / eine Besucher / in

visitar I 1B besuchen, besichtigen

la **vista** ‹II 1A→B›; **II 2A** die Sicht, das Sehen

  estar a la **vista** de alguien / algo **II 2A** in Sicht(weite) von jdm. / etw. sein

  el punto de **vista II 2E** der Standpunkt; die Perspektive

visto I 6A gesehen

el curriculum **vitae** ‹II 1A→B› der Lebenslauf

¡viva! II 2E Er / sie lebe hoch!

los **víveres** ‹II 6B› die Lebensmittel

un ser **viviente II 2E** ein Lebewesen

vivir I 2B leben, wohnen

  vivir (algo) **II 2E** (etw.) erleben

una **vocación II 2A** eine Berufung

una **vocal** ‹II 2E, 2› ein Vokal, ein Selbstlaut

volar (-ue-) ‹II 4A› fliegen

un **volcán** ‹I 8B, 6› ein Vulkan

el **voleiplaya II 1A** (der) Strandball

la **voluntad II 2A** der Wille

volver (-ue-) **I 4B** zurückkehren

  vuelto I 6B zurückgekehrt

  volver (-ue-) a hacer algo **II 2E** etw. wieder tun

  volver a ver a alguien **II 2E** jdn. wieder sehen

  volverse (+ *adj*) **II 5C** sich verwandeln; werden (+ *adj*)

vosotros, -as I 1A ihr

votar algo **II 6C** abstimmen über

  votar sí / no ‹II 6C, 6› mit ja / nein stimmen

el **voto** ‹II 6C, 6› die Abstimmung, *hier*: das Abstimmungsergebnis

la **voz I 7B** die Stimme

  la **voz** activa ‹II 5B, 2› das Aktiv

  la **voz** pasiva ‹II 3D, 4› das Passiv

la **vuelta II 1A; II 5C** der Rückweg, die Rückfahrt; die Rückkehr

  a la **vuelta II 1A** auf dem Rückweg, auf der Rückfahrt

  de **vuelta** ‹II 2E, 3› (wieder) zurück, zurückgekehrt

  las **vueltas I 4A** das Wechselgeld

vuestro, -a I 2A euer(e)

Y, Z

y I 0 und

ya I 2A schon

  Ya, ya sé. **I 6B** Sicher / Ja, ich weiß schon.

  ya no **I 5B** nicht mehr

yo I 1A ich

un **yo-yo** ‹II 4B› ein Yoyo

Nueva **York** ‹II 4C, 6› New York

un **zapato II 5A** ein Schuh

una **zona** ‹I 4B, 9›; **II 1C** eine Gegend, eine Zone, ein Gebiet

un **zumo I 1B** ein Saft

  un **zumo** de naranja **I 1B** ein Orangensaft

Personajes importantes

Aznar, José María **6C**, 5 (1953) Político español. Présidente del Gobierno desde 1986 después de la victoria electoral de su partido, el Partido Popular (PP).

Blades, Rubén **4C**, 6 (1948) Abogado y cantautor de Panamá. En su música mezcla elementos tradicionales con modernos y, en sus textos, describe tanto la realidad actual en su país como la de los hispanos en EE.UU.

Blasco Ibáñez, Vicente **2E** (1867–1928) Novelista y político español. En sus novelas describe las costumbres y la realidad social española del siglo XIX. Entre ellas destacan: *Cañas y Barro*, *Sangre y Arena* y *Los cuatro jinetes del Apocalipsis*.

Boabdil **6A**, 7 (aprox. 1459–1572) Último rey árabe de Granada. Tuvo que entregar la llave de la ciudad a los Reyes Católicos el 2 de enero de 1492.

Calvo Sotelo, Leopoldo **6C**, 5 (1926) Político español y segundo presidente de la democracia española. Durante su gobierno España entró en la OTAN.

Carranza, Venustiano **5B** (1850–1920) Político mexicano. De revolucionario pasó a ser presidente de la República de México entre los años 1915 y 1920. Época en la que se realizó la actual constitución mexicana. Murió asesinado.

Carro-Klingholz, Laura-Ruth **5A** Autora y profesora de español mexicana. Actualmente vive en Hannover.

Celaya, Gabriel (Rafael Múgica) **3D**, P (1911–1991) Poeta y traductor vasco. Estudió ingeniería y vivió durante algún tiempo en el País Vasco donde dirigía la fábrica de su familia. Pero pronto tuvo que abandonar el puesto e irse a vivir a Madrid por las crí-

ticas al régimen franquista que realizó en una novela. En sus poemas defiende que la poesía es un medio para cambiar el mundo. Entre otras destaca: *La poesía es un arma cargada de futuro*.

Chaves González, Manuel **2A** (1945) Político español del Partido Socialista Obrero Español (PSOE). Fue ministro en gobiernos socialistas y es presidente de la Junta de Andalucía.

Colón, Cristóbal **6A** (aprox. 1451–1506) Navegante probablemente de origen genovés que quería llegar a las Indias por el oeste. En sus viajes al servicio de los Reyes Católicos llegó a lugares desconocidos por occidente: América.

Cortés, Hernán **5C** (1485–1547) Conquistador español de México.

Díaz, Porfirio **5B**, 3 (1830–1915) Militar y político mexicano. Fue presidente mexicano varias veces entre 1876 y 1911.

Estefan, Gloria **5A**, 3 (1957) Cantante de origen cubano que vive en Miami, adonde su familia tuvo que huir después de la subida al poder de Fidel Castro. En sus canciones mezcla tradiciones musicales latinoamericanas con música pop y rock. Canta en español e inglés.

Forges (Antonio Fraguas de Pablo) **1C**, P Caricaturista español que publica regularmente en el diario *El País*.

Franco, Francisco **5B** (1892–1975) Dictador español que gobernó España durante 40 años. Tras su victoria contra la República en la Guerra Civil se nombró jefe del Estado español y mantuvo a España aislada durante más de 20 años.

García Lorca, Federico **2C** (1898–1936) Poeta y autor de obras teatrales asesinado a comienzos de la Guerra Civil española. Entre sus obras más co-

nocidas encontramos *Romancero Gitano* y *Poeta en Nueva York*, en poesía, y, en teatro, *La Casa de Bernarda Alba* o *Bodas de Sangre*.

González, Felipe **6C**, 5 (1942) Político español, del Partido Socialista Obrero Español (PSOE). Fue Presidente del Gobierno desde 1982 hasta 1996. Durante su gobierno se realizaron cambios importantes en las leyes españolas y en las infraestructuras para adaptarlas a las nuevas necesidades políticas y sociales. España entró en la entonces Comunidad Económica Europea.

Guerrero Galván, Jesús **4B** (1910) Pintor mexicano que, además de murales, pintó sobre todo retratos en los que intenta representar la identidad mexicana.

Gutiérrez, Eulalio **5B**, 3 (?–1940) Militar y político mexicano. Presidente provisional de 1914–1915.

Heker, Liliana **4B** (1943) Escritora argentina sobre todo de cuentos que reunió en el libro *Los bordes de lo real*. Fue además directora de dos revistas literarias.

Huerta, Victoriano **5C**, 3 (1854–1916) Militar mexicano. Tomó la presidencia en 1913 y tuvo que abandonar el poder poco después.

Jackson, Michael **5A** (1958) Cantante estadounidense autor de grandes éxitos como *Thriller*, *Bad* o *Dangerous*.

Juan Carlos I **6C** (1938) Rey de España. Fue el motor principal del cambio político hacia la democracia en este país después de la muerte del general Franco.

Ketama **2E**, P Grupo musical español que en sus canciones mezcla el flamenco con otros estilos musicales como el jazz o la música latinoamericana. Entre sus discos están: *Karma*, una colección de sus grandes éxitos, y *Konfusión*.

Madariaga, Salvador **3A** (1886–1978) Escritor y político español. Entre otras es autor de numerosas novelas de tema histórico en las que da una nueva visión de personalidades o hechos históricos. Son importantes sobre todo sus biografías de Bolívar, Hernán Cortés o Colón y sus obras sobre historia de Latinoamérica: *Corazón de piedra verde* y *Guerra en la Sangre*.

Madero, Francisco **5B**, 3 (1873–1913) Encabezó una campaña democrática contra la dictadura de Porfirio Díaz y fue elegido presidente de México en 1911 (hasta 1913). Murió asesinado.

Malinche 5C (1ª mitad del siglo XVI) Indígena de un pueblo maya del centro del actual México. Fue traductora y compañera de Cortés.

Mastretta, Ángeles **3D** (1949) Escritora mexicana muy comprometida con la realidad social de su país y especialmente de la mujer mexicana. En sus novelas describe personajes, lugares y sucesos de la historia reciente mexicana. Así en *Arráncame la vida* describe a una mujer que poco a poco conquista su propia identidad en el mundo machista y brutal de un político mexicano y *Mal de Amores* es una historia de amor durante la Revolución Mexicana.

Mingote, Ángel Antonio **1C** (1919) Humorista y dibujante español que publica en numerosos periódicos y revistas. Es miembro de la Real Academia de la Lengua española.

Miró, Joan **3D**, P (1893–1983) Pintor catalán. Vivió bastante tiempo en París donde conoció a pintores como Picasso, Dalí o Braque. Al empezar la Segunda Guerra Mundial regresó a Barcelona, donde siguió dedicándose a su obra alejado de la vida pública. En sus cuadros describe sobre todo la realidad de los sueños con formas sencillas y colores muy vivos.

Moctezuma II Xocoyotzin 5C, 6 (1466–1520) Rey azteca que creyó que Cortés era el dios Quetzalcóatl por lo que le permitió entrar a Tenochtitlan. La ciudad cayó en manos de los españoles. El pueblo azteca no se lo perdonó y le mató.

Montalvo, Javier 1B Editor de la revista *Ecosistemas*, una publicación de la Asociación Española de Ecología Terrestre.

Obregón, Álvaro **5B**, 3 (1880–1928) Militar y político mexicano. Presidente de 1920–1924.

Palomares, Gabino **5C** Cantautor mexicano conocido por sus canciones políticas.

Pericú 1C, 1 dibujante y caricaturista español

PGarcía (José María García) **2E** colaborador del periódico *La Calle de la Esperanza*, publicación en beneficio de indigentes (personas que necesitan ayuda).

Picasso, Pablo **2E**, 6; **2E**, P; **6C**, P (1881–1973) Pintor y escultor español, considerado uno de los artistas más importantes del siglo XX. Fue también un personaje comprometido con la realidad de su tiempo. Entre sus cuadros más conocidos se encuentran *Las señoritas de Avignon*, *El Guernica* y sus series dedicadas a los toros y las corridas: *la Tauromaquia*.

Pizarro, Francisco **5C** (1478–1541) Conquistador español de Perú.

Quino (Joaquín Lavado) **3C**, 7 (1932) Caricaturista argentino autor entre otros de Mafalda y sus amigos. Publica en diferentes periódicos latinoamericanos y europeos.

Reyes Católicos 6A Nombre por el que son conocidos Isabel I de Castilla (1451–1504) y Fernando II de Aragón (1452–1516). Su matrimonio es considerado como la base de la unificación de los diferentes reinos que hubo en España. Durante su reinado finalizó la Reconquista y empezó una monarquía autoritaria con una nueva organización interna del Estado.

Rivera, Diego **4C** (1986–1957) Pintor, escultor y arquitecto mexicano conocido sobre todo por sus murales en los que refleja la historia de su pueblo y critica la represión de los indígenas.

Rodewalt, Vance **5C** (1946) Caricaturista canadiense.

Rodríguez, Jesús **2D** Periodista del diario español *El País*.

Rovira, Guiomar **5B** Periodista española que hoy en día vive en Chiapas/México.

Ruiz, Antonio **5A** (1897–1964) Pintor mexicano. En sus cuadros con escenas de la vida diaria mexicana muestra de forma irónica el contraste entre las diferentes clases sociales.

Suárez, Adolfo **6C**, 5 (1932) Político español. En 1976 el rey D. Juan Carlos le nombró Presidente del Gobierno e hizo las reformas necesarias para el paso de la dictadura a la Monarquía parlamentaria. Su partido, Unión de Centro Democrático (UCD), ganó en las primeras y segundas elecciones democráticas y el Parlamento le nombró presidente. Dejó el cargo en 1981.

Villa, Pancho (Doroteo Arango Arámbula) **5B** (1876–1923) Revolucionario mexicano y seguidor de Madero que se enfrentó a Venustiano Carranza. Murió asesinado.

Zapata, Emiliano **5B** (1883–1919) Político y revolucionario mexicano que con el Plan de Ayala quiso conseguir que los campesinos de su país poseyeran los campos que trabajan. Se unió con Pancho Villa algún tiempo. Murió asesinado.

Bildquellen

ACTION PRESS, Hamburg: 91/2 (Dannemiller), 112 (O. Contrast, 112 (O. Omega); ALFA-OMEGA, Barcelona: 12/1 (Kurimoto), 12/2 (Antonius Ablinger), 13/2, 27/2 (Bernat), 30/3, 33/1 (Francisco Goma), 30/1 (Vallver), 35, 46 (J. D. Dallet), 45/2 (J.D.D.); ANCIENT ART & ARCHITECTURE COLLECTION, Pinner, Middx.: 102/1 (Ronald Sheridan); ARCHIV FÜR KUNST UND GESCHICHTE, Berlin: 88, 107/2, 108; ARCHIVO ICONOGRÁFICO, Barcelona: 103, 105/1, 105/3; BILDERBERG, Hamburg: Umschlag 1, 16/re, 22, 33/4 (Milan Horacek), 13/1 (Andrej Reiser), 30/2, 44 (Ernsting), 33/2 (Tino Soriano), 79/4 (Rainer Drexel); BODLEIAN LIBRARY, Oxford: 51, 1–4, 51/1, 52/2, 53/1; J. J. CHARMET: 94; CONTACT PRESS IMAGES/Focus: 42/1 (Alon Reininger); CORBIS: 78/2, 78/3, 79/2 (Danny Lehman), 85/1, 87/1 (Dave G. Houser), 87/2 (Morton Beebe), 90/2, 107/1 (Bettmann), 96 (Sergio Dorantes), 99/1 (Charles & Josette Lenars), 100/1 (Macduff Everton), 102/2 (Ganni Dagli Orti), 105/4 (F. M. J. Rehse), 106 (Hulton-Deutsch Collection), 105/2; COREL: 42/2, 52/3, 79/1; COVER, Madrid: 41 (J. L. Moreno); DPA, Frankfurt/Main: 110/1, 110/3, 111/2 (Agencia efe), 110/2 (Sanden); André EMMERICH, New York (Pawlak Verlag): 70/3; FORGES, Madrid: 29; GAMMA/STUDIO X: 81/1 (I. Dryden-Liaison); GOSCINNY-UDERZO, Les Editions Albert René: 18, 21/2; D. GRAF (Staatliche Museen zu Berlin – Preußischer Kulturbesitz, Museum für Vökerkunde): 71; Jesús GUERRERO GALVÁN: 72; Jean-Paul GUILOTEAU (L'Express): 78/1; INSTITUTO ANDALUZ DE LA MUJER (Campaña "IGUAL X IGUAL", Campaña de sensibilización del Instituto Andaluz de la Mujer, 1998 Junta de Andalucía): 64/2; INSTITUTO DE LA MUJER. Ministerio de Trabajo y Asuntos Sociales, Madrid: 60; Germán JIMENO/Consuelo PATRÓN, Villaviciosa de Odón: 33/3: JÓVENES CONTRA LA INTOLERANCIA, Madrid: 59/2; JUNTA DE ANDALUCÍA: 37/1; LOTOS FILM, München: Umschlag 2 (Eberhard Thiem); Editorial LUNWERG, Madrid: 100/2; MANUEL: 98; Paco MANZANO: 81/2; MAURITIUS, Stuttgart: 42/3 (AGE), 64/1 (Arthur); MEXIKANISCHES FREMDENVERKEHRSAMT, Frankfurt: 99/2; MINISTERIO DEL INTERIOR, Madrid: 62/1; Pablo PICASSO (© Succession Picasso/VG Bild-Kunst, Bonn, 1998/1999): 47, 49, 114; Joan MIRÓ (VG Bild-Kunst, Bonn 1999): 67; MUSEO DEL ORO, Santa Fe de Bogotá: 70/1, 70/2; MUSEU NACIONAL D'ART DE CATALUNYA, Barcelona: 101; ORONOZ Fotógrafos, Madrid: 100+101/Inschrift; QUINO (© 1999 Quino/Distr. Bulls): 16/li, 62/2; Alfonso REINA/Semana, Bogotá: 55; Apoliar RÍOS MARTINEZ (Niedersächsisches Landesmuseum Hannover. Völkerkunde. Inv.-Nr. 16096): 83; Diego RIVERA (Fideicomiso Museos Diego Rivera y Frida Kahlo; Mexiko): 69, 79/3; RODEWALT (Cartoonists & Writers Syndicate): 95; Antonio RUIZ: 86; Bildagentur SCHUSTER, Oberursel: 12/3 (Kinne), 18 (Kiene), 27/1 (Kinne), 39 (Schmied), 45/1 (Hoffmann-Burchardi), 111/1 (RF); Carlos SERRANO (© El País 1996): 66; SILVESTRIS, Kastl: 13/3 (Rudolf Bauer), 37/2 (Andreas Teegeber); SOUTH AMERICAN PICTURES: 75 (Mike Harding), 90/1 (Pedro Martínez), 91/1, 93 (Robert Francis); TOPHAM PICTURE POINT, Edenbridge: 21/1; TURESPAÑA – Instituto de Turismo de España, Madrid: 25/2, 26; Monika TÜRK, Stuttgart: 25/1; Jesús URIARTE (© El País 1998): 59/1.